변화를 위한
그림 일기

변화를 위한 그림 일기
남의 눈치 보지 않고 창조적이고 즐거운 일상 만들기

2017년 6월 26일 초판 1쇄 발행. 2022년 1월 5일 초판 3쇄 발행. 정은혜가 쓰고 그렸으며, 도서출판 샨티에서 이홍용과 박정은이 펴냅니다. 김재은이 표지 및 본문 디자인을 했고, 이강혜가 마케팅을 합니다. 인쇄 및 제본은 상지사에서 하였습니다. 출판사 등록일 및 등록번호는 2003. 2. 11. 제25100-2017-000092호이고, 주소는 서울시 은평구 은평로 3길 34-2, 전화는 (02) 3143-6360, 팩스는 (02) 6455-6367, 이메일은 shantibooks@naver.com입니다. 이 책의 ISBN은 979-11-88244-01-0 03600이고, 정가는 16,000원입니다.

이 도서의 국립중앙도서관 출판예정도서목록(CIP)은 서지정보유통지원시스템 홈페이지(http://seoji.nl.go.kr)와 국가자료공동목록시스템(http://www.nl.go.kr/kolisnet)에서 이용하실 수 있습니다.(CIP제어번호: CIP2017013763)

남의 눈치 보지 않고
창조적이고 즐거운 일상 만들기

변화를 위한 그림 일기

정은혜 지음

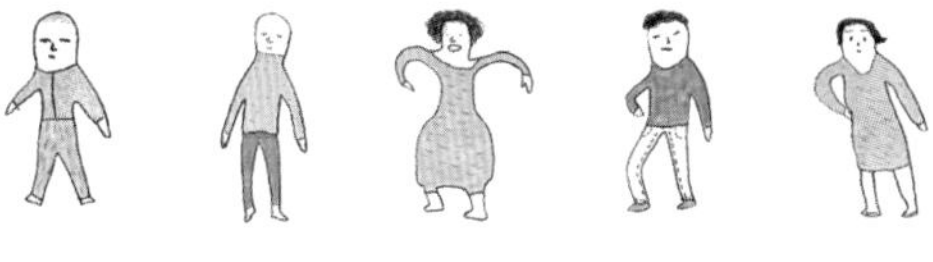

【산티】

제 삶의 모든 스승님께,

특히 삶의 예술을 가르쳐주신 어머니께,

이 책을 바칩니다.

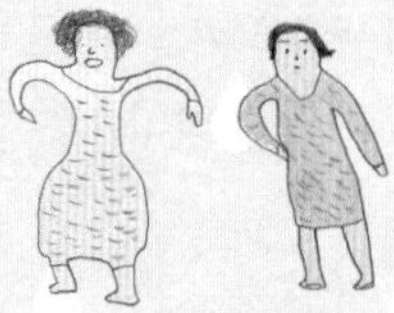

차례

책머리에 | 못하는 것을 하는 즐거움 12
들어가는 글 | "우리, 놀아요" 35

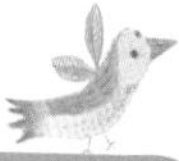

우리는 모두 예술가로 태어났다

우리는 모두 예술가로 태어났다 56
좌절의 기억 62 | 내면의 어린 예술가 64
그림을 보는 대신 그림을 비교한다 68
그림이 아니라 스스로를 부끄러워한다 70
미술은 원래 잘하던 것이다 73
두려움을 넘어서면 아이처럼 즐거워한다 75

그림과 다시 친해지는 방법 80

왜 못 그리는지를 파악한다 81 | 그림을 따라간다 84
그만 배운다 87 | 연약한 마음을 표현한다 93
내면의 판단자의 말을 무시한다 99

창조적이고 치유적인 삶을 위한 그림 기술

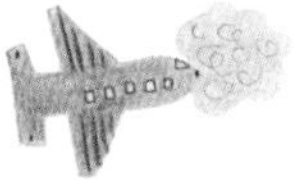

사람 그리기 107

별 사람 그리기 108 | 사람들의 반응 123

감정 그리기 126

감정에 대하여 127 | 감정 사전 137
감정 소통이 어려운 이유 147

그림 연습 158

감정 사람 그리기 159 | 공간 사람 그리기 162
감정을 다루는 방법 165

변화를 위해 매일 만나는 그림 일기

왜 그림 일기인가? 174

미술은 무의식과 의식이 소통하는 언어이다 176

그림은 삶의 작은 모형이다 178

그림 일기가 일상의 리듬을 만든다 180

상상을 그리는 것은 변화를 이루는 가장 확실한 방법이다 183

그림 일기의 효과 188

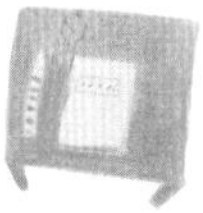

변화를 위한 그림 일기의 기본 원칙 198

빈 종이의 두려움을 끌어안는다 199

그림 일기를 펼칠 공간과 재료를 확보한다 202

매일 반복한다 203

변화에는 저항이 있음을 받아들인다 208

매일 만나는 그림 일기를 위한 조언 216

먼저 그런 사람이 된다 217 | 내면과 외부의 경계는 스밈이다 218

믿음을 증명하는 유일한 길은 행동을 취하는 것이다 220

변화를 위한 그림 일기 방법 224

그림 일기 8주 프로그램

1주: 자신의 삶의 리듬을 관찰한다 239
2주: 그림 일기를 펼칠 공간과 재료를 확보한다 243
3주: 별 사람 그림을 연습한다 244
4주: 자신의 감정을 관찰한다 245
5주: 감정 사전을 그린다 247
6주: 감정 사람 그림을 그린다 247
7주: 매일 아침, 아침 의식을 하고 그림 일기장을 연다 249
8주: 아침 의식 순서를 조정하고 조율한다 251

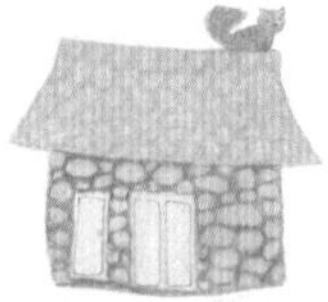

변화를 위한 몇 가지 다른 아이디어

질문하고 답하기 262 | 도표 만들기 269
만다라 그리기 274 | 물건 그리기 280
인물의 관계도 그리기 286 | 종이 인형 만들기 290

후기 | "나는 어디서든 꽃밭을 만들었어" 294
감사의 말 302
참고할 만한 요가 사이트 306
참고한 책 및 사이트 308

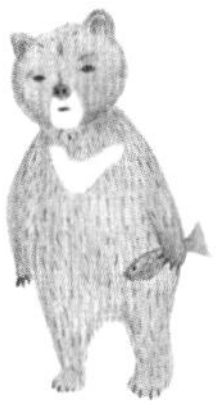

책머리에

못하는 것을 하는 즐거움

"어린아이였을 때 우리는 티 없이 순수했다. 그 시절의 우리는 우리가 아닌 것은 절대 연기하지 않았다. 아무도 우리에게 그렇게 살아야 한다고 가르쳐주지 않았다. 처음부터 그렇게 태어났기 때문에 우리는 놀고 탐험하고, 매순간 충실히 삶을 즐겼던 것이다. 이것이 바로 우리가 말을 배우기 이전, 본래 우리의 모습이다."

—돈 미겔 루이스, 《내가 말을 배우기 전 세상은 아름다웠다》, 47쪽

제주도로 와서 처음 자리를 잡은 곳은 밤이면 별이 촘촘하게 반짝이는 아름다운 시골 마을이었다. 마을에서 작가를 지원하는 레지던시 프로그램으로 왔지만, 작품을 하기보다 주위의 자연에 홀려서 떠다녔고, 매일 아침 새소리 바람소리가 가득한 콩밭 둑에 서서 바이올린 연주를 하며 지냈다.

그러기를 두어 달쯤 지났을 때 마을에서 행사가 열렸다. 마을 사람들에게 덕이 되는 것 없이 이웃들의 호의와 배려로 사는 것이 죄송한 참이어서 뭐라도 해야겠다고 마음먹었다. 그날이 되어서 떨리는 마음으로 마을 '삼춘들'(제주도에서는 이웃 어른을 남자 여자 다 삼춘이라고 부른다)과 다른 작가들 앞에서 그동안 매일 연습한 〈넬라 판타지〉를 바이올린으로 연주했다.

아주 엉망이었다. 내 그럴 줄 알았다.

현악기를 시작하기에는 많이 늦은 열여덟 살에 바이올린을 시작해 놓고는 음대를 가겠다는 말도 안 되는 포부를 한때 가졌었다.

"하우 아 유?" "파인 탱큐" 정도의 영어 실력만으로 시작한 이민 생활, 말이 안 통해 답답함을 뼈저리게 느끼는 청소년이었던 나는 그림, 피아노, 그리고 바이올린까지 다양한 예술 활동에 열심을 쏟아 붓던 터였다. 그렇게 몇 년간 열심히 했지만 바이올린만큼은 잘 안 되었다. 그렇다고 음대를 가겠다는 꿈을 포기하지는 않았다. 그 대신 "음대를 가겠다"는 표현의 해석을 달리했다고나 할까? 그리고 미대로 진학해서 음대도 다녔다. 음대 연습실에서 피아노와 바이올린을 연습하고 음대 도서관에서 아르바이트를 하며 음대를 들락날락거리다 보니, 학과 사무실에서는 아

무런 의심 없이 내게 사물함까지 내주어 아주 편하게 '음대를 다녔다.'

마침 우리 대학교에 유명한 바이올린 교수님이 계셨다. 캐나다를 대표하는 연주자 중 한 분이었는데, 은퇴와 동시에 당신의 악기였던 과르니에리Guarneri 바이올린을 팔아서 호숫가에 있는 집을 덜컥 사버린 거다. 몇십억 원을 호가하는 과르니에리 바이올린은 스트라디바리우스 바이올린과 쌍벽을 이루는 전설적인 바이올린이었고, 그분이 집을 산 호숫가 부근에 우리 학교가 있었다.

교수님은 은퇴 후 취미인 낚시와 그림에 몰두했고, 바이올린에는 취미가 없어 보였다. 그러다 보니 나는 열심히 한다고 하지만 진도가 늘지 않았고, 교수님은 바이올린 수업에 별 관심이 없어서인지 열심히 시키지 않았다.

그러던 어느 날 나의 그림 전시를 보고 오셔서는, 내 어깨에 손을 얹고 처음 듣는 진정 어린 목소리로 이렇게 말씀하셨다. "그레이스야, 그냥 그림을 그리면 어떻겠니?"(그레이스는 그때 썼던 나의 영어 이름이다.)

하지만 나는 오케스트라에서 연주해 보는 게 소원이었고, 캐나다를 대표하는 연주자의 제자로서 포기하지 않고 대학교 오케스트라 오디션을 보았다. 몇 번을 떨어졌지만, 이미 긴 검정

드레스도 사놓은 터여서 포기는 없었다. 지휘자는 내 정성을 봐서인지 결국 붙여주었고, 정기 연주회에 함께할 수 있는 기회를 주었다. 물론 나는 여전히 연주를 잘 못했다. 왼손가락으로 제 박자에 현을 짚을 수 없어서 오른손 활질만 많이 연습했다. 활을 같은 방향으로라도 움직여줘야 티 나지 않게 묻어갈 수 있으니까.

울림이 좋은 공연장이나 성당에서 합창을 해본 사람은 알 텐데, 화음과 조율이 잘되어 있으면 개인이 개미만 한 소리를 내더라도 자신의 귀에는 전체의 울림이 들려온다. 그래서 나는 비록 잘하지는 못했어도, 관객석이 아닌 오케스트라 석에서 내가 사랑하는 베토벤의 협주곡에 맞춰 함께 활을 움직였고 그 소리를 들을 수 있었다. 그 경험은 짜릿했다. 한 음정을 길게 내는 것은 조금 자신이 있어서 가끔 소리를 내보기도 했다. 그날 내 드레스는 예뻤고, 우리는 박수갈채를 받았고, 나는 꿈을 이루었다.

그런데 그날 시골 마을 행사에서 연주를 못한 것은 나인데, 나보다도 듣는 사람들이 더 난감해했다. 배배 꼬이는 자세, 한쪽으로 기울어지는 얼굴, 손으로 만지작거리는 머리카락과 귓불, 옆 사람을 흘낏흘낏 훔쳐보는 표정까지 나는 다 보고야 말았다. 그들의 표정을 보면서, 애매한 박수소리를 들으면서, 못하는 것을 남들 앞에서 하는 게 부끄러운 것이라는 것을 배웠고, 화장실에 들어가 우느라 행사가 끝날 때까지 나오지 못했다.

생각해 보면 부끄럽고 창피해서 눈물이 나기도 했지만, 콩밭의 아름다운 기억을 망쳐버린 것이 억울해서 울었던 것도 같다. 그리고 그제야 사람들이 하던 이야기가 이해가 갔다. 노래방 가서 친구가 한 말, "부르고 싶은 거 부르지 말고 잘 부르는 거 불러." 사람들이 무심결에 하는 말, "잘하지 못하면 나서지 마라." 또는 일상적으로 하는 말, "모르면 가만히 있어." 그리고 정말 이상한 질문, "좋아하는 것을 해야 할까, 잘하는 것을 해야 할까?" 좋아하는 것은 좋아하는 대로 하고, 잘하는 것은 잘하는 대로 하면 되지, 왜 그렇게 심각한 표정으로 묻는지.

지금 생각해 보면 놀랍기도 하다. 그때까지 남들이 다 아는 것을 나는 어떻게 모른 채로 용케 버텼을까? 이 책을 준비하면서, 자신의 그림 실력을 타박하고, 그림을 보여주는 것을 부끄럽게 여기는 성인들을 인터뷰하면서, 내가 그러한 종류의 부끄러움을 그렇게 오랫동안 피할 수 있었던 이유는, 아니 부끄러워도 계속 할 수 있었던 이유는 어쩌면 그림을 한 번도 멈춰본 적이 없어서이지 않을까 하는 생각을 했다. 또한 그림을 포기하지 않을 수 있었던 것은 그림을 잘 그린다고 칭찬을 받아서가 아니라 그림이라는 것이 나 자신과 하는 대화여서 남의 인정이 그렇게 중요하지 않았고, 거기에 내 그림을 싸워 지켜낸 경험들이 있었기 때문인 것 같다.

어렸을 때 나는 조용하고 부끄럼이 많아서 다른 사람들과 말을 잘 못했다. 그래서 친구가 별로 없었는데, 그런 나에게 그림은 가장 친한 대화 상대였다. 내가 쪼잘쪼잘 말을 걸면서 그림을 그리면 그림이 그림으로 대답을 하고는 했다. 그래서였을까, 내 친구인 그림에 대해서 선생님이나 부모님이 뭐라고 하면 잘 참아지지가 않았다. 말 잘 듣는 아이였지만 그림에 대해서는 절대 물러서지 않고 고집을 부리곤 해서 어른들을 당혹하게 한 일화들이 있다.

초등학교 2학년 때 참여했던 사생대회에서 나는 교회 예배 장면을 그렸다. 예배당 뒤에서 앞을 쳐다보는 장면이라 긴 나무 의자에 앉은 사람들의 뒤통수와 옆으로 삐죽 나온 다리를 의자 옆에 그렸다. 크레파스로 정성껏 그린 사람들의 다리를 엄마는 틀렸다고 했다. 뒤에서 보면 다리가 안 보인다며, 동전으로 크레파스를 박박 긁어내셨다. 그렇게 하는 엄마의 손을 옆으로 밀치며 "내 눈에는 그렇게 보였단 말이야!"라며 대성통곡을 했고, 눈물을 뚝뚝 떨어뜨리며 엄마가 긁어버린 사람들의 다리를 기어이 다시 그려 넣었다. 그리고 이 그림으로 상을 받았다.

또 하나의 기억은, 고등학생 오빠의 미술책에 나오는 작품을 보고 영감을 받아 그린 불조심 포스터를 오빠가 대신 그려준 거 아니냐고 선생님에게 추궁받던 일이다. 나는 억울해서 눈물이 왈칵 쏟아질 것 같은 눈에 잔뜩 힘을 주고 말을 더듬거리며 오빠 미술 교과서에 나온 걸 보고 그린 것은 맞다고 했다. 그러자 선생님은 그림 베낀 거 아니냐며 나를 거짓말한 아이로 몰며 잘못했다고 말하라고 하셨다. 참느라 유리알처럼 뭉쳐진 눈물 알을 결국 똑똑 떨어뜨리면서, 보고 나서 그린 건 맞지만 베낀 거는 아니라며, 절대 잘못하지 않았다고 맞섰다. 그때는 '영감을 받았다'라는 표현을 몰랐다. 그렇게 그림에 대한 나의 태도는 스스로 지킬 것이었지 남의 판단에 맡기는 종류의 것이 아니었다. 나랑 친한 친구였기 때문이다.

위의 바이올린 이야기는 나에게 부끄러운 일이긴 했지만, 그것은 내가 거의 마흔이 되었을 때 일이다. 즉 내 삶에 크게 영향을 미칠 때는 아니라는 말이다. 성인들과 언제 어떤 계기로 그림을 포기하게 되었는지 이야기를 나누면서 나는 그들이 네 살, 열 살, 열세 살 때와 같은 어린 나이에 선생님이나 부모님으로부터 직접적이든 간접적이든 그들의 그림이 틀렸다거나 쓸모없는 것이라는 지적을 받은 경험이 있다는 사실을 알게 되었다. 그때의 당혹감과 부끄러움이 소화되지 않은 감정으로 그대로 남아 있는 것 또한 반복적으로 확인할 수 있었다.

자신의 그림이 선생님의 칭찬과 함께 교실 뒤에 걸리기는 했는데, 거꾸로 걸렸음에도 아무 말 못했다는 사람의 이야기, 너는 절대로 그림을 그리면 안 된다는 얘기와 함께 선생님으로부터 뒤통수를 맞았다는 사람의 이야기, 가난해서 미술 재료를 못 가지고 와 선생님한테 혼났다는 어르신의 옛날 이야기, 어렸을 때는 그림을 잘 그린다는 칭찬을 많이 들었는데 학교에 가니 아무도 자기의 그림에 반응이 없었다는 청년의 이야기 등 그림에 대한 사람들의 이야기는 대부분 좌절감과 당혹스러움과 부끄러움으로 채워져 있었다.

나는 미술 치료사인데, 사람들이 '치료' 이전에 미술에 막히는 것을 너무 많이 본다. 고백하자면, 그러다 보니 나도 미술을 점점 피하게 되었다. 사람들이 거부하는 드로잉이나 페인팅을 멀리하고, 너무 쉬워서 실패하기 힘든 작업을 주로 하고, 사람들의 '자신 없음'의 감정을 건드리지 않기 위해 '우연으로 만들어지는 작품' 기법을 만들고, 깊이가 없는 작품과 타협해 왔다.

그러다 보니 내가 진정 사랑하고 믿는 예술 자체의 치유적 힘을 나누는 데 한계를 느끼게 되었다. 치료는 대부분 '대화'로만 진행이 되었고, 그러자 몸이 아파왔다. 창조적인 매개체 없이 상대방의 슬픔과 절망이 내 몸에 독처럼 퍼지는 듯했다. 치료를 하면 할수록 내 몸이 아픈 걸 보며, 창조력이야말로 나의 힘이자 나의 치료 통로였음을 알 수 있었다.

몇십 년 동안 활동한 미술 치료사이자 교수님들이 왜 "우리는 치료사 이전에 예술가임을 잊지 말라"고 강조하셨는지 알겠다. 이러다 병에 걸리거나 마음이 굳어져버릴 것 같았다. 이 일을 처음 시작하면서 '만약 내 마음이 굳어진다면 이 일을 그만두겠노라' 한 나와의 서약은 아직 유효하다.

그래서 다시 창작 중심의 치료를 하겠다고 결심하고 실천하기 시작했다. 그러자 사람들이 반응을 했다, 좀 안 좋게. 내담자들이 상담을 그만두기 시작한 것이다. 또 성인 워크숍에서 참여자들이 그림 그리는 것을 거부했다. 미술 치료사 양성 과정 학생들이 나의 "더 그리세요"라는 말에 화를 냈다. 다 그렸는데 뭘 더 하라는 거냐며 격하게 반응했다. 어떤 분은 미술 치료를 하러 와서 도화지가 아까워서 못 그리겠다고 그림 그리기를 거부했다. 뭘 하라는 것인지 모르겠다며 얼굴을 찌푸렸다. 머리가 아프다고 했다. 몸이 굳어진다고 했다. 대충하면서 시간을 때웠다.

"자유롭게 표현해 보세요" 또는 "마음 가는 대로 그려보세요" 또는 "일단 뭔가를 그리고 나서 이야기를 할게요" 하는 말들에 대한 저항이 너무 강해서 억울한 마음마저 들 정도였다. 하고 싶은 대로 하라는데 왜 화를 내는 거지? 이해가 안 되었다. 그것이 나에 대한 저항인지, 자유로운 창작에 대한 부담감 때문인지 궁금했다.

그러다 사람들과 이 지점에 대하여 인터뷰를 하고 대화를 해보면서 아주 오래된 벽이 있음을 알게 되었다. 그 벽은 내가 세운 벽은 아니지만 내가 끄집어 내미는 벽이기는 하다. 그들은 무엇에 저항하고, 무엇에 반응하고, 무엇에 그렇게 대항했던 것일까?

그림에 대한 사람들의 이야기 속에는 반복적으로 등장하는 플롯이 있었다. 그림을 즐거워하는 아이가 있다. 아이는 학교에 들어가서 자기 그림이 교실 벽에 걸리는 걸 보고 자기가 남들보다 그림을 잘 그리는 줄 알게 되거나, 또는 벽에 걸리지 않아서 자기가 남들보다 잘 그리지 못한다는 것을 알게 된다. 선생님의 칭찬 한마디 또는 지적 한마디에 자신감이 생기기도 하고 아예 없어지기도 한다. 전공을 할 소수의 학생들을 제외하고는 그림을 그만둔다. 그림을 전공하더라도 아주 소수를 제외하고는 졸업과 동시에 그림을 그만둔다. 그리고 많은 사람들이 그림을 어려워하고, 그림을 잘 그리는 사람을 부러워하고, 자기는 재능이 없다고 믿는다. 그림뿐만 아니라 예술에 재능이 없다고 믿고, 예술적 재능은 타고난 소수의 사람들 것이라고 생각하며, 자신의 삶에 예술이 들어올 자리가 없다고 생각한다. 예술은 있는 사람들의 사치이고, 재능을 가지고 태어난 사람들의 특권이라고 생각한다. 그러다 삶이 허무해지고, 어떠한 계기로 꽁꽁 싸매고 있던 감성이 고개를 내밀고, 막힘과 답답함을 경험하고, 다시금 기억을 해낸다. 자신을 표현하고 싶다는 것을. 그리고 표현하면서 살았던 적이 있었음을. 그리고 희미하게나마 어린 예술가였던 자신을 기억해 내기도 한다.

물론 전혀 다른 플롯도 있다. 한 번도 그림이나 예술 활동을 좋아하거나 해본 적이 없는 사람이 있다. 미술은 학교에서 시키니까 했을 뿐, 어렸을 때도 그림을 그리고 놀거나 종이 인형을 가지고 놀아본 기억이 전혀 없다는 사람을 만났다. 맏딸로 자란 그녀를 움직이는 힘은 책임감이었다. 그녀는 정확하게 떨어지는 것을 좋아하고, 뭐를 해야 하는지 모르는 창작은 낯설고 자신을 표현해야 하는 상황은 늘 극도의 긴장감으로 다가왔다. 그녀는 창조적인 활동을 지지받아 본 적이 없는 어린 시절을 보냈다고 했다. 인류가 동굴에서 살 때도 그림을 그리고, 전쟁과 재난 상황에서도 아이들은 그림을 그리는데, 한국에 와서는 어렸을 때 낙서를 해본 적이 없다는 사람들을 꽤 많이 만났다.

처음 만났을 때, 선아는 나에게 뒷모습만 보여주었고, 한 달간은 목소리도 들려주지 않았다. 이른바 선택적 함묵증으로, 가족 외에는 아무하고도 말을 안 하는 아이였다. 1년 넘게 진행된 미술 치료를 통해서 말을 안 하는 아이가 아니라 매주 새로운 놀이를 만드는 에너지 넘치는 아이를 만날 수 있었다. 언제부턴가는 재잘재잘 잘도 말했다. 이렇게 에너지가 넘치고 할 말이 많은 아이가 어떻게 아무 말도 안 하고 가만히 지냈는지 놀라울 따름이었다.

미술 치료를 마치는 날, 내가 부엌에서 종결 파티 때 먹을 음식을 준비하는 동안 아이가 내 방에 들어와서는 벽지 한 켠 가득 낙서를 해놓은 것을 선아가 가고 난 후에야 발견하였다. 이것은 이제까지 한 번도 본 적이 없는 아이의 행동이었다. 낙서를 보니 선아가 아이스러움을 되찾았구나 싶어서 정말 기뻤고, 2년이 지난 지금까지도 나는 마구 그어진 선과 웃고 있는 토끼 그림을 매일 보며 살고 있다. 낙서는 보통 아이의 첫 그림 경험이기도 하다. 층간 소음 때문에 뛰지 못하는 것도, 혼난다고 벽에 낙서를 못하는 것도, 동굴에 사는 호모 사피엔스(약 20만 년 전에 나타난 우리의 직접적 조상으로, 동굴 벽화를 처음으로 그렸다) 어린이가 당해본 제지는 아닐 것이다.

한국에서 일반적으로 보이는 '창조적인 활동의 부재'는 인류적인 관점으로 볼 때 일반적인 행동 패턴이 아니다. 예술을 재능이 있고 없음의 문제로 간주하는데, 예술은 어쩌면 재능의 문제가 아니라 인간으로 살아가는 데 기본적으로 또 절대적으로 필요한 소통과 표현의 욕구라는 생각이 든다. 그렇지 않고서야 어떻게 인류에게 말이 있기도 전에, 어린이가 글을 배우기도 전에 더 먼저 그림으로 자신의 세계를 표현하는 것일까? 뇌의 발달 차원에서 보더라도 언어를 담당하는 뇌의 영역은 아기가 태어난 후에 언어를 습득하면서 발달하지만, 감각과 상상과 이미지를 담당하는 뇌의 영역은 엄마의 뱃속에서 발달된 채로 태어난다고 한다. 뇌의 발달 과정만 보더라도 아이가 말을 배우기 전에 그림을 그리는 것은 너무나 자연스러운 일이다.

인간이 인간인 이유는 창조하고 상상하고 표현하기 때문이다. 인간의 시초라고 여기는 호모 사피엔스가 그 이전 인류의 조상인 호모 네안데르탈렌시스와 다른 점은 흔히들 알기로 도구를 사용해서가 아니라 도구를 사용하여 자신이 상상하는 소망을 동굴 가장 안쪽에 그림으로 표현한 점이다. 우리는 근본적으로 호모 에스테티쿠스Homo Aestheticus, 즉 미적인 인간이다. 예술 활동은 인류 역사와 동서양의 모든 문화를 통틀어서 한 번도 멈춰진 적이 없으며, 먹고 마시고 자고 사랑하는 것처럼 인류에게 보편적이고 근본적인 것인데, 이 행위가 없는 삶이 온전할 수 있을까? 이 행위가 점점 사라지고 있는 보편적인 한국 사회가 정상일 수 있을까?

"동서고금을 막론하고 인간 사회의 가장 현저한 특징 중 하나는 모든 사회가 예술과 막대한 관련성이 있다는 것이다. 물질을 소유하는 법이 거의 없는 유목민도 보통 자신의 작은 소유물에 장식을 하고, 자신의 몸을 아름답게 치장하고, 특별한 행사를 위해 공들인 시적 언어를 사용하고, 음악과 노래와 춤을 만든다. 우리가 알고 있는 모든 사회는 서양에서 우리가 '예술'이라고 부르는 것들을 적어도 한 가지는 행하고, 각 사회의 많은 집단들이 예술에 가장 큰 노력을 쏟아 붓는다. 예술을 만들고 즐기는 이 보편 특성은 인간의 중요한 욕구나 필요가 예술에 의해 표현되고 있음을 암시한다."(엘렌 디사나야케, 《미학적 인간: 호모 에스테티쿠스》, 5쪽)

나는 이 책, 《변화를 위한 그림 일기》를 통해서 당신이 예술가로 태어났음을 믿게 되길 바란다. 기술이 부족하면 배우면 된다. 그리고 수많은 예술 장르 중에서 그림을 그리는 행위는 우리에게 가장 원시적이고 본성에 가장 가까운 행위이다. 그래서 그림에 대한(보편적으로는 예술에 대한) 믿음을 당신에게 심어주고, 좀 더 구체적으로는 그림 그리는 기술을 이 책을 통해 가르쳐드리고자 한다. 그리고 그림을 통해 당신의 삶이 창조적이고 치유적이게 되는 과정을 안내하고 응원하고 싶다.

나는 사람들이 그림, 미술, 또는 더 나아가 예술에 대하여 거부감이 너무나 커서 진짜 싫어하는 줄 알았다. 하지만 우리는 관심이 없는 것을 거부하거나 저항하지는 않는다. 미술에 대한 반감은 어쩌면, 사랑하는 것을 잃었기 때문이 아닐까? 본래의 우리 언어를 빼앗겼기 때문이 아닐까? 다시 그것을 만나려면, 어쩌면 많은 마음의 벽들을 먼저 만나야 할지도 모른다. '왜 나만 못하는가?' 하는 비교하는 마음, '나는 원래 못해'라는 낙심하는 마음, '나 같은 사람은 예술을 할 재능이 없어'라고 하는 판단하는 마음, 부끄러운 것을 하면 사람들이 손가락질 할 것 같은 불안한 마음 등등.

나는 미술이 사람을 살리는 것을 보았다. 일단 나를 살렸다. 풀어헤쳐져 나를 삼킬 것 같던 감정이 정리가 된 것은 그림이 내 감정을 담아주었기 때문이다.('담기'는 미술 치료에서 많이 사용하는 용어로, 형체가 없는 감정이 미술 재료를 통해 구체적인 이미지와 색과 크기와 무게를 갖게 되는 과정을 말한다.) 서러움이 진정이 된 것도, 우울에서 헤어나온 것도 다 그림을 그렸기 때문이다. 반복되는 실패에도 내 길을 가겠다 선언하고 또 갈 수 있었던 것 역시 그림을 그리고 창조하는 삶을 살았기 때문이다. 나는 살면서 수많은 그림을 그렸고, 대부분은 아무에게도 보여준 적이 없다. 그림은 내 마음을 이해하기 위해서, 나를 직면하기 위해서, 내 감정을 쏟아낼 곳이 필요해서, 나를 이해하고 싶고 이해받고 싶어서 하는 내적이고 은밀한 대화였기 때문이다.

다른 종류의 미술을 해본 적도 있다. 내 영혼을 불태워 예술가가 되겠다고, 미대를 가서 미친 듯이 그림을 그렸던 시절이 있다. 영감을 따라 그렸다고 생각했는데, 지금 생각해 보면 영감이 아니라 큰 진폭의 감정에 휘둘려서 그림을 그리고는 했다. 나를 헤집는 감정이 들 때 한번 그림을 그리기 시작하면 밤을 새웠고, 며칠 동안 그렇게 그린 그림이 증폭시키는 감정에서 헤어나오지 못해 일상을 살기가 힘들었다. 그때 그렸던 그림들을 보면, 지금의 내가 따라갈 수 없는 에너지가 웅웅거린다. 멋지다.

하지만 그때의 나는 정신이 피폐해지는 것 같았고 행복하지 않았다. 그림은 더 이상 내 친구가 아니라 나를 몰아붙이고 나를 벼랑 끝으로 데려가는 폭풍 같았고, 미칠 것 같았다. 그러다 붓을 꺾었다. 나는 영혼을 바친 예술가가 아니라 영혼이 풍요롭고 행복한 사람이 되고 싶었다.

그리고 여러 해가 지나고 미술 치료를 만나게 되면서 다시 그림을 그리기 시작했다. 손바닥만 한 작은 그림을 그리기 시작했다. 가장 작은 스케치북에 그림을 그렸다. 작은 오브제들을 만들었고, 자연물을 가지고 작업을 하기도 하면서 점차 나와 친구였던, 나랑 조용조용 이야기하던 미술을 다시 만났다.

내 친구를 다시 만나니 나는 다시 행복해졌다. 그리고 어렸을 때 그림을 그리며 조잘조잘 이야기하던 버릇이 글과 그림으로 펼쳐졌고, 매일 그림과 글로 나와 대화를 하는 습관이 생겼다. 이것이 나에게 '그림 일기'의 시작이다. 형식에 대하여 생각해 보고 '그림 일기'라 이름을 붙인 것은 처음이지만 어린 시절부터 익숙한 작업이다.

아침에 '그림 일기'를 그리고 쓰는 시간은 나에게 하루를 시작할 영감과 편안함과 용기를 주고는 한다. 나의 마음과 이렇게 소통을 하고 나면 훨씬 더 마음이 차분해졌고, 평화로워졌고, 하루를 살 수 있었다. 그리고 아무도 내 마음을 몰라주고, 누구 한 사람이라도 내 마음을 알아주었으면 할 때, 그림을 그리면 괜찮아졌다. 내가 내 마음을 보아주고 알아주어서, 복잡하고 정신

없고 수많은 사람들의 이야기가 소용돌이치는 세상에서 여리고 연약한 내 마음이 살 수 있었다.

그림이 당신의 마음도 보듬어주고, 위로해 주고, 진심을 열어 보여줄 것이다. 그럼에도 불구하고 '내가 과연 할 수 있을까?'라며 주저하리란 것을 안다. 그림을 그릴 줄 모른다는 선입견이 주는 두려움과 더불어 무엇을 그려야 할지 모른다는 '모름'의 상태가 당신에게 불안감이나 당혹감을 줄 것이다. 백지가 주는 불안함을 견디기 힘들지도 모른다. 하지만 창조는(그리고 삶은) 무엇을 할지 모른다는 '모름'의 길로 들어가면서 시작한다. 불안에도 불구하고 나의 선線(그림에서는 그림의 선[line]을, 은유적으로는 자신이 선택한 길[road]을 말한다), 나의 선택, 나의 한 걸음, 나의 자유를 선택하자. 그것이 그림을 창조하는 방법이고, 치유의 원천은 창조력이므로, 당신이 그런 식으로 삶을 창조적이고 치유적으로 만들어 나아갈 수 있다.

다른 예술 활동과 다르게 그림 일기는 골방에서 홀로 하는 은밀한 대화이다. 세상이 복잡해지면서 밖으로 의식이 더 많이 떠돌아다니고, 내가 무엇을 먹고 마시고 어디서 노는지가 SNS 상에서 다 펼쳐지는 요즘, 우리는 골방에 들어갈 필요가 있다. 파도처럼 주변을 쓸면서 움직이는 외적인 욕구와 욕망을 따라가지 않고 내면의 진실을 따라가려면 자신의 작은 소리를 들을 수 있는 곳이 필요하다. 내면의 소리는 작고 수줍어해서 밖에서는 대화가 잘 안 된다.

부끄러워서 테이블 밑에 숨곤 하던 아이는 성인이 되면서 사람들하고 말을 잘하고, 치료사가 되면서 남들 앞에서 강의도 잘하는 사람이 되었지만, 나의 내면은 아직도 수줍고 부끄러움이 많고 목소리가 작아서 조용한 골방에서만 대화가 가능하다. 골방에 들어갈 이유가 넘치는 요즘, 매일 만나게 될 그림 일기가 당신의 골방이 되어줄 것이다.

그대는 골방을 가졌는가?
이 세상의 소리가 들리지 않는
이 세상의 냄새가 들어오지 않는
은밀한 골방을 그대는 가졌는가?

그대는 님 맞으려 어디 갔던가?
네거리에던가?
님은 티끌을 싫어해
네거리로는 아니 오시네.

그대는 님 어디다 영접하려나?
화려한 응접실엔가?
님은 손 노릇을 좋아 않아
응접실에는 아니 오시네.

님은 부끄럼이 많으신 님,
남이 보는 줄 아시면
얼굴을 붉히고 고개를 숙여
말씀을 아니 하신다네.

님은 시앗이 강하신 님,
다른 친구 또 있는 줄 아시면
애를 태우고 눈물 흘려
노여워 도망을 하신다네.

님은 은밀한 곳에만 오시는 지극한 님,
사람 안 보는 그윽한 곳에서
귀에다 입을 대고 있는 말을 다 하시며
목을 끌어안고 입을 맞추자 하신다네.

그대는 님이 좋아하시는 골방 어디다 차리려나?
깊은 산엔가 거친 들엔가?
껌껌한 지붕 밑엔가?
또 그렇지 않으면 지하실엔가?

님이 좋아하시는 골방
깊은 산도 아니요 거친 들도 아니요,
지붕 밑도 지하실도 아니요,
오직 그대 맘 은밀한 속에 있네.

그대 맘의 네 문 밀밀히 닫고
세상 소리와 냄새 다 끊어버린 후
맑은 등잔 하나 가만히 밝혀놓으면
극진하신 님의 꿀 같은 속삭임을 들을 수 있네.

— 함석헌, 〈그대는 골방을 가졌는가〉

이 책은 몇 개의 원으로 구성되어 있다. 첫 번째 원은 우리가 모두 예술가로 태어났다는 믿음과, 왜 사람들이 창조를 두려워하는지에 대한 이야기를 담았다. 지난 10년간 미술 치료를 통해 만났던 사람들의 이야기와, 이 책을 위해서 인터뷰한 사람들의 이야기이다.

두 번째 원은 사람들이 왜 그림을 못 그리는지를 분석하고, 그림과 다시 친해질 수 있는 방법을 담았다. 먼저 잘 그리지 못하게 하는 마음의 벽을 이야기하고, 잘 그릴 수 있는 마음의 원칙을 담아 보았다.

세 번째 원은, 하기만 하면 잘 그릴 수 있는 기법들이다. 별 사람 그리기 방법은 비법 중의 비법이다. 두 시간이면 누구나 사람을 자유자재로 그릴 수 있는 방법으로 무척 재밌다. 이 단순하고 아이 같은 기법을 만들어낸 것이 무척 자랑스럽다. 그리고 마음을 담은 그림을 그리려면 마음을, 즉 감정을 그릴 줄 알아야 한다. 그래서 감정이 무엇인지 논하고, 감정을 그리는 방법을 제시하고, 그린 감정을 읽는 예시를 실었다. 사람을 그릴 줄 알고, 감정을 표현할 줄 알면, 당신의 일상을 표현하고 창조할 수 있다. 당신의 삶을 변화시키는 그림이 가능하다는 이야기다.

그래서 네 번째 원은 당신의 삶을 창조적이고 치유적으로 변화시킬 수 있는 기법인 그림 일기 방법을 실었다. 이 방법은 그 자체로 배우고 실행할 수 있기는 하지만, 의식儀式을 만들고 습관을 만들지 않는다면 작심삼일이 될 가능성이 크다.

그래서 다섯 번째 원은 그림 일기를 포함하는 아침 의식을 훈련하는 8주 프로그램을 소개한다. 이 프로그램은 혼자 할 수도 있지만 지지하는 여러 사람이 함께하면 훨씬 더 큰 힘을 받을 것이다.

그리고 마지막 여섯 번째 원은 그림 일기 외에도 자신의 삶을 가꾸고 보살필 수 있는 몇 가지 아이디어를 담았다.

들어가는 글

"우리, 놀아요"

"자신을 그저 인간이라고만 생각한다면 우리는 삶에서 우리가 표현할 수 있는 것들의 한계를 긋는 것이다. 사람들은 자주 '난 그저 평범한 인간일 뿐이야. 난 완전하지 않아'라고 말하곤 한다. 하지만 자신을 예술가라고 생각한다면 우리에게는 한계가 없어진다. 톨텍에서는, 예술을 창조하는 것은 우리를 관통하는 생명의 힘을 표현하는 것이며, 모든 인간은 그 힘을 표현하는 도구라고 믿었다. 자신이라는 또 하나의 표현을 도구삼아 예술을 표현한 예술가와 하나가 된다."

—돈 미겔 루이스, 《내가 말을 배우기 전 세상은 아름다웠다》, 60쪽

창조적이고 치유적인 삶을 위하여

나는 수업을 할 때 학생들에게 "모름을 따라가라"는 말을 자주 하는데 이 말이 씨알도 안 먹힌다는 걸 잘 안다. 모름은 불안을 만들고, 불안은 어마어마한 저항감을 불러일으킨다. 사람들은 힐링과 토닥거림과 구체적인 비법을 원하는데, 모름을 따라가라니 그게 무슨 말인가 말이다. 눈물을 글썽이며 제발 뭐를 하라는 것인지 칠판에 써달라고 사정하는 사람도 있었고, 화를 내며 나가버리는 사람도 있었다. 사람들은 불안할 때 딱딱하고 확실한 것을 잡고 싶어 하고는 한다.

나심 니콜라스 탈레브Nassim Nicholas Taleb의 《안티프레질*Antifragile*》은 읽기가 쉽지 않은 방대한 내용의 책이다. 그럼에도 불구하고 이 책은 왜 사람들이 창조적인 행위에서조차 확실한 것을 요구하는지 알 수 없어 답답함으로 뿌옇던 나의 정신을 또렷하게 만들어주었다.

깨지기 쉬운 소포나 비행기 수화물에 '프레질fragile'이란 스티커를 붙인다. 충격을 가하면 깨지기 쉬우니 주의하라는 말이다. 그렇다면 이 단어와 뜻이 반대되는 단어는 무엇일까? 저자는 '프레질'의 반대말은 '충격이 가해지면 더욱 성장하는'의 의미를 가져야 한다고 생각한다. 하지만 그러한 단어가 없으므로, '프레질' 앞에 '안티anti'라는 어근을 붙여서 '안티프레질antifragile'이라는 새로운 단어를 만들고, 이 책을 통해 그 개념을 설명하고 있다.

프레질한 것은 딱딱하지만 충격이 가해지면 깨진다. 유리병도 그렇고 견고한 시스템도 그러하다. 반면 안티프레질한 것은 부드럽지만 충격이 가해지면 더 강해지는 것들이다. 생명이 있는 것들은 안티프레질하다. 창조적인 것들도 안티프레질하다. 독약을 아주 조금씩 먹으면 독을 해독하는 능력이 몸 안에 생긴다. 무거운 것을 들면 근육에 미세한 균열이 생기고, 회복이 되면서 더 무거운 것을 들 수 있게 된다. 피부의 상처는 아물면서 조직이 세 배나 두터워진다. 안티프레질한 것들은 스트레스를 통해서 더 강해지고 성장한다. 스트레스를 이겨낼 때, 필요한 힘보다 더 힘을 내는 과잉 보상을 통해 외상 후 장애post-traumatic syndrome가 아니고 외상 후 성장post-traumatic growth을 이룬다. 하지만 근대화가 만드는 표준화, 무작위성 제거, 최적화, 안정의 추구는 삶을 견고하고 딱딱하게, 그리고 스트레스가 가해지면 무너지는 연약한 시스템을 프레질한 시스템으로 만들고 있다고 그는 주장한다.

우리는 지금 몹시 불안하고 불확실한 세계에 산다. 그 예로 우리 모두의 생명의 바탕인 지구가 아프다. 그런데도 여전히 방

정식을 배우고, 승자가 정한 역사의 연대를 외우고, 바이엘부터 체르니까지 순차적으로 피아노를 배우고, 그림을 배우기 위해 정해진 패턴을 반복적으로 연습하고, 공부를 착실하게 해서 미래의 직업을 보장받고자 한다.

머지않은 미래에 창조적인 작업을 제외한 많은 일들을 인공지능 기능을 가진 컴퓨터가 더 잘하게 될 것이라고 한다. 아이들이 학교에서 배우는 정보 중심 교육 대부분이 필요 없어질 수도 있다. 미래에는 인간 본연의 능력이자 안티프레질한 능력인 창조성, 호기심, 공감력 등이 더 중요해질 것이다. 그런데도 가장 최근 조사에 따르면 청소년들이 최고로 선호하는 직업이 선생님이고, 대학생들이 가장 원하는 직업이 공무원이라고 한다. 불안하면 확실한 것을 잡으려고 하는 습성이 우리에게 있는 것 같다.

우리는 견고하고 확실하고 예측 가능해 보이는 프레질한 시스템에서 안정감과 안도감을 느끼도록 교육받아 왔다. 아마도 극심한 혼란의 시대를 거치면서 통제에 지나치게 몰입을 하게 된 것이 아닐까 생각이 된다. 어쩌면 우리는 과거의 일제 강점기와 전쟁 시대에 겪은 결핍과 불안에 대한 반응으로서 지금까지도 풍요와 통제를 중요시하고 있는지도 모른다.

삶의 절반은(탈레브가 말하기를 "더 흥미로운 반은") 안티프레질하다. 안티프레질한 영역에서는 알고 있는 것을 붙잡을 것이 아니라 '모름unknwon'의 길로 나서야 한다. '모름'의 영역에서 힘을 발휘하는 것은 교육이나 멘토링이나 확실한 답이 아니라, 불안하지만 얼어붙지 않고 배운 바 없는 길을 찾아 나아가게 하는 힘이고, 그 중의 하나가 바로 창조성이다.

우리는 원래 안티프레질한, 그러니까 통제가 안 되는 삶을 받아들이며 살았었다. 언제 태풍이 불지 모르고 언제 해일이 일어날지 몰라, 바다 신에게 기원을 드리고, 예술로 자신의 불안감이나 슬픔을 승화시키며, 통제가 안 되는 것들에 경외심을 가지고 살았다. 하지만 지금은 태풍이 불어오는 시간과 경로와 크기를 예측하려 하고, 예측할 수 있다고 생각하며, 예측이 빗나갔을 때는 비난이 난무한다. 하지만 아무리 예측이 정확하다고 하더라도 태풍은 맞을 수밖에 없는 것이다.

얼마 전 제주도에 큰 태풍이 불었다. 태풍이 오고 있는 것을 알았고, 밤사이에 강타할 것도 알았다. 하지만 미리 할 수 있는 것은 아무것도 없었다. 잠을 잤고, 아침에 일어나 쓰러진 나무를 치웠다. 통제가 안 되는 삶의 영역에서 우리를 도왔던 것이 주술이고 예술이었다. 우리는 지금 극심하게 불안한 시대를 살고 있다. 불안을 예측하고 측정할 수 있다고 해서 그것을 더 잘 감당하게 된 것은 아닌 것 같다. 우리는 여전히 기도와 예술이 필요한 시대를 살고 있는 것 같다.

삶의 예술가

나는 우리 모두가 창조적인 예술가로 태어났다고 믿는다. 다른 사람들도 그렇게 믿는 줄 알았는데, 이 책을 준비하면서 인터뷰한 많은 사람들이 한 번도 그렇게 생각해 본 적이 없다고 해서 놀랐다. 내가 놀라하는 게 놀랍다며 그들도 놀라워했다. "은혜야, 그렇게 생각하는 사람은 아마 아무도 없을 걸?"이라고 말하는 친구가 미워질 뻔했다. 우리가 예술가로 태어났다는 명제가 내 삶에선 너무나 핵심적인 것이어서 혼란스러워졌다.

그러다가 우리가 '예술가로 사는 것'에 대한 견해가 다르다는 것을 알았다. 사람들에게 예술은 자신의 삶과 영혼을 바치는 예술가의 고유한 영역이고 타고난 재능이 있는 사람이 해야 한다는 믿음이 있다. 또한 예술은 완성도가 높은 결과물에만 붙일 수 있는 말이라고 믿는다.

내가 "우리는 모두 예술가로 태어났다"고 말할 때, 나는 우리가 모두 삶의 예술가라고 말하고 있는 것이다. 삶의 예술가는 자신의 삶 전체를 창조적으로 만드는 사람이자, 하루하루의 일상을 통해 자신을 창조적으로 표현하는 사람이다. 이것은 타고난 재능을 가지고 한 평생을 쏟아 부어야 이룰 수 있는 완성된 결과물이나 숙련의 경지에 대한 이야기가 아니다. 삶의 예술가는 삶을 창조적으로 가꾸는 사람들이고, 일상을 특별하게 하는 행위들로 채울 줄 아는 사람들이다.

인간은 미학적 인간이라고 주장하는 인류학자 디사나야케는 예술을 '특별하게 하기making special'라고 정의한다. 나는 이에 몇 가지 특징을 덧붙이고자 한다. 삶의 예술은, 일상 너머 존재한다고 여겨지는 예술을 다시 삶의 영역 안으로 들여놓는 것으로, 크게 다음 세 가지의 특징이 있다고 생각한다. 첫째로, 그것은 자신의 삶을 표현하는 행위들을—그것이 밥을 먹는 것이든, 걸어 다니는 것이든, 소리를 내보는 것이든, 자국을 만드는 것이든(내 생각에 이 '자국을 만든다'는 것이야말로 그림 그리기의 가장 기본적인 행위이다) 무엇이든 간에—특별하게 만든다. 이것이 다른 말로는 의식儀式, ritual이다. 둘째로, 그 행위를 하는 사람과 행위 사이에 일치감 또는 몰입이 있다. 셋째로, 그 행위의 결과물이 가시적인지 비가시적인지를 막론하고 내면이 충만해지는 경험을 한다.

몇 해 전 추석 때의 일이다. 아직 송편을 못 먹었다고 하니, 약선藥膳 음식을 만드는 최순남 선생님께서 만나자고 하셨다. 마음에 드는 꽃을 밭에 가득 키우고, 각종 약초를 키우고, 장을 담그고, 몸이 아프고 마음이 허한 사람들에게 약이 되는 음식을 먹이는 분이시다.(KBS 인간극장 〈순남 씨의 비밀 정원〉 편에 나온 그 '순남 씨'가 마을 이웃이다.) 선생님은 만나자마자 작은 도시락통 하나를 내

미셨다.

그 안에는 송편이 열 개쯤 들어 있었는데, 흰색 바탕에 알록달록한 색으로 꽃이며 잎이며 나무가 수놓듯이 얹어져 있었다. "이 송편을 먹으면 꽃을 먹고 나무를 먹는 거네요!"라며 감탄을 하니, "원래 그렇지. 풀 한 뿌리를 먹어도 그건 꽃을 먹고, 나무를 먹고, 공기를 먹고, 구름을 먹고, 숲을 먹는 거지"라고 말씀하셨다.

이 글을 쓰다가 갑자기 그분의 생각이 궁금해서 전화를 걸었다. "선생님은 언제 자신이 예술가라고 생각이 되세요?" 그러자 이렇게 대답하셨다. "내가 자연에서 놀잖아. 그럴 때, 자연과 내가 둘이 아님을 느낄 때, 내가 예술을 한다고 느끼지."

어렸을 때 엄마 아빠가 집을 비우고, 오빠들은 놀러 나가고 집에 혼자 있을 때가 많았다. 부모님은 내가 얌전하게 그림만 그리고 노는 줄 알았겠지만, 나는 집 안과 밖을 휘젓고 다니면서 놀거리를 찾고 만드느라 바빴다. 한번은 의자 위에 올라가서 천장 가장 높이 있는 접시를 하나 꺼냈다. 파란색 꽃무늬가 있는 예쁜 접시였는데, 손님용이라 일상적인 사용이 금지된 접시였다.

깨뜨릴까봐 조심조심 들고 내려와서는 상 위에 얹어놓고, 오빠들 몰래 다락 한쪽에 숨겨놨던 초코파이를 꺼냈다. 포장을 조심스럽게 뜯어서 올려놓고는, 과도와 포크를 찾아서 정성스럽게 조금씩 썰어 먹었다. 평생 먹은 초코파이가 몇 개쯤 될까? 한 5백 개? 천 개? 아주 많겠지. 그렇지만 내 인생을 통틀어 기억나는 초코파이는 그때 먹었던 그 초코파이뿐이다.

그때 초코파이를 썰어 먹으면서 예술을 하고 있다는 생각은 전혀 하지 않았지만, 이제 와서 생각해 보면 그것은 모든 범주에서 예술 행위에 해당했다. 나는 그때 의식적으로 행위에 임했고, 나와 내가 하는 행위 사이에 일치감을 느꼈으며, 일상적인 먹기를 특별한 음미하기의 의식으로 만들었다. 즉 나의 모든 감각과 노력을 사용하여 그 순간의 충만함을 경험한 것이다.

자신의 존재를 표현하는 의식적인 행동을 하고, 표현된 그것과 일치감을 느끼고, 그 순간에 맛볼 수 있는 충만함을 경험케 하는 것, 이것이 예술이라면, 그리고 삶의 예술가에게 주어진 예술 매체이자 무대이자 도구가 삶 자체라면, 우리에게 주어진 예술의 기회는 무수히 많다.

나는 사람들이 예술과 창의성을 스스로에게 허락하지 않는 것 같다는 생각을 가끔 한다. 높은 경지에 있다고 생각되는 예술가들의 예술을 지칭할 때는 미적인 의미나 사회적 맥락을 주로 이야기하면서, 보통 사람들이 만드는 공예품을 대할 때는 용도와 쓰임새 위주로 말을 한다.

그 예로 뜨개질로 설거지용 '수세미'를 만드는 경우를 생각해 보자. 알록달록한 아크릴 실로 딸기 모양으로도 뜨고 인형 드레스 모양으로도 뜬다. 그런데 그런 것들을 통틀어 우리는 그냥 수세미라고 부른다. 수세미는 용도이지, (딸기 모양이나 인형 드레스 모양처럼) 뜨개질로 나온 이런저런 형태를 지칭하는 명칭이 아니다.

나는 서귀포 앞바다에 있는 부드러운 산호인 연산호를 코바늘로 뜨는 연산호 뜨개질 프로젝트를 진행한 적이 있는데, 알록달록 플라밍고 치마 같기도 하고 맨드라미 꽃 같기도 한 연산호 뜨개질 작품을 본 사람들은, 우리가 물속에 공기통을 매고 다이빙을 해서 직접 연산호를 본 수고를 무시하고, "아, 수세미군요!"라고 말하고는 한다. 부글부글 거품 날 소리다. "수세미는 용도이지 형태가 아닙니다!"라고 말하지만, 아무래도 사람들은 용도가 없는 뜨개질을 허락하지 않는가 보다. 목도리? 옷? 장갑? 가방? 다 아니야? 그럼 손바닥만 한 게…… 수세미 떴네!

제주도 말에 '자파리'라는 표현이 있다. 장난처럼 쓸데없는 짓거리를 일컫는 표현이다. 뜨개질은 뛰어난 자파리 요소가 많은데도 불구하고 목적 중심, 용도 중심의 행위로 자리를 잡았다. 한때 '이유 없는 뜨개질'이란 제목으로 이유가 없고 목적이 없고 쓸모가 없는 뜨개질 작업을 하고 전시도 했었는데, 주민문화센터에서 뜨개질 강사를 구한다고 섭외 전화가 와서 웃었던 적이

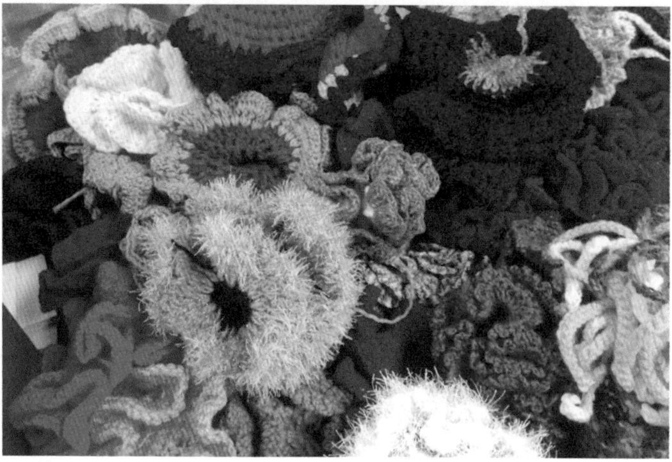

산호 뜨개질 프로젝트

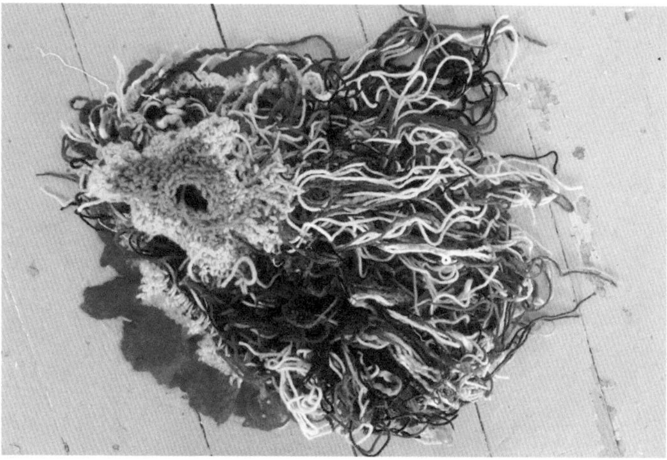

이유 없는 뜨개질

있다.

'뜨개 폭탄yarn bomb'은 미국, 캐나다, 호주, 유럽 등지에서 행해지는 게릴라성 공동 뜨개질을 가리키는 말인데, 여러 사람들이 한 자리에 모여서 공공 시설이나 조각품, 버려진 자전거, 가로수 등을 형형색색의 실로 떠서 감싸는 일종의 지하 조직 뜨개질 행동이다. 알록달록한 색과 질감이 무척 예뻐서, 불법 행위임에도 많은 사람들에게 사랑을 받는다. 감싸는 것에 따라 의미부여를 할 때도 있지만, 그 행위의 진짜 이유는 '재미' 또는 '자파리'일 거라 생각한다.

나는 뜨개질꾼들이 뜨다 뜨다 뜰 게 없어서 또는 혼자 뜨다 보니까 심심해서 함께 모여 뜨개질을 하게 된 게 아닐까 추측을 해본다. 몇 년 전부터 한국에서도 뜨개 폭탄이 등장했지만 평화의 상징으로나 시위 목적으로 주로 활용이 되고 있고, 아무런 목적도 없는데 여러 사람이 함께 공공 장소에서 뜨개질하는 것은 아직 본 적이 없다.

호주 멜버른에 잠깐 있을 때 뜨개질 워크숍을 진행한 적이 있다. 한국에서 이런 모임을 하려면 심리학적·예술적인 여러 맥락과 의미를 설명해야 하고 문서화도 해야 하고, 그래도 사람들이 올까 말까 했을 것이다. 그런데 멜버른에서 만난 사람들에게 "실을 던지면서 대화하는 것을 해볼 건데 올래?" 하고 묻자 많은

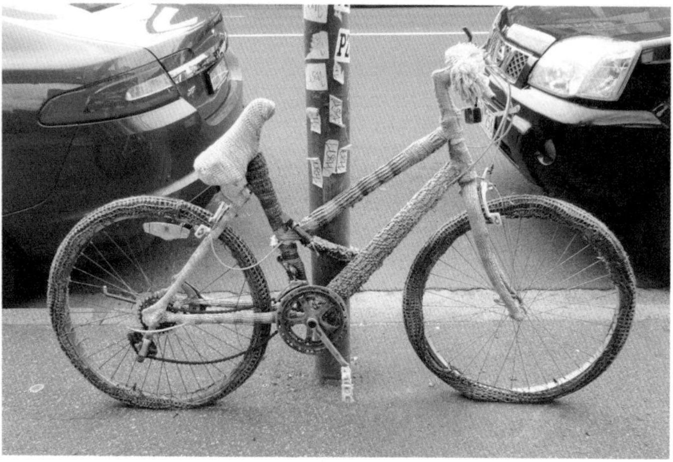

호주 멜버른에서 만난 뜨개 폭탄. 버려진 자전거를 뜨개질로 감쌌다.

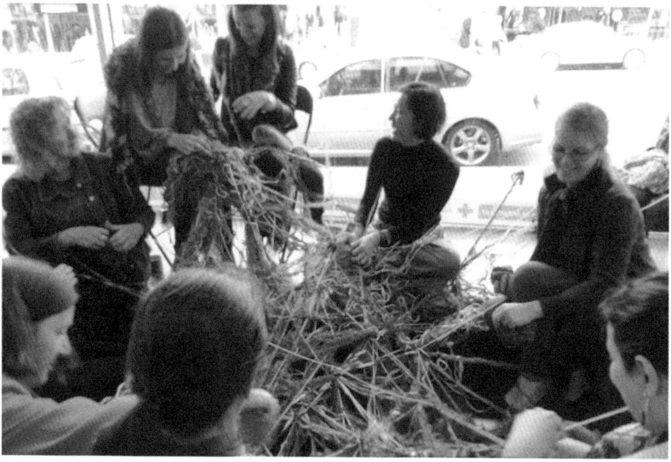

멜버른 적십자 가게에서 했던 뜨개질 대화

사람들이 "우와 재밌겠다" 하면서 공간을 마련해 주고, 친구들을 데려오고, 지나가던 사람들도 들어와 함께 워크숍을 했다. 아무도 이것을 왜 하는지, 이것을 해서 어떤 성과를 바라는지 묻지 않았다. 재미있었고, 그것으로 충분했다. 그 중 한 사람은 자신의 생일날 친구들을 집에 불러서 생일 파티로 이 작업을 했다고 나중에 전해주었다.

몇 년 전 제주도 자연 속에서 진행한 생태 예술 프로젝트에서 나는 또 한 번 실로 하는 대화를 했다. 〈우리는 모두 물 한 방울의 우주다〉라는 이름의 프로그램으로 "반항하는 청소년과 방황하는 중년 부모들을 위한 제주 생태 예술 탐험"이란 부제가 붙어 있었다. 이 프로그램의 일환으로 '반항과 방황' 세트의 사람들과 바닷가에서 실을 주거니 받거니 하면서 이야기를 이어가고, 이야기가 이어가는 것과 더불어 실을 짜나갔다. 그곳이 바닷가 관광지인 탓에 지나가던 사람들이 자꾸 뭐하는 거냐고 물었다. 반항하는 청소년들은 얼굴이 굳거나 고개를 숙이며 답이 없었고, 방황하는 부모님들은 부끄러워서 안절부절못하거나 열심히 실만 쳐다보았다.

그런데 이 작업을 계속해 나아가는 과정에서 사람들의 표정이 변해갔다. 진심으로 즐거워하는 모습이 보였고, 화기애애한 웃음소리가 여기저기서 터져 나왔다. 서로 별칭을 부르다 보니

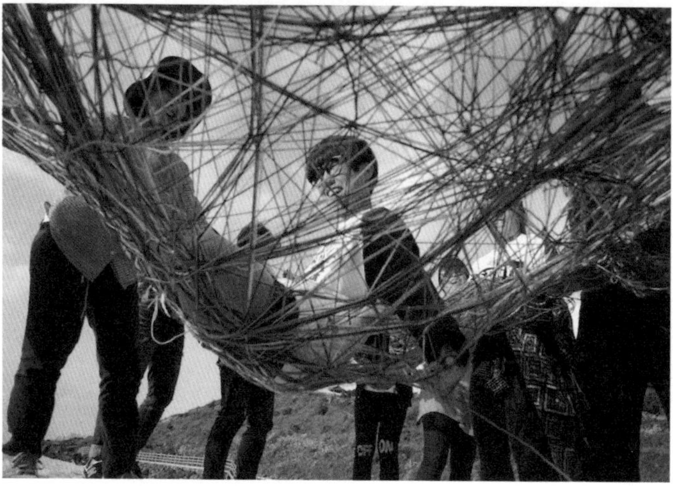

〈우리는 모두 물 한 방울의 우주다〉 프로젝트

친구 어머니를 부르며 "김태희 누님, 실 받으세요!" 하고, 아들 친구보고는 "어 그래, 바나나 너도 한 줄 떠봐" 하는 앞뒤도 안 맞는 이야기들이 오고갔다. 지나가던 사람들이 또 "뭐 하세요?" 라고 묻는데 이번에는 이구동성으로 이렇게 외쳤다. "우리 놀아요!"

그리고 그렇게 놀고 난 뒤 오늘 어땠는지 묻자 부모님 한 분이 울먹울먹거리며 이렇게 말했다. "평소 5분도 말 안 하는 우리 중학생 아들과, 아들 친구들과, 아들 학교 선생님들과 이렇게 놀아본 것이 너무 감격스러웠어요."

나는 요즘 우도 해녀들이 하는 말 중 '사치부린다'는 표현에 매료되어 있다. 우도에 사는 신사란 작가는 나이도 많고 몸도 불편해서 더 이상 물질을 할 수 없는 해녀 할머니들로부터 물소중이 만드는 법을 배워 전시도 하고 어르신들과 물소중이 만드는 프로젝트도 준비하는 '요망진'(제주 말로 야무지고 똑똑하다는 뜻) 젊은 작가이다. 이름도 예쁜 '물소중이'는 지금처럼 고무 옷이 없던 시절, 해녀들이 물질할 때 입던 옷을 말한다. 상체는 몸의 체형에 맞게 하고 하체는 종이접기를 하듯 여러 면으로 만들어 활동에 불편이 없도록 고안된 옷이다.

물소중이는 해녀들이 각자 집에서 만들었는데, 손바느질로 솜씨를 최대한 발휘했다고 한다. 어깨끈 부분과 옆트임이 있는 쪽에 스티치를 박아서 문양을 낸다거나 조각 헝겊을 이용해 악센트를 준다거나 하는 식으로 치장을 했는데, 이렇게 물소중이를 꾸미는 것을 보고 '사치 부린다'고 불렀다. 어떤 할머니는 유난히 사치를 더 잘 부린다고 했다. 그런데 물질할 때 누구에게 예뻐 보이려고 사치를 부리는 것일까? 다른 해녀에게? 돌고래에게? 아니, 그저 예쁘게 꾸미고 싶어서가 정답일 것이다.

유능함, 능숙함, 쓸모 있음, 용도 있음이 강조되는 우리 사회에서 자파리하는 것, 사치 부리는 것을 보기는 점점 더 힘들어졌다. 물론 전문적으로 자파리를 하고 사치를 부리는 사람들의 전문화가 진행되고도 있지만, 원래 자파리와 사치는 일반 사람들의 일반 생활 영역이었다. 그리고 이런 행위들은 삶이 쉽거나 여유가 넘쳐서, 우아하게 과시하고 싶어서, 혹은 할 일이 없어서 한 것들이 아니다. 여유 없고 보여줄 데도 없고 할 일이 많아도, 원래 갖고 태어난 재능이니 발휘하고 산 것일 뿐이다.

목적이 있는 것, 용도가 있는 것, 가치가 돈으로 매겨지는 것이 아니면 다 쓸모없고 필요 없다고 생각하는 사회 문화에서, 그러한 가치가 없는 것을 기꺼이 하는 행위가 예술이다.(여기에서, 그리고 이 책 전체에서 말하는 '예술'은 전문가적인 예술의 영역이 아니라 삶의 예술의 영역을 말한다.) 예술은 꼭 해야 하는 것도 아니고, 잘할 필요가 있는 것도 아니며, 이걸 한다고 더 인정을 받거나 돈이 생기거나 명예가 생기는 것도 아니라면, 무엇 하러 하나 하는 생각이 들 수 있다.

삶을 통제하고자 하는 시스템 안에서는 이 같은 예술이 쓸모없는 행위이지만, 통제가 안 되고 예측 불가능한 안티프레질한 삶의 영역에서는 예술이야말로 우리를 불안에도 불구하고 온전케 하는 힘이다. 즉 언제 죽을지 모르고, 언제 일을 그만두게 될지 모르고, 언제 사랑이 떠나갈지 모르고, 언제 무슨 일이 벌어질지 모르는, 궁극적으로 통제불능의 삶을 사는 우리에게, 그럼에도 불구하고 살아있음을, 아름다움을, 연결되어 있음을 경험케 하는 힘이 예술인 것이다. 나는 이러한 현실에서 자신의 삶을 예술적인 영감으로 가꾸고자 하는 사람들, 삶의 예술가가 되고 싶은 사람들을 위해 이 책을 썼다.

우울증에 관한 시적이고 무거운 책인《한낮의 우울 *The Noonday Demon: An Atlas of Depression*》을 쓴 앤드류 솔로몬Andrew Solomon은 우울증을 겪고 있는 사람의 내면 경험을 지극히 섬세하고 정교한 언어로 들려준다. 오랫동안, 어쩌면 평생 동안 우울증 치료를 받으며 살아야 하는 그는, 자신이 겪고 있는 문제를 탐구하면서 수많은 사람들을 인터뷰하고, 온갖 심리학 데이터를 분석하면서 이 책을 썼다. 그는 우울증의 반대는 행복이 아니라 생명력 또는 살아있음을 느끼는 것이라고 주장한다. 그리고 이 책을 통해서 그를 비롯한 우울증을 앓는 사람들이 어떻게 살아있음을 경험하기 위해 애쓰는지 아주 고통스럽게 그려낸다. 그의 TED 강연에서 다음과 같은 내용을 듣고 피식 웃음이 났다.

"우울증 환자들과 이야기를 나누다 보면 이들이 다양한 착각에 빠져 있는 것을 알게 됩니다. 그들은 이렇게 말하고는 합니다. '아무도 날 사랑하지 않아.' 그러면 그들의 친구나 가족들은 보통 이렇게 대꾸를 하지요. '내가 있잖아.' '네 부인도 있고, 어머니도 있고.' 하지만 우울증을 앓고 있는 사람은 또 이렇게 말합니다. '우리가 뭘 하든 결국은 죽게 되어 있어' 혹은 '인간 사회에 진정한 교감은 존재하지 않아. 그저 각자의 육체에 갇혀 있을 뿐이지'라고 극단적인 말을 합니다. 그러면 상대방은 이렇게 말합니다. '맞아, 우리는 결국 다 죽게 되어 있어. 그런데 그건 그렇고, 아침으로 뭘 먹을까?'"

내 생각에 삶의 예술가는 이렇게 대답할 것 같다. "맞아요, 우리는 뭘 하든 결국 죽게 되어 있어요. 그런데 그건 그렇고, 아침으로 어떤 음식을 맛있게, 멋있게, 아름답게 먹을까?"

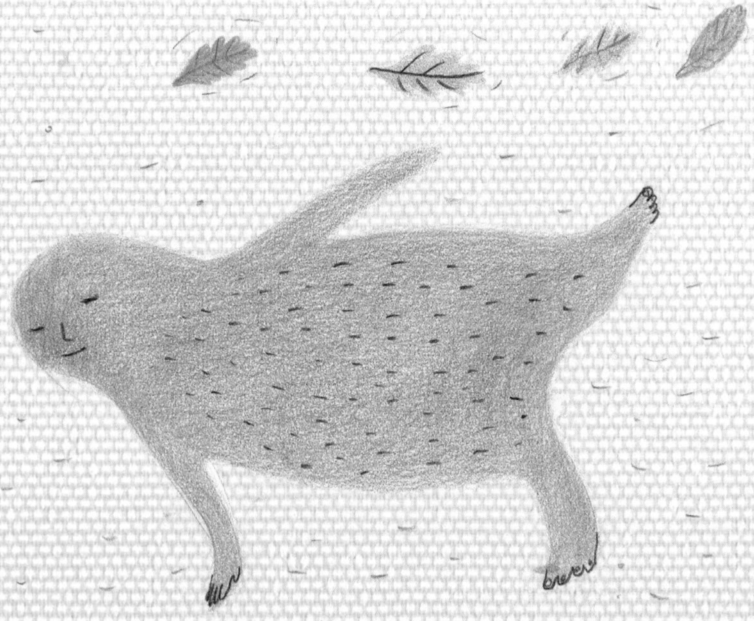

우리는 모두
예술가로
태어났다

우리는 모두
예술가로 태어났다

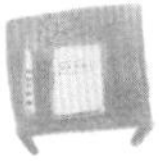

"우리는 묻는다. '나는 현명하고 고귀하고 재능 있고 아름다운 사람이 될 수 있을까?' 하지만 질문이 틀렸다. 당신은 그렇게 '될' 필요가 없다. 당신은 신의 자녀다. 있는 그대로 위대한 존재다. 그러니 다른 사람들의 믿음을 구걸할 필요가 없다. 우리는 모두 신의 영광을 실현하기 위해 태어난 존재다. 몇몇 특별히 선택된 사람만 그런 것이 아니라, 우리 모두 그렇다. 우리 안의 빛을 가지고 다른 이에게도 똑같이 대하라. 내가 두려움에서 벗어날 때, 다른 이들 역시 두려움에서 벗어나게 된다."

— 브레네 브라운, 《나는 왜 내 편이 아닌가》, 267~268쪽

우리는 모두 예술가로 태어났다. 아이들은 그림 그릴 도구를 손에 잡을 수 있게 되자마자 그림을 그려 자기를 표현한다.

엄마 루즈든 사인펜이든 뭐든 잡고 벽에 그리고 바닥에 그린다. 이때 아이들의 모습을 가만히 관찰해 본 적이 있는가? 기쁨 그 자체다!

유치원 때까지 대부분의 아이들은 그림 그리는 것을 무척 즐거워한다. 자기가 그린 그림을 소중하게 다루고, 부모님과 선생님께 선물하기를 좋아한다. 아마 유치원 아이를 둔 부모들은 아이가 매일 들고 오는 작품들이 둘 데가 없을 정도로 넘쳐나는 걸 알 것이다. 이때의 아이들 그림에는 즐거움이 넘친다. 망설임이 없다. 두려움을 모른다. 다만 어른이 '못하는 것을 하거나 틀리게 하는 것이 두려운 것'이라고 가르쳐주지 않는다면.

망설임 없음. 이것은 피카소 같은 미술사에 남은 대가들도 도달하고자 애썼던 예술의 경지이다. 아이는 이미 망설임 없음의 경지에서 시작한다. 그런데 더 이상 예술가가 아닌 어른들이 만들어놓은 체계와 판단에 걸리면서, 아이는 자신이 예술가가 아님을 배워버린다.

학교에 들어가 '미술'이라는 과목을 배우면서 자기가 지금까지 그린 것들은 잘 그린 것이 아니었음을 배우고, '점수'와 '비교'의 문화를 접하면서 그림을 잘 못 그리는 것을 부끄러워하게 된다. 그리고 대부분의 아이들은 초등학교 고학년이 되면 자신이 그림에 재능이 없다며 포기를 하고, 재능이 있다고 여겨지는 극소수의 학생들만 계속하여 사실주의에 충실한 그림을 그리려고 노력한다. 그러다가 미술로 대학을 가려는 청소년은 학원에 가서 사실주의 그림을 수백 시간, 수천 시간 연습하여 미대에 들어간다.

그런데 미대에 들어가는 순간 창의성을 요구받는다. 리얼리즘은 현대 미술의 대세에서 물러난 지 이미 백 년도 넘었다. 수도 없이 부러뜨리고 닳았을 목탄이 억울할 것 같다. 아이가 낙서한 것 같은 그림들, 예를 들어 장 미셸 바스키아Jean-Michel Basquiat(미국의 현대 화가)의 그림들이 극찬을 받고 엄청난 가격에 팔리는 것을 보면 정말 더 억울할 것 같다. 그림을 배우기 전, 어렸을 땐 자기도 저렇게 망설임 없이 쓱쓱 그렸을 테니까.

미술을 전공한 미술학도들도 졸업과 동시에 작가의 길을 포기하는 경우가 대부분이다. 예술을 해서 밥벌이하기 힘들다는 것쯤은 이미 알고 있었을 테지만, 그와 동시에 어떤 그림이 잘 그린 그림이고 어떻게 해야 잘 그릴 수 있는지 극심한 혼돈이 오기 때문이다. 대학에서 미술을 전공하고, 이제 다시 그림을 그려보려고 하지만 잘 안 돼 답답해하는 30대 바리스타 친구의 말이다.

"어릴 때부터 그림 그리기를 좋아했고 대학에서 전공을 하면서 심도 있는 그림을 그리게 되었습니다. 어느 순간, 어릴 때부터 즐겨 그리던 그림이 내가 알고 배워온 그림과 다른 걸 알고 혼란에 빠지면서 그림에서 손을 놓게 되었어요. 스킬과 테크닉 위주의 주입식 교육을 받으면서 눈에 보이는 대로 그리는 게 잘 그리는 것이라 배웠는데, 미술을 전공하고 성인이 되면서 그림은 마음으로 그리는 것이라는 걸 알게 된 겁니다. 말과 글이 아닌 마음의 언어인 거죠. 지금은 어떤 형태나 구도를 생각하기보다 그때그때 느껴지는 감정이나 생각을 색으로든 무늬로든 그리고 있습니다."

이제 막 미대를 졸업하고 예술가의 길을 걷기로 결심하고 작품 활동을 하고 있다는 20대 여성은 이런 이야기를 전했다.

"좀 억울한 마음이 들었어요. 어렸을 때부터 나는 미대를 가야겠다는 생각에 오랫동안 미술 학원을 다니면서 열심히 시키는 대로 배웠거든요. 내가 이것 외에 잘하는 게 없어서 그런지, 이것 말고 다른 걸 해야겠다는 생각을 해본 적이 없어서 그런지 그냥 늘 미술만 했어요. 그런데 대학교를 가보니 저 같지 않은 친구들도 있더라고요. 오랫동안 미술 학원에서 입시를 준비하여 전공을 한 것이 아니라, 점수가 안 돼서 또는 갑자기 하고 싶어서 실기로 갑작스럽게 전공을 바꾼 친구들이 있는데, 처음에는 이 친구들이 힘들어하고 잘 못 따라가는 것 같지만, 점점 더 이런 친구들이 잘하는 거예요. 저처럼 오래 배운 사람이 따라갈 수 없는 그들의 독창성 같은 게 정말 너무 부러울 때가 있어요."

미술 치료사로 살면서 "그림을 못 그려요" "미술에 재능이 없어요" 이런 말을 수백 번은 들은 것 같다. 그런 이야기를 들을 때마다 "그림을 잘 그릴 필요가 전혀 없어요" 또는 "재능이 없어도 상관없어요"라고 말해주지만 위안이 되는 것 같지는 않다. 자신의 말을 증명이라도 하려는 양 그림을 대충 그리고 내게 보여준다. "봐요, 내가 그림을 얼마나 못 그리는지!" 그러면 나는 "아니요, 잘 그렸어요"라고 대충 말해버리고는 한다.

나는 어쩌면 그림을 못 그린다는 말을 너무나 많이 들어서 매번 똑같은 대답을 되풀이하는 앵무새가 되어버린 것 같다. 그러다가 몸이 아파지자 더 이상 이렇게 계속 할 수는 없겠다는 절망감이 들어 사람들에게 물어보기 시작했다. 왜 그렇게 생각하는지, 어떻게 그렇게 생각하게 되었는지. 그들에게 진정으로 물어보고 진정으로 듣기 시작하면서 놀라운 것들을 알게 되었다. 다음은 내가 그들의 이야기에 귀를 기울이면서 알게 된 것들이다.

좌절의 기억

사람들은 언제 어떻게 미술을 포기했는지를 정확하게 기억하고는 한다. 이 점은 놀랍다. 왜냐하면 대부분 오래 전 초등학생 때의 일이고, 성인인 그들의 삶에서 미술이 중요한 위치를 차지하고 있지는 않기 때문이다. 왜 그럴까? 우리는 살면서 좌절감을 수도 없이 경험한다. 그런데 어린 시절 미술에 대한 좌절의 경험처럼 선명한 기억을 갖고 있는 것은 많지 않은 것 같다.

나는 산수를 못해서 불편할 때가 많지만 그것 때문에 스스로를 부끄럽게 생각한다거나, 수학자를 동경한다거나, 몰래 수학책을 들여다보고 공식을 따라하면서 "역시 나는 못해"라며 반복해서 자괴감에 빠지지는 않는다. 그런 사람을 본 적도 없다. 대부분의 성인들에게 미술은 수학, 체육, 역사 같은 수많은 과목처럼 삶과 상관이 없다. 그런데 유독 그림만큼은 못 그린다고 자신을 부끄럽게 여기고, 재능이 없다며 스스로를 미술에는 '젬병'이라고 낮게 평가한다. 그럼에도 화가를 동경하고 그림책을 보고 따라 그려보고자 한다. 그림을 그렇게 사람들이 싫어하고 못하고 어려워하는데 컬러링북이 베스트셀러 상위권을 휩쓴다. 참 희한한 일이다.

"불조심 포스터! 생각해 보니 그때부터였던 것 같아요."

유치원 때는 그림을 무척 좋아하고 가족에게 커서 화가가 될 거라고 말하고 다녔다는, 글을 쓰는 30대 여성의 말이다. 그림을 무척 좋아했던 꼬마가 언제부터 자신이 창조적이지 않다고 생각하게 되었는지 묻자 한참 생각하다가 무릎을 치면서 나온 대답이다.

유치원 때까지는 그림을 그리면 모두들 다 잘 그렸다고 했고, 그림을 그리는 것이 즐겁고 행복한 행위였는데, 학교에 들어가니 그리기 싫은 것을 그려야 하고, 점수가 매겨지고, 자기가 그리는 방식이 잘못됐고 다른 방식을 배우라고 하는데 그게 잘 안 되었단다. 점점 흥미를 잃고 있는 차였는데, 불조심 포스터가 마지막 한 방을 먹인 것이다. 하기 싫은데 억지로 하고, 그래도 기대를 하고 그렸는데 자기가 그린 불조심 포스터가 뽑히지도 않았다. 더 나아가 자신은 그림만 못 그리는 것이 아니라 창조적이지도 않다고 믿어버린 것 같다고 했다.

어떻게 바느질을 하고 농사를 짓고 요리를 하는 사람이 스스로를 창조적이지 않다고 생각하는지가 너무 의아해서 이유를 자꾸 물어보았다. 그 이유는 자기가 만들기는 하지만 시나 그림 같은 창작을 하는 사람이 아니어서라고 했다. 과정이 창조적이지 않아서가 아니라 결과물이 '예술'이 아니어서라는 것이다.

이것은 예술을 결과물로 보는 일반적인 태도와 관련이 있다. 우리는 예술을 일반인이 범접할 수 없는 높은 장식대 위에 올려놓으면서 자신과 무관한 것으로 만들어버렸다. 예술을 재능이 있어야 하는 것, 높은 경지에 오른 사람만 할 수 있는 것이라는 정의를 내림으로써 예술은 내가 할 수 없는 것이라는 인식을 갖게 되었다. 아마 그렇게 "나는 원래 재능이 없었어"라고 말하면서 좌절로부터 자신을 지키려고 하는지도 모른다.

내면의 어린 예술가

대학을 나오고, 박사 학위를 받고, 사업을 하고, 지도자 역할을 하고, 치료사로 일하고, 자기 영역에서 탁월한 어른들이 그림을 그려보라 하면, 쪼그라들고, 부끄러워하고, 얼굴이 굳고, 구석에서 그리거나 그려놓고도 보여주지 않고, 빨리 뭔가를 그리고는 찢어버리고, 제발 안 시켰으면 좋겠다고 하고, 엄청 불편해하고, 나가버리기도 하고, 안 그리겠다고 거부하기도 하는 등 격한 반응을 보이는 것을 자주 본다.

몇 해 전 내 워크숍에 참석한 사람 한 명이 아름다운 그림을 그렸다. 자신의 고양이 '로로'가 밖을 돌아다니다 오면 털에 씨앗이 묻어 있곤 한데, 그 씨앗이 발아를 해서 고양이 등에 꽃이 피는 모습을 상상해서 그린 그림이었다. 시간이 남아 있기도 하고 색을 더 칠하면 아주 멋질 것 같아서 좀 더 해보시라고 했다. 그녀는 머뭇거리다가 색을 칠했다. 그 그림을 잊지 않고 있다가 나중에 내가 기르던 고양이 다홍이가 밖에서 씨앗을 털 속에 품고 왔을 때, 나도 다홍이의 등에서 줄기가 올라와 꽃이 피어나는 그림을 그렸다.

시간이 흐르고 그 사람과 친구가 되었는데, 그가 그때 일을 회상하면서 내게 말했다. 엄청 화가 났었다고. 자기는 어른이 되어서 사람들이 보는 앞에서 그림을 그린 것이 그때가 처음이었고, 뭘 그려야 할지 몰라서 난감해하다가 간신히 그 그림을 그렸는데, 더 그리라고 하니 자기 그림이 부족하다는 것인지, 틀렸다는 것인지, 뭐를 하라는 것인지 짜증이 확 났다고 했다. 더 하라고 하니 꾹 참고 하기는 했는데 다시는 이런 워크숍에 참여하지 않겠다고 결심을 했단다. 그리고 이 말을 하면서도 그때처럼 속이 울렁거리는 것이 참 신기하다고 했다.

너무 놀라운 이야기였다. 나는 그 그림이 얼마나 마음에 들었는데, "더 하라"는 말을 자기 그림이 틀렸다는 말로 해석을 하다니! 이렇게 마음이 엇갈릴 수가 있다니! 이 이야기를 듣고 나니 나의 말에 격하게 반응을 하던 많은 이들이 생각났다. 그 친구는 "더 하라"는 말은 학교에서 선생님들에게 수도 없이 들어본

이야기였고, 선생님이 더 하라는 말은 너는 못했다거나 틀렸다거나 부족하다는 뜻이라고 설명했다.

내 변명을 좀 하자면, 창조적인 흐름에 들어가려면 시간이 필요하다. 머뭇거리고 망설이고 혼란스럽다가 들어가게 되는 창조적인 몰입의 단계를 경험하기를 바라서 더 해보라고 한 건데, 다시 말해 노력을 더 하라는 것이 아니라 시간을 더 써보라는 건데, 이 말에 그런 거부감이 들었구나! 맞고 틀린 것이 없는 미술의 영역에서 자신이 틀렸다는 경험을 한 사람들의 이야기를 들으면 그 안에 깔린 많은 감정들이 느껴진다.

일러스트 교본에 나오는 아주 단순한 아이콘 그림들을 따라 그리는 분과 대화를 나누었다. 하트, 꽃, 우산 모양 등을 그냥 그리면 될 텐데, 왜 굳이 책을 사서 따라 그리는지 의아했다. 그녀의 대답은 이러했다. 그림을 그리고는 싶은데 '뭐를 그리지?' 하고 생각하면 막막하고 가슴이 답답해지고, 그러다 짜증과 스트레스가 아래에서 머리끝까지 확 올라온다는 것이었다. 그런데 이미 선이 다 결정되어 있는 컬러링북이나, 따라만 그리면 예쁜 그림이 되는 일러스트 책을 보고 베끼고 있으면 짜증이 일어나는 일이 없다고 했다.

'무엇'을 그릴지 모르는 단계가 사람들에게 왜 그렇게 견디기 힘든 것일까? 막막하고 답답할 수는 있으나 이 정도로 과한 반응은 어디에서 나오는 것일까? 또 왜 '뭘 그릴지' 알아야 그림을 그릴 수 있다고 생각을 하는 걸까? 뭘 할지 모르는 게 답답할 수는 있지만, 순간 치솟는 그 감정은 무엇일까? 어디서 온 감정일까?

미술이 틀리려면 정답이 있어야 할 텐데, 미술에 정답이란 없다. 산수나 역사는 객관적인 정답이 있어서 틀렸다고 수긍할 수 있지만, 그림은 뭘 잘했고 뭘 잘못했는지 알기가 힘들다. 그럼에도 그림은 펼쳐져 보이는 것이라 내 그림과 타인의 그림을 한눈에 볼 수 있다는 특징이 있다. 특히 한 가지 주제와 한 가지 매체로 그린 그림을 교실 뒤 벽에 전시했을 때는 한눈에 훨씬 더 잘 보인다. 그래서 그림은 상대적으로 비교하기가 쉽고, 그로 인해 정답도 없고 따라서 틀린 그림이 있을 수 없음에도 '틀리는' 것에 대한 불안감이 더 큰 것 같다.

어린아이의 마음에 가장 큰 불안을 심어주는 가정 환경은 폭력적인 가정 환경이 아니다. 끊임없이 예측불허의 상태에 놓이는 가정 환경이다. 즉 불안은 정답과 오답이 어디에 있는지 모를 때 극대화된다. 하지만 반대로 자유 의사를 가질 수 있는 용기는 정답과 오답이 애초부터 없었다는 사실을 깨달으면서 시작된다. '정답'이라는 외적 동기가 없으므로 내적인 동기가 그만큼 더 중요해진다. 즉 무엇을 표현하고 싶고, 왜 표현하고 싶고, 그것을 어떤 방식으로 표현하고, 그 표현된 것을 어떤 방식으로 보여줄지, 그 단계 단계마다 스스로 결정하고 책임지는 용기를 배울 수 있는 과목이 미술이다. 하지만 미술 과목에서 아이들이 용기를 배우고 자기 표현을 배우고 책임 있는 자유를 경험하는 대신, 자신은 정답을 모른다는, 그래서 어떻게 하든 답을 맞출 수 없다는 불안감을 배운 것 같다.

그림을 보는 대신 그림을 비교한다

여러 세대가 섞인 가족 수업을 한 적이 있었다. 가족 간의 상호 작용을 위하여 누군가 그림을 그리면 우리 모두가 따라 그리자고 했다. 많이 웃고 재밌어 할 거라 예상했다. 초등학교 1학년 막내가 자기가 먼저 그리겠다고 나섰다. 아이는 동그란 얼굴과 재미난 무늬를 가지고 토끼를 아무 망설임 없이 쓱쓱 그렸다. 어른들이 "우와 진짜 어렵다" "어쩜 이렇게 잘 그리니?"라고 칭찬을 하면서 그림을 따라 그렸다. 신이 난 아이는 점점 난이도를 높여 그렸고, 어른들은 따라 그리기를 어려워하거나 어려워하는 척을 했다.

이번에는 그 다음 연소자인 중학교 1학년 참여자보고 그리라고 했다. 다른 아이들이 말하기를 "이 언니, 공주를 진짜 잘 그려요"라며 부러움 섞인 목소리로 말했다. 그런데 자기 차례가 되자 그 아이는 그냥 얼음이 되어버렸다. 그리고 어른들은 고개를 숙이고 이런 말을 속삭였다. "제발 나는 안 시켰으면……"

그림을 잘 그리고 못 그리고가 아무 상관도 없고, 그에 대해 아무도 질책하지 않고 아무도 평가를 하지 않는 상황에서 왜 우리는 스스로를 평가하게 되었을까? 더 나아가 잘 그린다는 것에 대한 기준이 없는데 무슨 잣대로 잘 그렸니 못 그렸니 하는 것일까?

행복해지기 위한 확실한 방법은 없지만, 불행해지는 확실한 방법은 하나 있다. 나를 다른 이들과 비교하는 것이다. 비교는 위로 아래로 옆으로 얼마든지 가능하며, 끝도 없고 한도 없다. 우리는 비교당하면서 어른이 되는데, 그러다 보니 불행하게도 비교를 자신의 내적 경험으로 가지고 와 자신을 늘 남과 비교하는 사람이 된다. 이것이 우리의 삶에서 놀이를 빼앗았고, 경쟁에서 살아남아야 한다는 다급함으로 우리를 몰아갔다. 비교당하는 것도 억울한데, 어쩌다 스스로를 남들과 비교하는 사람이 되었을까? 왜 비교의 목소리와 싸우지 않고 그것을 꿀꺽 삼켰을까?

이는 우리가 상대 평가를 하는 사람이 된 것과도 관계가 있지 않을까? 비교는 자기의 자리를 찾기 위한 노력일지도 모른다는 생각이 든다. 내가 어디에 있는지(나의 사회적 위치라든지, 나의 실력이라든지, 관계를 맺는 기준점이라든지) 알기 위해서 우리는 왼쪽, 오른쪽, 위, 아래를 살핀다. 내가 어디에 있는지를 아는 것은 내가 어떻게 사회에서 관계를 맺고 행동할지를 아는 기준점이 된다. 관계망 안에서 내가 어디 있는지를 모르고는 적절하게 관계를 맺기 힘들다. 하지만 모든 사람이 서로를 보고 자신의 위치를 찾으려고 한다면, 우리는 서로에게서 기준점을 찾기보다 마치 거울에 비친 모습을 보듯 상대에게 투사된 자신의 모습을 볼 뿐이다. 거울로 된 방에 들어가 있는 것처럼, 상대에게 되비쳐진 자기 모습을 볼 뿐 실제로 자신이 어디에 서 있는지는 가늠할 수가 없게 된다. 그러니 결국 서로에게 자기를 투사하며 비교하는 습관만 남을 뿐이다.

그림이 아니라 스스로를 부끄러워한다

오페라 가수 친구가 있다. 배역을 따내기 위해서 오디션을 보러 다니는데, 점점 오디션 보는 것이 힘들어진다고 했다. 왜냐하면 사람들이 지적하고 판단하고 평가하는 게 자기의 연기 실력이나 악기 소리가 아니가 아니라 자기의 목소리이기 때문에, 즉 자기 자신이기 때문이라는 것이었다. 자신의 목소리가 거부당할 때마다 자신이 거부당하는 것으로 느껴져서 절망감을 떨치기가 점점 더 어려워지고, 그래서 앞으로 계속할 수 있을지 모르겠다며 한숨을 쉬었다.

우리가 칭찬을 하거나 비판을 할 때, 그 대상이 그 사람의 외적인 것(실력, 기술, 연습 등)인지 내적인 것(지능, 재능, 목소리 등)인지에 따라 받아들이는 사람의 반응은 무척 다르다.

그림을 못 그린다고 하는 사람들을 인터뷰할 때 그들이 말하는 '부끄러움' '자괴감' '절망감' 같은 표현 그리고 그 감정의 강도와 반응의 패턴을 보건대, 그들이 반응하는 것은 외적인 미술 '실력'이 아니라 내적인 '재능', 더 나아가 그 사람 '자신'에 대한 평가 때문이 아닌가 하는 생각을 하게 되었다. "왜 사람들이 그림을 이렇게 두려워할까?" "어떻게 하면 사람들로 하여금 그림에 대한 부담감과 두려움을 넘어서게 할까?" 하는 질문으로 탐구를 시작했는데, 그 답이 될 만한 단서의 부스러기들을 따라가다가 꼬리를 밟은 순간, 밟힌 그 무엇이 으르렁거리는 듯했다.

수치심을 연구하는 학자인 브레네 브라운Brene Brown은 수치심과 죄책감과 부당함을 이렇게 구분한다. 부당함은 자기 외의 어떤 것이 잘못되었다는 느낌이고, 죄책감은 자신의 행동이 잘못되었다는 느낌이며, 수치심은 자기 자신이 잘못되었다는 느낌이라는 것이다. 어른들의 사회는 자신들이 만든 규칙에 의거해 여기에 안 맞는 것을 '그른 것'이라고 하면서 '다름'이 아닌 '옳고 그름'의 잣대를 적용한다. 규칙과 다른 것을 틀린 것으로 여기게 하는 문화가, 자기가 잘 그린다고 믿었던 아이의 믿음을 수치심으로 바꾸어놓은 것은 아닐까? 사람들의 격한 반응은 그림을 못 그려서 나오는 것이 아니라, 자신이 그린 그림이 틀렸기 때문에, 더 나아가 자신이 틀렸다는 믿음, 즉 수치심 때문에 나오는 것이 아닐까?

"때로는 공공연히, 그리고 때로는 은밀하게, 수치심의 경험은 대개 소외되고 무시당하고 놀림당한 기억으로 간직된다. 그 결과 그 느낌은 '두려운 것'으로 남아 있다. 그리고 그 느낌을 피하려면 내 행동, 생각, 감정을 바꿔야 한다고 배웠다. 그 모든 과정에서 우리는 변화했고, 그 결과 지금의 모습이 되었다. 문화는 우리에게 수치심을 가르친다. 누가 인기가 있고 누가 인기가 없는지 알려준다. 나면서부터 완벽한 몸매를 갈구하는 사람은 없다. 나면서부터 자기 얘기 꺼내기를 두려워하는 사람도 없다. 나면서부터 나이 먹는 걸 두려워하는 사람도 없다. 한 손에는 명품을 들고 한 손에는 등이 휘어질 것 같은 카드빚을 안고 태어나는 사람도 없다. 수치심은 우리 '밖'에서 오는 것이다. 바로 우리가 속한 사회의 문화 말이다. 나면서부터 우리 안에 있는 것은 오직 소속감을 느끼고 관계를 맺고 싶어 하는 지극히 인간적인 욕구일 뿐이다."

—브레네 브라운, 《나는 왜 내 편이 아닌가》, 25쪽

미술은 원래 잘하던 것이다

탁구를 하는 아이도, 달리기를 하는 아이도, 음악을 하는 아이도, 공부를 하는 아이도, 글짓기를 하는 아이도, 그러다가 못하게 되었다고 해서 성인이 된 뒤 이 정도로 과한 반응을 보편적으로 보이는 것 같지는 않다. 미술처럼 사람들이 싫다고 하면서도 동시에 선망하는 것도 없는 것 같다. 아마 그림은 어린아이의 언어였기 때문이 아닐까? 미술을 배우기 전에 이미 우리가 사랑하던 것이어서가 아닐까?

다른 무엇과도 다르게 미술은 아이가 말을 제대로 하기도 전, 문자를 배우기도 전, 자신을 표현한다는 개념이 있기도 전부터 잘하는 것이다. 우리는 모두 예술가로 태어났기 때문에, 미술을 하는 것이 즐거운 행위인 줄을 그냥 안다. 다른 과목하고는 배움의 순서가 다르다. 예를 들어 산수는 아이가 배우기 전에는

모른다. 그런데 학교에서 배우다 보니 너무 어려워서 산수가 싫어지는 것과 달리 그림은 우리가 원래 잘하던 것이었다. 원래 기뻐하고 사랑하던 것이었다.

그림 모임에 나오는 자신감 넘치고 당당하고 멋진 30대 여성이 있었다. 그녀는 세상의 어떤 기준으로 보아도 무척 성공한 사람임에도 불구하고, 자신의 그림을 부끄러워했다. 그녀는 어려서 아무도 자기 그림에 더 이상 반응하지 않자 슬그머니 그림을 책상 아래 숨기고, 그러다 누가 볼까봐 찢어버리고, 그러고는 다시는 그리지 않게 되었다고 했다. 그러면서도 그림을 잘 그리는 사람을 늘 동경의 눈으로 바라보았다. 그리고 어른이 되어 그림을 거의 그려본 적이 없는 사람들의 그림 모임에서조차 쪼그라드는 느낌이 든다고 했다.

지금의 자신의 삶과 아무 상관도 없는데 왜 그렇게 계속 잘 그리고 싶고, 그림 실력이 늘기 힘든 베끼는 전략을 계속 쓰는 걸까? 컬러링북에 색칠을 하거나 따라 그리는 것으로는 창조력을 발휘하지 못할 텐데, 왜 같은 욕망과 같은 전략을 반복하면서 "나는 역시 못해"라는 믿음을 더 단단하게 만들어가는 걸까?

그러다가 운이 나빠서(또는 운이 좋아서) 나 같은 사람이 나타나, "마음 가는 대로 해보세요" "생각을 따라가지 말고 마음을 따라 자유롭게 아무거나 그려보세요" "모름을 따라가 보세요"라고 하면, 내면에서 막막함, 답답함, 짜증, 수치심, 나는 못해 하는 굳은 마음이 올라오는 것 같다…… 아, 이제야 알 것 같다. 정말 괴로웠겠다!

두려움을 넘어서면 아이처럼 즐거워한다

"사실 어렸을 때는 미술을 무척 좋아했어요." 그림에 대한 두려움을 넘어서 사람들이 그림을 그리기 시작했을 때 자주 반복하는 이 말, 그리고 어른인 자신이 쓸모없는 것을 하면서 말로는 왜 이런 걸 하는지 이해할 수 없다면서도 온몸으로 드러내는 다양한 즐거운 표현들!

동갑내기 마을 친구와 중년의 나이에도 불구하고 방바닥에 쪼그리고 앉아 그림을 그리고 오리고 붙이고 하면서 놀고 있는데, 친구가 들뜬 표정으로 얼굴을 들며 말했다. "어렸을 때 기억이 나! 어렸을 땐 뭘 그리고 만들면서 노는 거 정말 좋아했어!"

어르신들에게 그림을 그려보라고 하면 '애 같은 걸' 왜 하냐고 손사래를 치신다. 못한다고 하지만 막상 그림 그리는 모습을 보면 수줍어하면서도 재밌어한다. 학교도 안 다녀본 사람이 어떻게 그림을 잘 그릴 수 있느냐고, 잘 그릴 수 있다는 말을 한사

코 믿으려 들지 않지만, 그들이 그림을 그리는 모습을 보노라면 마치 특별한 시공간 속으로라도 들어간 것처럼 보인다. 말하기를 멈추고, 그림에서 눈을 떼지 못하며, 숨소리와 붓소리만 사각사각 들린다. 창조적인 흐름에 들어간 것이다. 그러고는 창조적인 흐름에서 나와 자신의 작품을 보면서는 뱃속에서부터 허허 하고 웃는다.

두려움을 딛고 '애같이' 쓸모없는 것을 하는 사람들이 공통적으로 하는 말, "이게 뭐라고 이렇게 재밌냐!" 두렵고 부끄럽고 애 같은 짓을 하는 망측함을 극복할 때 사람들은 뱃속에서부터 나오는 웃음을 소리 내어 웃고는 한다.

자기는 정말 그림을 못 그린다는 수현 씨가 그림 모임에 왔다. 이 모임은 그림을 가르쳐주는 모임이 아니라 자기가 하고 싶은 것을 가지고 와서 뭐든 '창작하는' 모임이다. 바느질할 사람은 바느질할 도구를 가지고 오고, 그림을 그릴 사람은 그림 그릴 도구를 가지고 온다. 매체나 방법에 제한이 없다. 오기는 왔는데 뭘 해야 할지 모르겠다며 가만히 있다가, 다들 종이에 뭔가를 그리거나 바느질을 하거나 마른 꽃잎을 종이에 붙이거나 하니까, 자신도 핸드폰을 보면서 종이에 뭔가를 긁적거리기 시작했다. 뭘 하나 보았더니 캘리그래피를 베끼고 있었다. 캘리그래피를 배우려고 여러 번 시도를 했는데 잘 안 되었다고 했다.

"사람 그리는 법을 가르쳐드릴까요?" 내가 물었다. 이 책의 기법 부분에 소개한 방법으로, 별 모양으로 시작해 사람을 그려 나가는 방법이다. 처음에 오각형 별을 그리는 것으로 시작하는데, 몇 번 해보더니 "이것 봐요. 내가 별도 못 그려요" 하면서 자신의 별을 못났다고 타박했다. 그런데 한 5분 뒤 다양한 표정의 사람들을 종이에 가득히 그려서 보여주었다. 옆에 있는 사람도, 저쪽 멀리 앉아 있던 사람도 와서는 "우와~ 우와~"를 연발했다. 재밌는 사람들의 포즈가 종이에 가득 그려졌다. 다른 사람들도 따라 그렸다.

우리는 하던 작업을 내려놓고 다 같이 '별 사람'을 그리기 시작했다. 그러자 여기저기서 깔깔대는 웃음소리가 들렸다. "이게 뭐라고 이렇게 재밌냐?" 저쪽에 있는 순영 언니도 혼자 구석에서 열심히 그리더니, 엉덩이 두 짝이 선명한, 쪼그리고 앉은 사람의 뒷모습을 그렸다. 박수갈채가 터졌다. 그러더니 키가 짧고 통통한 순영 언니가 무용수인 키가 크고 마른 영숙의 그림을 보더니 박장대소를 했다. 키 큰 영숙의 별 사람은 팔다리가 하늘하늘 길쭉길쭉하고, 키가 작은 순영 언니의 별 사람은 짤막짤막 귀여운 모습이었다. 어쩜 이리 자기처럼 그렸냐고 모두 한참을 웃었다.

이 모임을 시작할 때 각자 질문 하나씩을 종이에 쓰고 그걸

바구니에 모은 뒤 다시 그중 하나를 뽑아서 그 질문에 대답 형식으로 자기 소개를 하도록 했었다. 별 사람을 처음 그렸던 수현 씨가 뽑은 질문은 "당신에게 행복한 하루는 어떤 하루인가요?"라는 질문이었다. 그 질문을 받고 그녀는 난감해하더니 들릴까 말까 한 목소리로 행복한 적이 없어서 그런 하루는 상상이 안 간다고 했다. 그런데 그날의 모임을 마무리하면서 오늘 그림 모임에 대한 소감을 물으니, 별 사람 그림으로 오늘의 모임을 평정한 그녀가 이렇게 말했다. "아까 행복한 날이 없었다고 했었잖아요. 그런데요, 바로 오늘이 그런 날이에요!"

내가 이곳에 있음은

수천개의
보이지 않는
도움의 손길

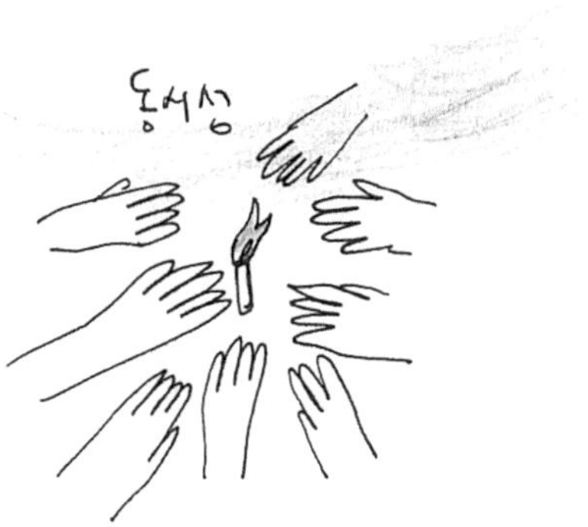

내가 그 손일 때도 있고
그 손들이 나의 불꽃을
지켜줄 때도 있다

그림과 다시
친해지는 방법

왜 못 그리는지를 파악한다

사람들이 "그림을 못 그려요"라고 말할 때 이 '못 그린다'는 말의 의미를 곰곰이 생각해 볼 필요가 있다. 그것이 못 그린다는 믿음을 유지하기 위한 주장인지, 부끄러움이나 수치심을 느끼지 않기 위해서 방어막을 친 것인지, 잘 그린 그림에 대한 과도한(또는 틀린) 기준이 있어서인지, 아니면 단순히 기술이 없어서인지 말이다.

못 그린다고 믿기 때문이다

첫 번째는 스스로가 못 그린다는 믿음이 있다는 뜻이다. 우리는 스스로에 대한 믿음을 다른 사람이 갖기를 바라고 또 그렇게 만드는 능력이 있다. 스스로가 사랑스럽다고 느끼면 상대방으로 하여금 자신을 사랑스럽게 보게 만든다. 반면 스스로가 나쁜 사람이라고 믿으면, 상대방도 자신이 나쁘다는 것을 인정할 때까지 자꾸만 나쁜 짓을 해서라도 그 믿음을 성사시킨다. 스스로 못 그린다고 하는 믿음은 자신의 발목, 아니 손목을 잡아서 믿음 안에서 행동하게끔 한다. 우리는 남의 좋은 평가가 아니라 자기가 듣고 싶은 평가나 스스로 생각하는 평가를 들을 때 맞다고 느낀다. 스스로가 못한다고 생각하는데 누가 칭찬을 하면 그 칭찬은 고래를 춤추게 하기는커녕 바로 튕겨나간다.

부끄러움을 느끼지 않기 위한 방어막을 치기 때문이다

두 번째는 누군가가 너는 그림을 못 그리는 사람이라는 것을 알려주었을 때 느꼈던, 그리고 그 후로 사라지지 않는 수치심, 당혹스러움, 자괴감 같은 감정이 자신을 자유롭지 못하게 하기 때문이다. 이러한 감정은 사람을 얼게 만들고 딱딱하게 만든다. 우리는 공격을 받을 때 위기에 대처하고자 방어막을 치기 때문에, 위기 상황에서 자신을 드러내고 표현하기란 쉽지 않다. 앞에서 이야기한 사람들은 자신들의 이러한 감정 때문에 감정적 얼음 상태가 되어 있는 경우가 많았다. 이런 사람이 그림을 잘 그릴 리 없다. 마음을 쓸 여유가 없기 때문이다. 먼저 못하는 것을 하는 부끄러움, 수치심, 자괴감 등에서 해방되어야 한다. 이래서 못 그린다면 이것은 미술의 문제가 아니라 마음의 문제이다.

잘 그린 그림에 대한 과도한 기준이 있기 때문이다

사람이 그림을 못 그리게 되는 세 번째 이유는 잘 그리는 그림은 어떻다고 하는 기준이 있고, 자기가 이 기준에 도달하지 못하는 경우이다. 사람들이 흔히 갖고 있는 좋은 그림의 예는 창작자의 '의도'에 따라 그리는 것이라는 생각이다. 내 머릿속에 있는 상을 그대로 다운로드하듯이 그리거나 내 눈앞에 펼쳐진 광경을 똑같이 그리는 것을 그림의 기준으로 잡고 있다면 당신은 늘 실패할 것이다. 내 머릿속의 상은 꿈속의 장면처럼 애매모호하고, 내 의도는 나의 선택을 지지하는 대신 끊임없이 질문하고 판단하고 비교하며, 내 앞에 펼쳐진 장면에는 디테일이 너무 많아서 웬만한 훈련이 아니면 못 그리는 것은 당연하다.

기술이 부족해서이다

사람들이 그림을 못 그리는 네 번째 이유는 기술이 부족해서이다. 요즘 유행하는 '적정 기술'의 개념처럼, 우리는 그림의 모든 기술을 다 배울 필요가 없다. 그림으로 자신과 자신의 세상과 관계와 감정을 표현하기 위해서는 조금만 배우면 된다. 미술 치료나 치유적인 그림 그리기에서 '그림'은 나와 상관없는 것을 그리지 않는다. 컬러링북처럼 유럽의 아름다운 비밀 정원을 그릴 필요가 없고, 르네상스 화가처럼 원근법을 정확히 구현할 필요가 없으며, 조선의 인물화처럼 세밀화 붓으로 머리카락을 한 올 한 올 그릴 필요도 없다.

그림을 따라간다

사람들은 그림이 의도에 따라 그리는 것이라는 관념 때문에 그림을 못 그린다고 했다. 그림을 잘 그리기 위해서는 의도가 아니라 그림을 따라가는 법을 새롭게 배워야 할 것이다.

"아니야 아니, 이건 내 의도가 아니었어. 지우개 있어요?" 아주 자주 듣는 말이다. 나는 지우개가 정말 밉다.

자신의 의도대로 창조해야 한다고 믿고, 눈앞에 펼쳐진 광경을 사진 찍듯이 잘 그리려고 한다면 당신은 늘 실패할 것이다.

그림은, 그림을 따라가야 한다. 특히 치유적인 목적으로 그리는 그림은 늘 '나'를 표현하는 것이다. 여기에는 의도적으로 조정하는 '나'말고도, 은연중에 묻어나오는 무의식적인 '나'도 있고, 저항하고 반항하는 '나'도 있고, 습관적인 '나'도 있다. 이런 여러 나의 모습들이 묻어나오려면 의도가 아니라 그림을 따라가야 한다.

의도가 아닌 그림을 따라간다는 것이 무슨 말인가? 예를 들어 사람 모양을 그리다가 손이 옆으로 미끄러져 팔이 길어졌다고 치자. 이것이 "내 의도가 아니었어요"라거나 "망쳤다"며 옆으로 나간 팔을 지워버리는 대신, 그림을 따라가는 방법은, 옆으로 미끄러지듯 길어진 팔을 따라 그리는 것이다. 그것이 무용수의 긴 팔이 될 수도 있고, 사람 옆을 지나가는 화살이 될 수도 있고, 다른 사람의 팔의 시작이 될 수도 있다. "틀렸다"고 생각하지 않고 "이게 뭐지?" 하고 궁금증을 가지고 보면, 고쳐야 할 잘못된 실수가 아니라 무궁무진한 가능성의 시작점이 된다.

내 앞에서 펼쳐지고 있는 그림이 그리고자 하던 것이었는지 아닌지는 별로 상관이 없다. 의도가 아닌 그림을 따라가다 보면, 무엇을 그릴지 모르는 막막함을 넘어가게 된다. 처음에는 누구나 막막하겠지만, 일단 움직임이 시작되고 그 움직임을 따라가다 보면 창조적인 흐름에 들어가게 된다. 이 흐름에 들어가면 머리가 맑아지고, 의도가 멈추고, 창조하고 있는 그것과 하나가 되는 것 같은 느낌이 든다. 결과물과 상관없이 무엇보다도 즐겁고 자유로운 곳이다. 대부분의 사람들은 의도에 따라 그리려고 하다가 창조적인 흐름의 입구에 들어가 보지도 못한다. 이것이 맞고 저것이 틀리다고 하는 판단, 다른 사람이 나를 어떻게 판단할까 하는 눈치 보기, 또는 무엇을 완성할까 하는 목표 말고 그림이 되어가는 과정을 따라가자.

등에서 꽃이 피는 그림의 주인공인 로로가 집을 나간 일이 있었다. 처음으로 며칠 동안 집에 돌아오지 않자 내 친구는 로로의 이름을 부르며 온 동네를 찾아다녔다. 하지만 보통 이름을 부르면 "야옹~" 하고 나타나던 고양이는 끝내 나타나지 않았다. 친구는 몇날 며칠 발을 동동 굴렀다. 사람들은 아무것도 할 수 없을 때 기도를 하고는 한다. 친구는 기도 같은 그림을 그렸다. 빛나는 겹겹의 띠 속에 밝게 웃고 있는 고양이 그림이었다. 그런 그림을 책장에 세워놓으니 그 그림이 방 안 전체를 밝게 비추는 것 같고, 처음으로 고양이가 돌아올 것 같은 생각이 들어 며칠 만에 안도를 할 수 있었다고 했다. 그리고 다음날 그 부름을 보았는지 로로는 건강한 모습으로 돌아왔다.

사람들은 본능적으로 예술이 주는 위로의 힘을 안다. 한 번도 작품을 만들 생각을 안 해본 사람이 큰 슬픔이나 절망을 마주할 때, 보통 때는 한 번도 하지 않던 창작 행위를 한 예들이 많이 있다. 평생을 함께한 배우자가 죽어 슬픔을 달래느라 탑을 쌓기 시작했는데 그 탑의 높이가 10층 건물 높이가 되고, 그리운 이를 상상하며 돌계단을 쌓기 시작했는데 그게 산을 휘휘 감싸는 돌계단이 된다. 나치 치하의 유대인 구역에서도 먹을 것이 없고 언제 죽을지 모르는 사람들이 장미 정원을 만든 예도 있고, 감옥에 갇힌 사람이 배급받은 빵을 씹어서 조각품을 만든 예도 있다. 깊은 마음이 움직여서 만들어낸 예술 작품은 기술적 완성도나 미적인 판단 근거와 상관없이 참 아름답다. 그리고 그런 작품은 보는 이의 마음을 움직이는 힘이 있다.

그만 배운다

그림을 사실적으로 잘 그리지 못한다면 사실적으로 안 그리면 된다. 선을 똑바로 긋지 못한다면 삐뚤빼뚤 그으면 된다. 깔끔하게 채색을 못한다면, 깔끔해야 하는 수채화가 아니라 얼마든지 지우고 덮을 수 있는 아크릴화나 유화를 하면 된다. 그림이 싫으면 조소를 해도 되고, 작은 그림이 싫으면 벽화를 그리면 된다. 미술처럼 자유롭고 다양하고 계속 변화하는 것이 또 있을까?

그런데 우리는 피아노를 배울 때 바이엘을 배우고 체르니를 배우는 식으로 예술을 순차적으로 배워왔다. 이런 순차적인 레슨은 원래 그래야만 하는 방법이 아니다. 이것은 바이엘이 태어난 독일에도, 체르니가 태어난 오스트리아에도 없는 방식이며, 일본 점령기에 들어온 교습법일 뿐이다.

세상에는 초급, 중급, 고급, 그런 식으로 나열되지 않는 배움의 영역이 많이 있다. 우리는 글을 읽고 쓰기 전부터 그림을 그린다. 어째서 자연스럽게 있는 능력을 '교육'을 통해서 재능이 없다고 배우게 되는 것일까? 이것은 비단 미술만의 문제가 아니다. 미술 교육으로 대변되는 우리 사회 전반에 있는 문제이기도 하다.

학위를 더 따지 않으면 자신은 실력이 없다고 배우고, 새로운 기술을 배우지 않으면 뒤떨어진다고 배우고, 배우지 않으면 자신의 가치를 펼치며 살 수 없다고 배운다. "억울하면 네가 성공해" "내가 못나서 이런 대우를 받는 거야" "실력이 없으면 말도 말아" 하는 말들이 흔하게 오고 간다. 우리는 내가 아니라 사회가 잘못되었다는 느낌, 즉 '부당함'을 느껴야 할 대목에서 내가 잘못되었다는 '수치심'을 배워버렸다.

또한 무엇을 할지 모를 때, 어떻게 살아야 할지 모를 때, 삶에서 어떻게 보람과 자긍심을 얻어야 할지 모를 때 공부를 한다. 공부는 청소년기에 감옥이고 족쇄와도 같은 것이었을 텐데, 너무 잘 배워서, 감옥을 견디고 배우는 것이 습관이 되었다. 그리고 그림도 '배운다.' 따라 그리는 것을 배우고, 그려진 선 안을 색칠하는 것을 배운다. 그러다 안 돼서 또는 지루해서 포기한다.

그런데 세상에는 배울 필요가 없고, 배워서 안 되는 것들이 있다. '망설임 없음'을 어떻게 교육으로 배울까? 창의성을 어떻게 교실에서 배울 수 있는가? 나만의 자국을 만드는 기쁨을 어떻게 데생 수업에서 배울 수 있단 말인가? 예술가인 어린아이 시절을 거쳐, 배움의 수감기인 청소년기를 거쳐 우리는 너무 많은 것을 배웠고, 그러느라 원래 잘하던 것을 잃어버렸다. 그리고 못하는 것이 부끄러운 것이라고 배워버렸다.

나도 나를 아끼는 지인들과 선생님들에게서 박사 과정을 하라는 권유를 많이 받았다. 박사 학위는 나를 위해서가 아니라 나를 찾아오는 사람들을 위해서 받을 필요가 있다는 조언은 솔직히 수긍이 갔다. 내가 어떤 자격증과 학벌을 가지고 있는가 하는 것은 치료를 받고자 하는 사람에게 큰 영향을 미치기 때문이다. 마치 알약보다 캡슐 형태의 플라시보 약이 효과가 더 높고, 캡슐보다 주사가 플라시보 효과가 더 높은 것처럼, 사람들이 학위와 하얀 가운을 입은 치료사에게 더 잘 반응할 것이라는 것을 안다. 치료 효과가 더 좋을 것이라는 것도 인정하기 싫지만 사실일 것이다. 사람들은 자신의 판단을 믿지 않기 때문에 남이, 어떤 기관이, 사회가 인정한 최고를 찾고는 그들의 말을 믿어버린다.

그래서 나도 박사 학위를 받아야 할 것 같았다. 몇 년을 고민하고 머뭇거리는 과정에서 나는 치료사 이전에 예술가임을 기억해 냈다. 예술가는 학교에서 배우는 사람이 아니다. 이미 그려져 있는 선을 따라 그리는 사람이 아니다. 그리고 나는 하얀 가운이 아닌 온갖 물감이 묻어 있는 더러운 앞치마를 입었을 때 진정 나답다.

상담 또는 치료 분야에서 끊임없이 공부하고 워크숍에 가고 학교를 다니고 자격증을 따는 분들을 쉽게 볼 수 있다. 그만큼 이 분야는 공부할 것도 많고, 늘 새로운 연구와 치료 방법이 개발되기 때문에 따라가려면 끝이 없다. 그런데 이렇게 모든 지식과 모든 도구를 연마하려고 할 때, 지식을 얻는 한편으로 함정에 빠질 수도 있다. 배운 만큼 자기가 안다고 생각하게 되는 착각, 이것만 공부하면 또는 저것만 공부하면 답을 알게 될 것이라는 희망이 그것이다.

새로운 기술이나 또 하나의 자격증을 갖추면 우리가 갖고 있는 불안감이 해소될 것 같지만, 내담자를 만날 때 자신이 정말 잘할 수 있을까 하는 의구심과 어떻게 도와야 할지 모르겠다는 막막함은 없애야 할 것이 아니다. 이론에 무장되어 있으면 자칫 자기가 잘 안다고 생각할 수 있는데, 우리가 다루는 많은 것은 사실 궁극적으로는 알 수가 없는 것들이다. 사람의 마음을, 감정을, 무엇이 그 사람을 자유롭게 해줄지를, 무엇이 그 사람의 변화를 이끌 것인지를 우리는 궁극적으로 알지 못한다. 죽음으로 삶이 끝나는 확실한 진리 앞에서, 삶의 의미가 어떠하며 어떻게 살아야 하는 것인지 어떻게 확실히 알 것인가? 확실하지 않은 것이 삶의 조건인데, 그것을 확실하게 말하는 것이 가능하겠는가?

한번은 강의에서 이러한 이야기를 하고 있으니, 제일 앞에 앉아 있던 늦깎이 학생 한 분의 얼굴이 유난히 밝아지는 것이 보였다. 그리고 강의 후에 내게 와서 "더 이상 안 배워도 된다는 말이 정말 마음에 와 닿았어요"라고 말씀하신다. 오늘 그거 하나 배웠다고 하는데 울어야 할지 웃어야 할지 몰라 어색한 웃음을 지었다. 집으로 돌아오는 길에, 내가 했던 말과 그분의 반응을 곰곰이 생각해 보았다. 내가 정말 배우지 말자고 주장하는 것인가? 아니다. 내가 말하는 것은 배움을 그만두자는 것이 아니라 공부를 위한 공부를 그만두자는 것이며, 공부를 할 때는 그에 따른 부작용(예를 들어 다 안다는 생각)이 있음을 알아야 한다는 것이다.

물론 충분히 배워야 한다. 하지만 중요한 것은 배움이 나의 불안감을 잠재우지 못하며, 불안은 살아있다는 증거이지 없애야 할 어떤 것이 아니라는 사실이다. 우리는 답을 알기 위해서 공부를 한다고 생각하지만, 내 생각에는 그것은 공부의 목적이 아니다. 공부의 목적은 질문하는 법을 배우고 답을 찾아가는 과정을 경험하는 데 있다.

그림 일기 그리는 법을 배우는 것도 마찬가지다. 그림을 기술적으로 완벽하게 또는 뛰어나게 잘 그릴 필요가 없다. 그러니 이 책도 너무 잘 배우려고 하지 않았으면 좋겠다. 꼭 필요한 그림 기술만 배우면 된다. 치유적 그림 그리기는 자신과 자신이 살고 있는 세상을, 또 그 세상에서 맺는 관계들과 관계 속에서 느끼는 감정을 표현하기 위한 방식이다.

그리고 자신의 감정을 표현하기 위해서는 나를 비추는 타인의 표정이나 인정과 상관없이 스스로 자신의 감정을 살피는 것이 중요하다. 그래야 자신이 좋은지 싫은지 슬픈지 기쁜지 화가 나는지 알 수 있는 자기 안의 중심이 생긴다. 이 중심에 설 때 비로소 우리는 자신의 존재가 빛날 수 있는 인생의 결정들을 하게 된다. 자신의 중심을 갖지 못하고, 타인이 비춰주는 거울로만 자신을 본다면, 우리는 자기 삶에서 중요한 어떤 사람(부모나 선생님이나 배우자 등)이 대신 선택해 주는 삶을 살게 될 가능성이 크다.

감정은 말이나 글이 아닌 그림으로 훨씬 더 잘 표현이 된다. 감정은 이미지 프로세싱과 마찬가지로 우뇌 중심적인 활동이며, 이미지로 표현이 가능한 몸의 경험이기 때문이다.(좀 더 자세히 말하자면, 감정은 우뇌가 주로 처리하지만 좌뇌가 관여하지 않는 것은 아니다. 감정이

'어떻게' 느껴지는지를 우뇌가 담당하는 동안, 좌뇌는 그 감정이 '무엇'인지를 파악한다고 한다.) 그렇다면 사람을 그리고 감정을 그릴 수만 있으면, 그림으로 자신을 충분히 표현할 수 있다. 이 책을 통해서 그 기술을 가르쳐드릴 것이다.

연약한 마음을 표현한다

영어로 'vulnerability'는 한국어로 '취약함'이라고 번역이 되고는 하는데, 나는 '연약함'이라는 단어가 더 마음에 든다. 이 단어에는 'ability'라는 단어, 즉 '능력'이라는 뜻이 포함되어 있다. 연약함은 다시 말하면 '연약할 수 있는 능력'이라는 것이다. 치유적 그림을 그리는 것은 연약함을 드러내는 행위이고, 아이러니하게도 스스로를 포장하고 방어하는 대신 자신 안의 연약함을 드러내는 방식이야말로 우리가 어른이 되면서 배운 수치심을 극복할 수 있는 방법이다. 왜냐하면 연약함 속에는 우리가 만들어놓은 벽을 뚫을 수 있는 힘인 공감, 사랑, 친절함 같은 보살피는 마음이 들어 있기 때문이다.

감정은 세트로 존재한다. 우리는 행복하기만 할 수도 없고 슬프기만 할 수도 없다. 내 생각에 건강한 사람이란 늘 웃는 사람이나 늘 행복한 사람이 아니다. 그것은 가능하지 않다. 그보다는 기쁘면 웃고, 슬프면 울고, 화가 나면 화도 낼 줄 아는 사람이 건강한 사람일 것이다. 수치심을 연구하는 브레네 브라운이 말하는 '온 마음으로 사는 삶Whole Hearted Living'이란 바로 이런 삶을 말한다.

지금 이 책을 읽고 있는 사람이 치료사라면, 나는 이런 말을 하고 싶다. 우리의 목표는 온 마음으로 사는 삶의 좋은 모델이 되는 것이다. 치료사가 슬퍼하거나 화를 내거나 괴로워하면 "치료사가 왜 그래?"라는 말을 흔히들 듣는데, 그런 말에 영향받지 말고 꿋꿋하게 슬퍼하고 화를 내고 괴로워하기도 하자. 그리고 마구 주책없이 행복해지자.

> 연약함을 두려움, 죄책감, 비애, 슬픔, 실망 등의 다른 어두운 감정들과 동일시하면 그것을 버리고 싶어진다. 우리는 이런 감정들을 (우리의 삶과 일, 리더십에 지대한 영향을 미침에도) 입에 담기조차 싫어한다. 많은 이들이 연약함이 우리가 갈망하는 감정과 경험의 요람이라는 사실을 이해하지 못하고, 나 또한 이를 깨닫는 데 10년이 넘게 걸렸다. 연약함은 사랑, 소속감, 기쁨, 용기, 공감, 창의성의 모태이다. 희망, 책임감, 진정성의 원천이기도 하다."
>
> —브레네 브라운, 《대담하게 맞서기*Daring Greatly*》, 26쪽

대부분의 사람들에게 그림을 그리는 행위는, 특히 다른 사람들이 보는 상황에서 그림을 그리는 행위는 어린 예술가가 좌절하던 그 순간으로 우리를 데려가기 쉽다. 자신은 호랑이를 그렸는데 "왜 개구리를 그렸니?"라고 어른이 물어봤을 때, 정성껏 그린 자랑스러운 그림이 교실 뒤에 걸리는 영광을 얻지 못했을 때, 미술 학원 다닌 짝꿍의 그림이 잘 그린 거고 자신이 그린 것은 못 그린 거라고 느꼈을 때 등등의 순간으로 데리고 가는 것이다.

어른이 되어 다시 그림을 그리는 행위는 우리가 타고난 예술가임을 기억하게 하는 것이 아니라 좌절의 순간을 맛보던 그 때를 재경험하게 하는 것 같다. 트라우마의 악몽을 벗어나기 위해서는 트라우마의 기억을 재경험하고 재해석하는 과정이 필요한 것처럼, 우리는 좌절의 순간을 방문함으로써 그것을 극복할 기회를 가진다.

그림을 보여주는 것은 많은 경우 자신의 속마음을 보여주는 것과 같다. 우리는 성인이 되면서 자신을 겹겹이 가리고 보호하는 여러 옷을 입는 법을 배우지만, 그림을 보여줄 때 우리는 언제나 어린 마음, 내 속마음, 여리고 연약한 마음을 보여주게 된다. 아무리 똑똑하고 성공한 사람이라도 도화지 앞에서 색연필을 들면 어린 마음이 된다. 우리는 어른이 되는 과정에서 연약함을 꽁꽁 숨기는 법을 배웠고, 자기 안에 있는 것들이 드러나는 것은 두려운 일이라고 너무 오랫동안 믿어왔다.

입으로는 "나를 치료해 주세요~"라고 하면서 자신을 꽁꽁 싸매고 오고, "미술 치료 할게요" 하고는 그림을 못 그리겠다고 하고, 자신의 삶을 읽어달라고 하면서도 내가 자신의 속을 꿰뚫어볼까봐 대충대충 빨리 그린 뒤 그림을 내민다. "저, 어때요?"라며 운명을 점쳐달라는 듯이.

그림은 자신의 삶을, 자신의 생각을 포장 없이 드러내는 과정이다. 겉모습을 표현하기란 쉽다. 굳이 그림을 그리지 않고 말로 설명만 해도 알 수 있는 것이 겉모습이다. 그런데 그림이 드러내는 그 사람의 모습은 말로 설명이 안 되는, 말로 포장이 안 되는 모습일 가능성이 크다.

그림이 자신에 대하여 무엇을 드러내는지 처음에는 잘 모를 가능성이 크다. 하지만 뜻을 이해하지 못하더라도 중요한 이미지를 만나면 그것이 중요한 이미지라는 것을 직감적으로 알 수 있다. 이해가 안 가면서도 자꾸 보게 되고, 보고 싶고, 마치 어디선가 본 듯한 느낌이 들기 때문이다. 처음에는 이해가 잘 가지 않겠지만 자꾸 그림을 그리면서 자신의 상징적인 이미지들을 발견하기 시작하면 마치 퍼즐을 풀듯 자신의 그림이 이해가 되기 시작한다.

우리의 무의식은 우리에게 끊임없이 말을 걸고 있지만 우리가 인지하지 못하는 경우가 많다. 하지만 그림을 자꾸 그리다 보면 반복해서 나타나는 이미지를 발견할 수 있다. 그런 이미지들이 바로 주관적인 상징 이미지들인데, 이것들을 활용해 우리는 무의식과 접속할 수 있다.

한번은 너무나 속상한 일이 있었다. 한참을 울다가 보니 옆에 눈물과 콧물을 닦은 휴지가 잔뜩 쌓여갔다. 그러다 그림을 그렸다. 우물 안에 맑은 물이 담겨 있는 것을 그렸다. 내 마음이 맑아지기를 바라는 소망을 그린 그림이었다. 그 그림을 그리자 내 몸 안의 긴장이 풀리면서 스르륵 잠이 왔다. 잠을 잔 것인지 명상을 한 것인지 모르겠는 찰나의 순간, 꿈인지 환상인지 우물이 있는 장면을 보았다. 나로 보이는 여자가 우물 가장자리에 앉아서 휴지를 우물 안으로 하나씩하나씩 던지고 있었다. 그 모습을 보고 깨어났는데, 마음에서 슬픔이 완전히 빠져나갔음을 알 수 있었다.

나에게는 이런 일들이 종종 일어나는데, 그것은 내가 이미지를 읽고 이미지에 말을 거는 훈련이 되어 있기 때문이라고 생각한다. 대부분의 사람들은 꿈을 통해서 이미지로 전달되는 내면의 이야기를 듣지만, 자신의 삶과 무관한 것이라고 치부해 버리거나 누군가의 해석에 의존하기 때문에 그것과 온전히 만나지 못한다.

아무리 무의식이 말을 걸고 있다고 하더라도 이것을 알아차리는 것은 별개의 일이다. 이것은 솔직히 혼자 하기 어려울 수가 있다. 자신을 깊게 만나본 적이 없거나, 자신의 온 마음을 공명하며 살아오지 않았거나, 지금 고통 속에 빠져 있다면 스스로를 보는 눈이 없을 수 있다. 이럴 때는 다른 이의 눈을 빌리자. 그림에서 드러나는 자신의 모습을 볼 수 있는 눈이 생길 때까지는 도움을 받자.

치유적인 그림의 특성은 마음의 떨림이 그림에 드러난다는 점이다. 뭐라고 설명하기 힘들지만 자신의 두려움, 연약함, 바람 같이 정제되지 않은 감정들이 드러나서 부끄럽고, 불편하고, 애처롭고, 안쓰럽고, 그래서 정말 사랑스럽고 아름다운 그림이다.

무엇이 표현되었는지 의식적으로 이해하지 못한다고 해도, 치유적인 그림을 그리고 나면 사람들의 에너지가 바뀌는 것을 흔히 볼 수 있다. 고통이나 아쉬움이나 슬픔이 자신의 몸에서 빠져나와 작품으로 표현이 되고 나면, "이제 됐어"라고 자신에게 말이라도 하듯이 사람들은 후~ 하고 숨을 내쉰다. 긴장이 풀리고, 막혔던 가슴이 뚫리고, 오늘을 살아도 되겠다는 마음이 든다. 표현이 되었다는 증거이다.

내면의 판단자의 말을 무시한다

치유적 그림 일기는 연약함을 드러내는 방식의 그림 그리기이다. 남에게 보여주거나 심지어 자기 내면의 판단자에 의해 평가받는 그림이 아니라, 오롯이 내면의 부족함과 떨림과 아쉬움과 감동과 사랑을 드러내는 그림을 그리는 것이다. 문제는 외부의 판단자가 아니라 내부에 집을 짓고 사는 판단자일 것이다.

좋고 귀한 것을 판단자에게 이제 그만 보여주자. 그는 뭐라고 판단할 자격이 없다. 판단자는 비교당하고 상처받은 아이의 커다란 그림자이거나, 나를 판단했던 부모님이나 선생님이나 내 삶에 영향력을 행사한 사람들이 내면화된 이미지요 목소리일 것이다. 한마디로 진실이 아니다.

내면에 있는 판단자를 쉽게 나가게 할 수는 없을 것이다. 이 판단자가 자신이 그린 그림을 "애 같다"고 놀리면 "고맙다"고 말하자! 바라던 것이라고! 판단자가 뭐라고 하면 움츠러들지 말고 화를 내자. 그 대신 서로를 돌봐주고 응원하고 지지하고 내면의 연약함을 사랑스럽게 봐주는 사람들끼리 모여서 서로의 그림을 보아주면 좋겠다. 지지자를 옆에 두면 우리의 내면과 외면 사이에 있는 경계는 바람이 통하는 제주도 돌담 같아져서 내면에도 그러한 지지자가 자리를 잡기 시작할 것이다.

창조적이고 치유적인 삶을 위한 그림을 그리는 것은 마음을 보살피는 일이다. 여기서 마음을 보살핀다는 말은 자기 보호를 위해 쳐놓은 방어막 속의 연약함을 들여다본다는 말이기도 하다. 우리는 안전하다고 느끼지 않으면 방어막을 거둘 수가 없다. 그리고 방어막을 거두지 않고는 그 안에 무엇이 있는지 모를 수도 있다. 그런데 그림 일기가 안전한 테두리가 되어준다면, 우리는 방어막을 들추고 그 안에 있는 것들을 조심스럽게 들여다볼 수 있을 것이다.

부정적인 것이 나오지 못하도록 하기 위해서만이 아니라 소중한 것들을 보호하기 위해서도 우리는 보호막을 친다. 자기 마음을 들여다보는 데 방해가 된다거나 보호막의 딱딱한 표면 때문에 소중한 사람과의 관계가 껄끄러워진다는 점에서 그렇게 안 느껴질지 모르겠지만, 처음에 방어막을 만든 존재는 나를 사랑하고 나를 위하고 나를 지키고 싶은 나 자신이었을 것이다. 그림은 그런 나를 만나러 가는 훌륭한 통로이다.

사람들이 그림을 못 그리는 것은 실력이 없어서가 아니라 우리에게 입력된 판단과 비교의 버릇과 수치심의 문화 때문이다. 마음이 표현될 수 있도록, 내면의 판단자를 저리로 가라고 호통을 치고 그 대신 마음이 손을 통해서 자유롭게 나타나는 것을 허락하자. 창조되고 있는 그림을 받아들이자. 이건 내가 원한 것이 아니라고 다그치지 말고, "네가 왜 나한테 왔니?" 하고 부드럽게 물어보자.

이러한 그림 방식은 컬러링북과는 정반대에 서 있다. 페이지를 열면 백지가 있다. 우리는 백지를 마주하는 두려움에도 불구하고, 자신의 자국을 만들 수 있는 힘이 있다. 그것이야말로 창조를 향한 유일한 길이고, 자신의 삶을 창조하는 정말 멋진 길이다!

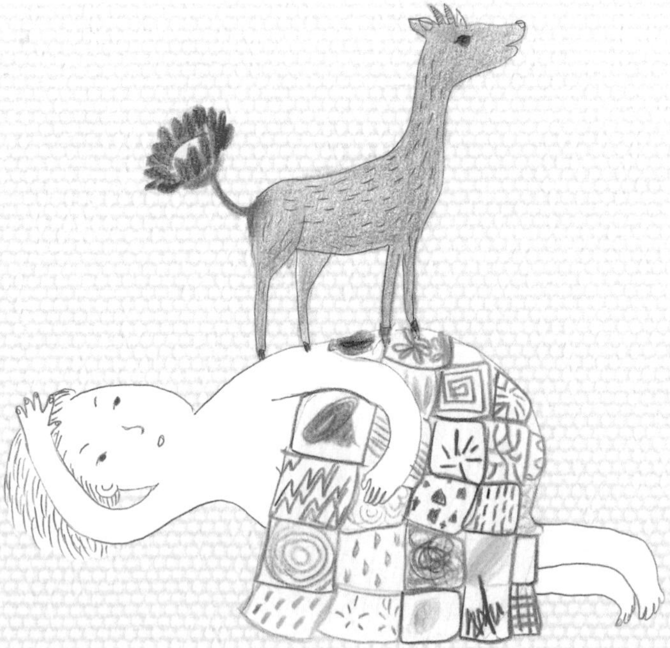

창조적이고 치유적인 삶을 위한 그림 기술

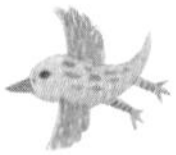

"어린아이는 절대로 '완벽하게 걸을 수 있을 때까지 걷지 않을 거야'라고 생각하지 않는다. 어른만이 그런 식으로 비인간적이고 섭리에 거스르는 생각을 한다. 아이가 방 저편에 있는 장난감을 갖고 싶다면 기거나 걷거나 구르고 날기까지 할 것이다. 정말로 그 장난감을 원한다면 무엇이든 한다. 자신을 생명력과 욕망의 아름다운 도구로 만들라. 여기저기로 움직이면서 필요하다면 넘어져라."

— 에릭 메이슬, 《마르지 않는 창의성》, 144쪽

그림 일기에 꼭 필요한 그림 기술들을 고안하고 여러 사람들에게 가르쳐보면서, 사람들이 강한 반응을 보이는 몇 가지 표현들이 있다는 걸 알게 되었다. 티베트 라마인 칸드로 린포체

Khandro Rinpoche는 서양에서 강의를 할 때 사람들이 강한 반응을 보이는 단어가 몇 개 있는데, 그중 하나가 '항복'이고 다른 하나가 '포기'라고 하였다. 포기해야 한다고 하는 순간 미국의 청중들이 움찔하며 한 목소리로 이렇게 따지듯 물었다고 한다. "왜 포기해야 합니까? 무엇을 포기해야 합니까?"(텐진 빠모, 《마음공부》, 71쪽) 이 글을 읽고 풋 웃음이 났다. '할 수 있음'을 강조하는 미국 문화에서라면 충분히 그럴 수 있겠다 싶어서였다.

한국에서는 사람들이 움찔하며 크게 반응하는 표현이 '포기'가 아니다. 오히려 "더 하세요" 또는 "이렇게 해보세요"이다. 그리고 한국 사람들은 한 목소리가 아닌 두 목소리로 나뉜다. 따르거나 반항하거나. 지시, 지침 또는 명령으로 받아들여 지나치게 열심히 선생님의 의도를 따르려고 하거나, 자신에게 도움이 될지 안 될지 따지지도 않고 무조건 거부하거나. 권위를 따라가는 것이 편한 사람은 가르침을 너무나 세세히 따라가려고 하고, 자유롭고 싶어서 몸부림을 치는 사람은 권위나 가르침을 무조건 거부한다. 이것은 같은 동전의 양면이지 다른 동전이 아니다.

나는 당신이 자유롭기를 바란다. 한번 따라해 보고 난 뒤, 내 옷이면 입고 내 옷이 아니면 벗어버리면 그만이다. 입어보지도 않고 자기한테 맞지 않는다고도 하지 말고, 입어보니 안 맞는데 계속 입고 있지도 않았으면 좋겠다.

그림 일기를 그리기 위해서 배울 그림 기법은 크게 사람 그리기, 감정 그리고, 그리고 공간 그리기 방법이다. 처음으로 배울 것은 사람 그리기이다. 사람들이 가장 어려워하는 게 사람 그리기인데, 자신의 삶을 표현하는 그림을 그리면서 사람 그리기를 피할 수는 없다. 그러니 자, 정면 돌파를 해보자. 간단한 도형으로부터 시작해서 전체를 그리고, 전체에서 점점 세부적인 표현을 해나갈 것이다.

이 방식은 어린이가 그림을 그리는 순서를 따라 만든 것이다. 어린이의 첫 그림은 원에서 시작해서 차츰차츰 뻗어나간다. 원에서 빛이 뻗어나가면서 해가 되고, 원 안에 얼굴이 생기고, 원에서 엄마가 나오고 아빠가 나오고 멍멍이가 나오고 야옹이가 나온다. 즉 전체를 보는 눈이 먼저 생기고 세부적인 것을 만들어내는 발달 단계를 거친다. 여기서 소개하려는 사람 그리는 방식 역시 전체에서 세부로(그것도 꼭 필요한 정도의 세부 표현만) 나아가는 방식이다.

사람 그리기

별 사람 그리기

1. 먼저 별 모양을 그려보자. 편하게 그릴 수 있을 때까지 여러 번 반복해서 그려본다. 몸과 팔다리 사이의 균형을 잡는 법을 연습한다.
2. 별에 공을 얹은 모양을 그려서 얼굴과 몸을 표현한다. 길쭉한 별, 통통한 별, 삐딱한 별 등 다양한 비율을 연습한다.
3. 별과 공 사이의 이음새 부분 없이 한숨에 그려보자. 다양한 몸짓을 자유자재로 그릴 수 있을 때까지 연습한다. 손을 떼지 않고 한 선으로 이어 그릴 수 있을 때까지 연습한다.
4. 이제는 손과 발의 끝을 부드럽게 그린다. 오징어나 주꾸미 같은 연체 동물 모양이 나올 것이다. 팔다리의 길이와 방향을 바꾸어가면서 다양한 몸짓을 만들어보자.
5. 팔과 다리의 관절이 꺾이는 것을 표현해 보자. 관절이 꺾이면서 몸에 운동성이 생기는 것을 볼 수 있을 것이다. 다양한 역동적인 움직임을 만들어보자. 재미있는 것은 40대 이상의 연령층에서는 '국민 체조'가 자주 등장한다는 점이다.

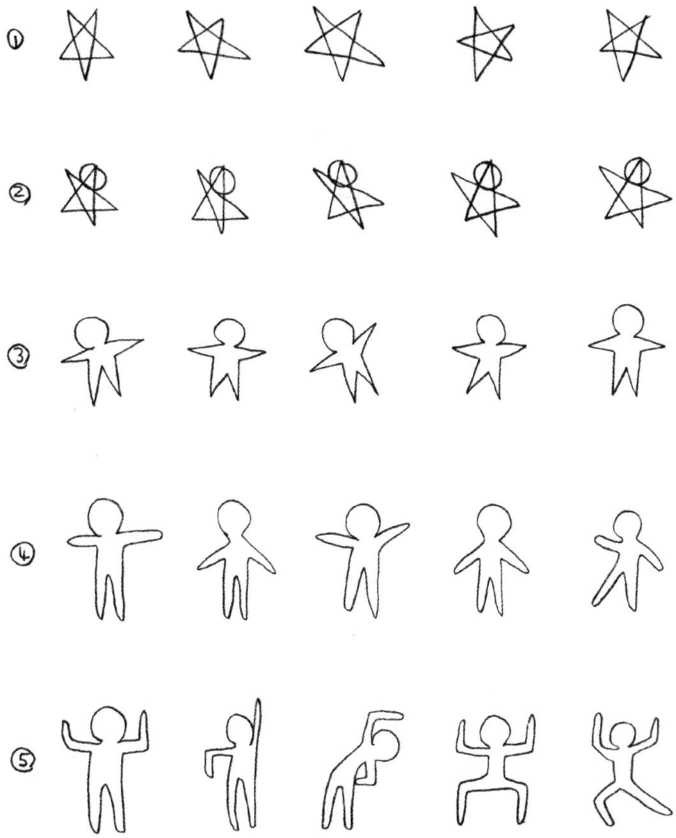
①
②
③
④
⑤

⑥ 발을 그린다. 신기하게도 발을 그리는 순간 방향이 생기고 땅도 생기고 사람이 살아나는 듯할 것이다.

⑦ 손을 그려보자. 자세히 그리려고 하지 말고 벙어리장갑을 낀 듯 엄지손가락과 나머지 네 손가락이 갈라진 것을 표현해 보자.

⑧ 발과 손의 방향과 무릎, 발꿈치 등의 관절이 접히는 방향을 바꾸어가면서 다양한 몸의 표정들을 그려보자. 그림이 사람으로 살아나는 느낌을 받을 것이다. 충분히 놀아보자.

⑨ 얼굴을 그릴 차례이다. 가장 먼저 코를 그려 넣자. 코는 간단히 ㄴ자 모양이면 충분하다. 코를 그리는 순간 얼굴의 각도, 방향이 생긴다. 왼쪽, 오른쪽, 정면, 위, 아래로 향하는 코를 그려보자. 얼굴이 입체로 느껴질 것이다.

⑩ 이제 눈과 입을 그려보자. 다양한 표정을 연습해 보자. 너무 디테일하게 그리려 하지 말고 점이나 선으로만 눈과 입을 표현해 보자. 이모티콘처럼 과장된 얼굴 표정으로 감정을 표현하는 것이 아니라 몸 전체로 감정을 표현하는 것이므로, 얼굴 표정은 간단히만 그리자.

⑥ 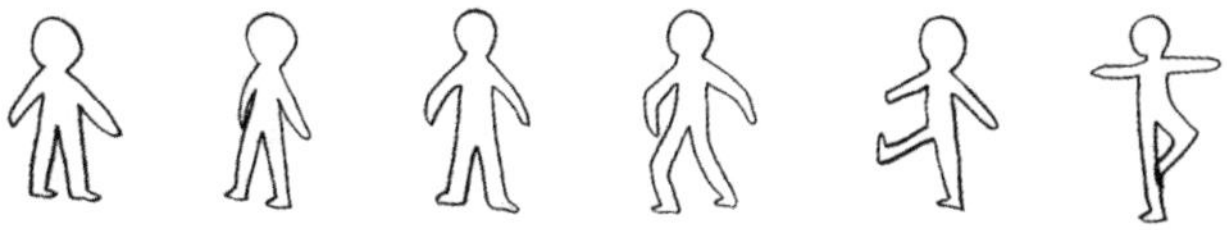

⑦ 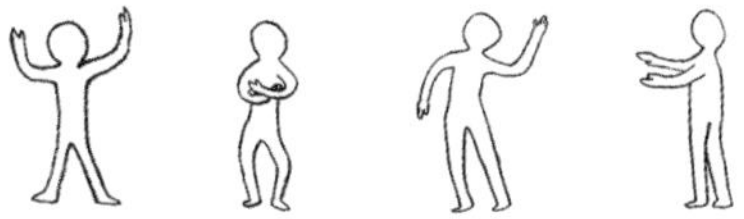

⑧ 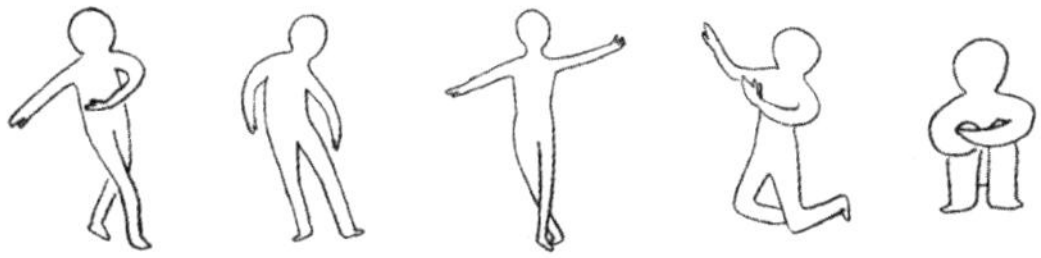

⑨ 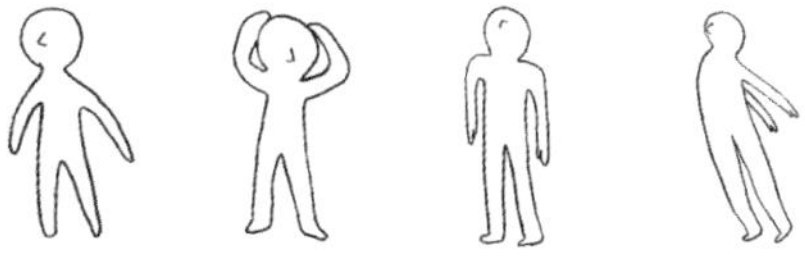

⑩ 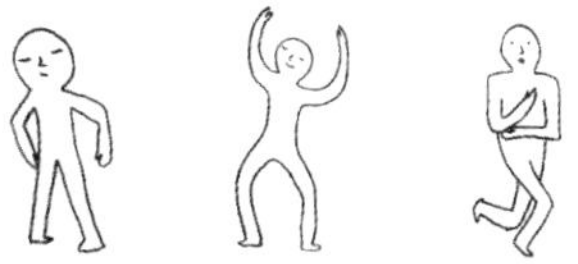

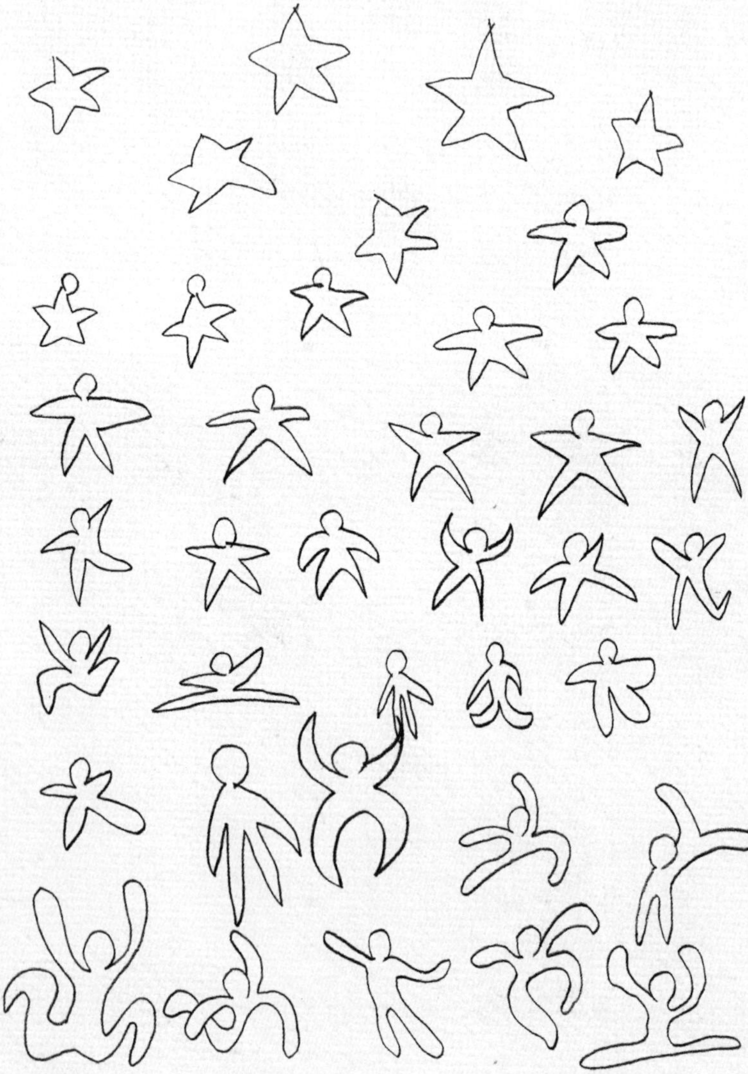

별이 사람으로 변해가는 과정 예 1 (by 푸른하늘)

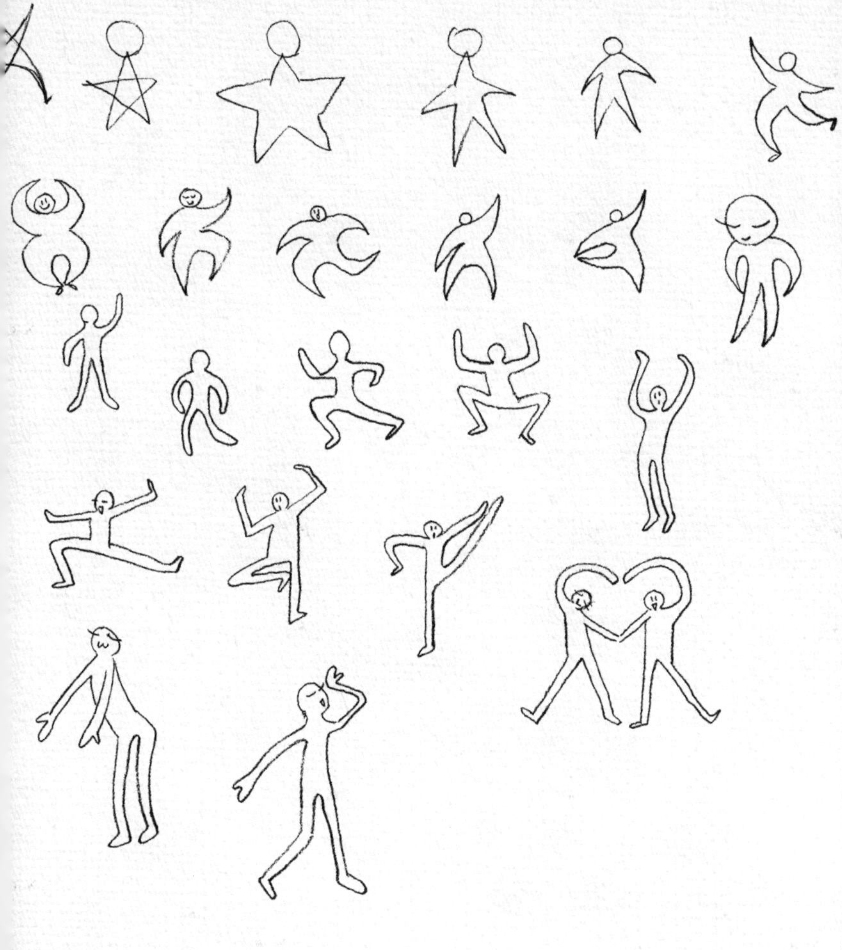

별이 사람으로 변해가는 과정 예 2 (by 상큼)

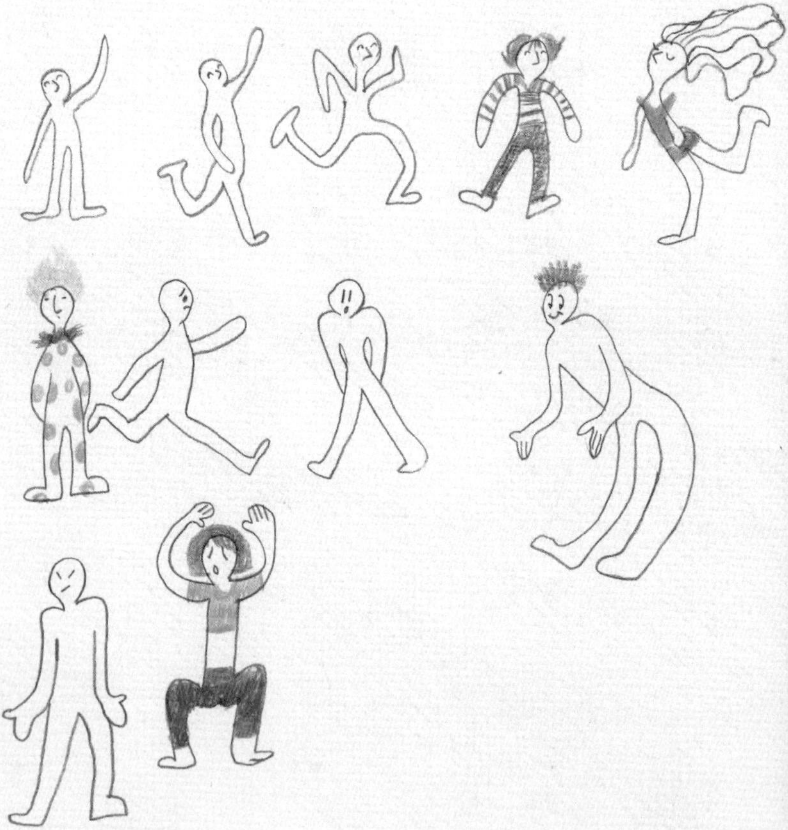

자유로운 사람 표현 예 1 (by 봄바람산들)

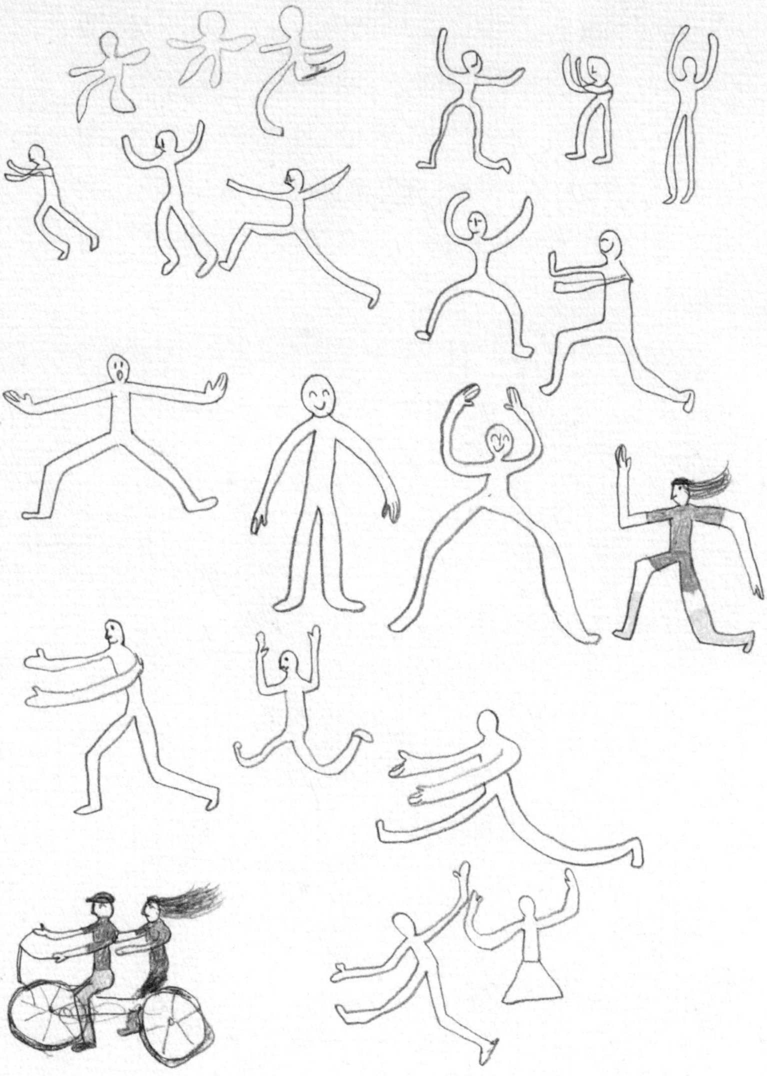

자유로운 사람 표현 예 2 (by 자유)

좀 더 복잡한 자세를 그리거나 좀 더 현실감 있고 균형 잡힌 사람의 모습을 그리고 싶을 때 골격을 잡고 그리는 것이 많은 도움이 된다. 마음을 표현하는 그림이 반드시 현실감이 있어야 하는 건 아니다. 하지만 이 그림 방식이 선사하는 건 자신감인 것 같다. 그간 '졸라맨'밖에 못 그린다고 한탄을 한 적이 있었다면, 졸라맨이 얼마나 훌륭한 기본 골격 잡기 훈련이었는지를 알게 될 것이다.

이렇게 그림을 그려가다 보면 대부분 그림을 포기한 초등학교 고학년 시절에 마주한 그림의 한계를 넘을 수 있다.

옵션 1: 골격을 잡고 그리는 법(일명 졸라맨 골격 그리기)

1. 골격 잡기: 얼굴, 척추선, 어깨, 골반을 잡고, 팔 다리 선을 그린다.

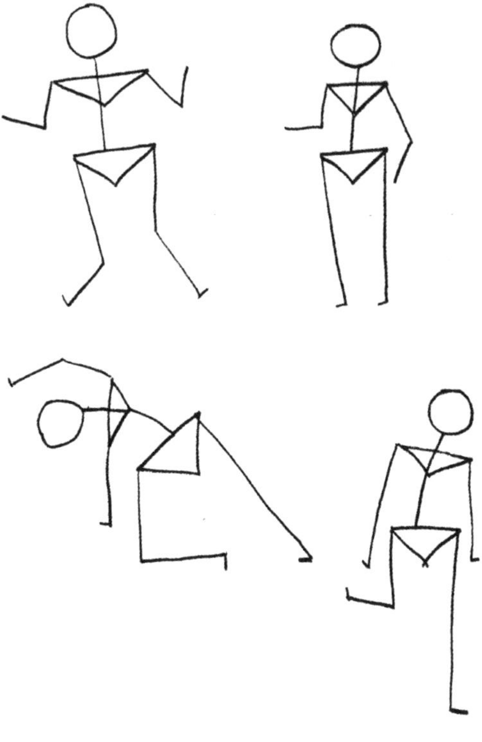

골격 그리기 단계 1: 골격 잡기

② 아웃라인 입히기: 이 골격 위에 연습했던 사람의 아웃라인을 입힌다. 자연스럽고 균형에 맞는 그림을 그릴 수 있을 것이다.

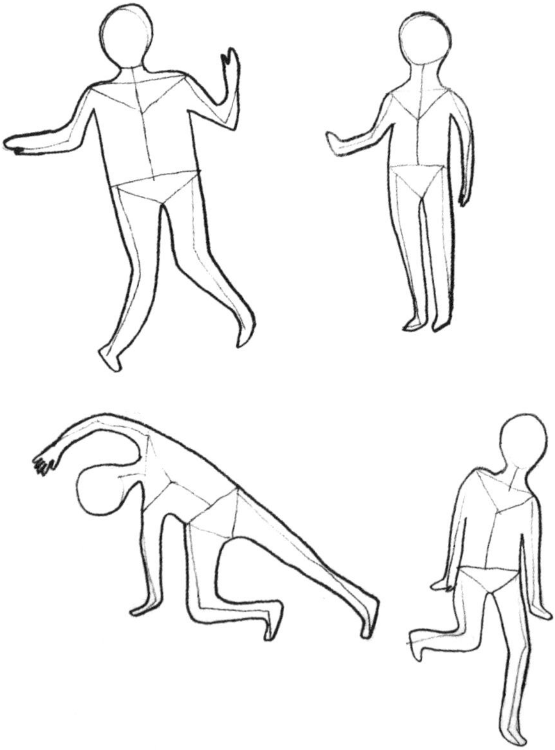

골격 그리기 단계 2: 아웃라인 입히기

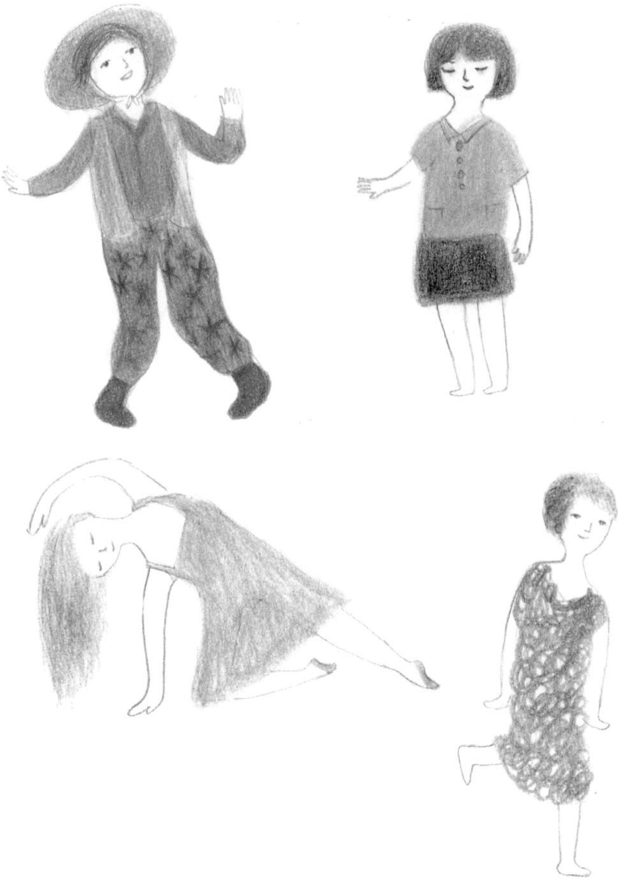

골격 그림 완성

옵션 2: 원으로 그리는 법(일명 호빵귀신 그리기)

1. 원으로 그리기: 영화 〈고스트 버스터〉의 호빵귀신처럼 사람을 다음과 같은 여러 개의 원으로 표현한다.

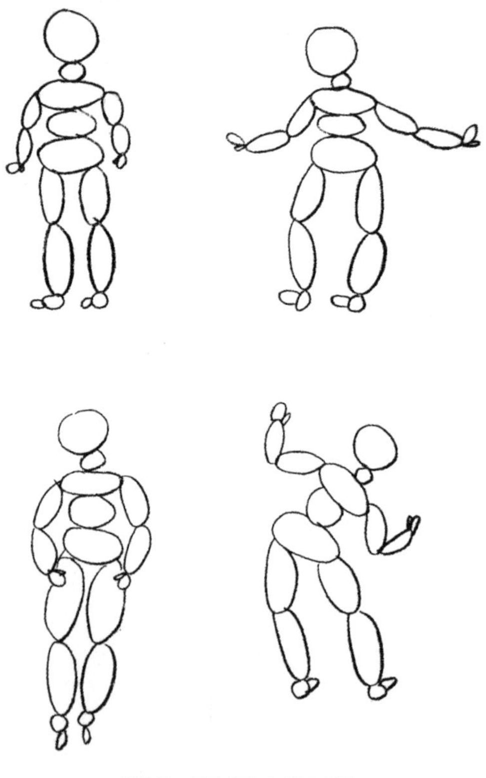

원으로 그리기 단계 1: 원 그리기

❷ 아웃라인 입히기: 둥글둥글한 원 위에 사람의 아웃라인을 그려 넣는다. 좀 더 자연스러운 사람의 모습이 될 것이다. 근육 맨이나 근육 우먼이 그려지는 특징이 있다.

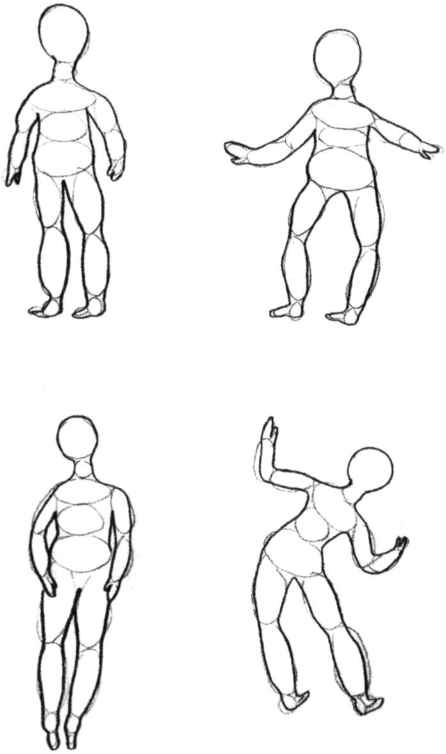

원으로 그리기 단계 2: 아웃라인 입히기

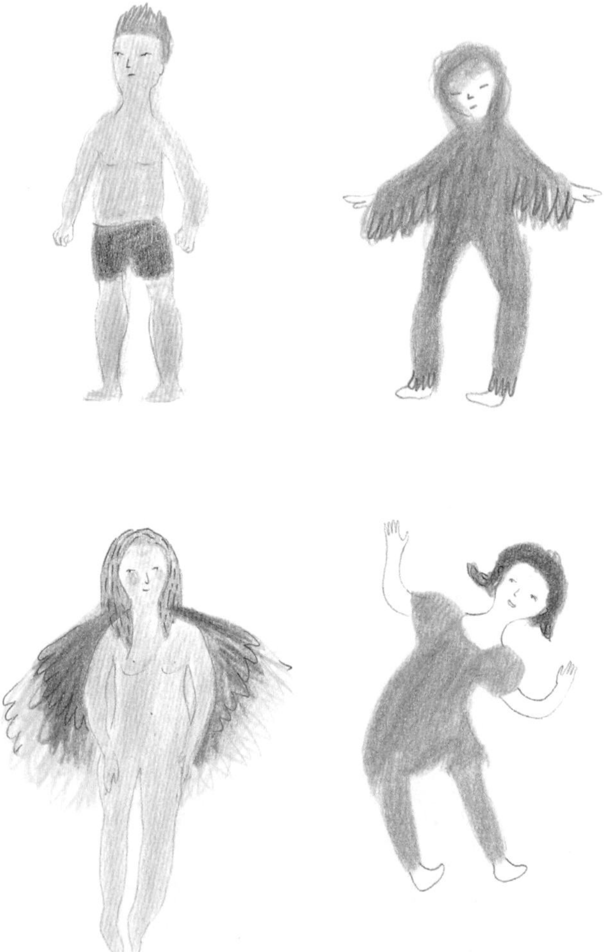

원으로 그리기 완성

사람들의 반응

많은 사람들이 이 기법을 배우면서 재미있어하고, 막혀서 답답해하고, 기뻐하고, 저항하고, 좌절하고, 다시 기뻐하는 여러 모습을 보았다. 각각의 반응들은 아마 별 사람을 그릴 때만 나오는 반응은 아닐 것이다. 사람들의 반응이 몇 가지 유형으로 나뉘는 것을 볼 수 있었다.

첫 번째 유형은 "다 안다"고 하는 사람들이다. 어떤 사람이 별 사람 그림 워크숍에 왔다. 그림을 좋아한다고 했다. 아주 반가운 소리였다. 별을 그리기 시작했다. 전혀 망설임이 없이 쓱쓱 척척 그렸다. 그리고 단계들을 뛰어넘다가 막혔다. 슬쩍 보고는 너무 쉬워 보이니 직접 해보지를 않은 거다. 작고 사소한 과정들을 통해서 균형감, 유연성, 자율성, 몸의 표정, 방향성, 움직임 등을 배우는데, 이 모든 것을 무시하고 늘 그리던 방법으로만 그리다가 부자연스럽고 경직된 그림을 그렸다. 이미 수도 없이 했을 전략을 반복하며, 결국 새로운 것을 배우지 못하고 돌아갔다.

두 번째 유형은 "나는 어차피 안 돼"라고 하는 사람들이다. 인간에게는 놀라운 능력이 있는데, 믿는 대로 행동하고 행동하는 대로 믿는 능력이다. 인지 부조화 이론cognitive dissonance theory은 "개인이 사실이라고 믿는 두 개의 인지가 서로 조화되지 않는다고 지각할 때 생기는 심리적 갈등 상태"를 설명한다. 이러한 부조화는 긴장을 만들고, 사람들은 이 긴장을 해소하기 위해서 노력을 한다.

자신은 그림을 못 그린다는 믿음을 가지고 있는 사람에게 그림 기법을 가르치면서, 이 믿음의 벽이 얼마나 견고한지 답답해서 속이 터질 것 같을 때가 많이 있다. 이런 경우는 잘하다가 조금이라도 어려워지면, 정성을 더 들여야 할 판에 대충해서 완전히 망쳐버리는 유형이다.

세 번째 유형은 "구조를 파악하고야 말겠어"라며 주먹을 불끈 쥐는 사람이다. 문제 푸는 것을 좋아하는 사람에게 이 방법을 가르치면서 재미있는 반응을 보았다.

"알았어. 그러니까 내가 선을 여기서부터 시작하면 저쪽에 가서 균형이 안 맞아. 그러니까 저쪽에서 먼저 시작을 해야 한단 말이지."

"아니다, 바로 이거야! 바로 직전에 그린 그림을 보면서 어떤 부분에 에러가 났는지를 보고, 나머지는 똑같이 그리고 그 지점만 고치면 점점 나아지는 거잖아!"

"아…… 잘 안 돼. 균형이 안 맞아. 나는 별을 다시 그려야 할 거 같아. 나의 부족한 부분은 바로 여기서부터 시작이 된 거 같아."

이 사람은 구조를 파악하여 잘 그리려고 한다. 그런데 자전거를 타는 이론을 머리로 아무리 잘 터득한다고 해서 자전거를 탈 수 있는 것은 아니다. 별 사람 그리기 기법은 머리가 아니라 손으로 하는 것이다. 구조와 방식과 논리로 그림을 배우는 사람은 어쩌면 구조를 파악할 수는 있겠지만, 그림을 잘 그리는 것은 이것과 상관이 없다. 그림은, 머리로 이해해서 느는 행위가 아니라 몸으로 그리면서 는다.

감정 그리기

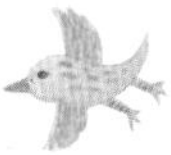

"실행을 담당하는 이성적인 뇌는 감정이 어디에서 비롯된 것인지 우리가 이해할 수 있도록 도와주는 능력이 탁월하다.…… 그러나 이성적인 뇌는 감정이나 감각, 생각을 '없애지 못한다.'…… 왜 그런 느낌을 받는지 이해한다고 해서 '느끼는 방식'이 바뀌지는 않는다. 하지만 그 이유를 알면 격렬한 반응에 어쩔 수 없이 끌려가지 않도록 대처할 수 있다."

— 베셀 반 데어 콜크, 《몸은 기억한다》, 324쪽

감정에 대하여

캐나다에서 12년 동안 이민 생활을 하다가 한국에 돌아와

처음으로 가진 직업은 지긋한 나이의 대기업 임원들에게 매일 아침 영어 수업을 하는 것이었다. 원래는 영어 신문을 읽고 영어로 시사 토론을 하는 것이었는데, 전혀 그럴 상황이 아니었다. 영어 실력이 워낙 안 좋기도 했고, 영어 신문은 읽을 생각도 하지 않았다. 출석률도 저조하고, 나온다고 해도 술도 채 안 깬 상태로 나온 분들이 많았다. 결국 그나마 가능한 분들과 4세 수준의 영어 프리 토킹을 하게 되었다.

나이와 위치에 따라 수많은 수식어를 섞어 쓸 수 있는 한국어가 아니라, 단순한 1인칭 구조와 몇 가지 단어로만 문장을 만들다 보니 다음과 같이 자신에 대한 아주 솔직한 대화들이 오고갔다.

"아이 엠 머니 메이킹 머신."(I am money-making machine.)
"마이 와이프 스펜드 머니."(My wife spend money.)
"마이 썬 헤이트 미."(My son hate me.)
"마이 도털 돈 톡 투 미."(My daughter don't talk to me.)

어른이 되면서 감정을 표현하는 일은 점점 더 어려운 일이 되어간다. 감정을 표현했을 때 어떤 연쇄 작용이 있을지 고려하게 되고, 상황에 맞추어 감정 표현의 강도를 조절하게 되며, 감정을 '생각'으로 말하게 되면서 감정을 표현한다는 것이 갈수록 어려워지는 것이다. 하지만 아이처럼 이야기할 때, 그러니까 위의 예시에서처럼 아이의 수준으로 말할 때에는 훨씬 직접적인 감정 표현이 가능해진다.

사람이 느끼는 감정은 몇 가지나 될까? 이것은 얼핏 보면 쉬운 질문 같지만, 곰곰이 생각해 보면 대답하기 쉽지 않다. 짜증이란 감정을 다른 나라 사람들도 똑같이 느낄까? 왜 어떤 감정은 다른 나라의 언어로 번역이 되고 어떤 감정은 번역이 안 될까? 한국의 '짜증'이나 '한恨'을 표현할 정확한 영어 표현이 왜 없을까? 왜 어떤 감정은 공통적으로 있지만 어떤 감정은 문화적인 한계를 지닐까?

인간의 감정은 누구나 느끼는 일차적 감정과 문화적이고 해석의 여지가 많은 이차적 감정으로 나뉜다. 일차적 감정의 특징은 몸의 생리적 변화와 표정의 변화가 함께한다는 점이다.

예를 들어 화는 일차적 감정이다. 화는 우리의 동공을 크게 만들고 심장을 빠르게 뛰게 만들며, 도망을 가거나 싸우는 데 필요한 산소와 에너지를 근육으로 이동시키고 소화 운동같이 지금 당장 필요하지 않는 기능은 멈추게 만든다. 하지만 우리의 뇌는 실질적인 위험(상어가 나타난 것)과 은유적인 위험(상어 같은 상사가 나타난 것)과 상상이 되는 위험(영화에서 조스가 갑자기 나타나는 것)을 구분하지 못하기 때문에 직접적인 위협이 없는 상황에서도 화의 생리적인 경험을 한다. 이처럼 일차적인 감정은 궁극적으로 생리적인 변화로 이루어지는 몸의 경험이다.

누구나 몸으로 경험하는 일차적 감정과 달리 이차적 감정은 해석에 따라서 다르게 경험된다. 개인차가 있고 문화차가 있다. 이차적 감정은 두 개 이상의 일차적 감정들이 섞이거나 어떤 감정의 반응으로 새롭게 구성되는 감정이라고 볼 수 있다.

예를 들어 우울이라는 감정은 이차적 감정이다. 우울의 경험은 문화마다 다르며, 우울이란 표현이 없는 문화도 많다. 예를 들어 캄보디아의 크메르 어에는 '우울'이란 단어에 적절한 번역어가 없다. 그 대신 우울증과 비슷한 증상을 표현하는 말로 "심장에 고인 물이 아래로 떨어졌다"는 표현이 있다고 한다.

요즘은 정신적인 문제도 심장병이나 당뇨병처럼 뇌의 질환으로 보는 관점이 지배적이어서 우울증 역시 뇌의 질환으로 보고 있지만, 프로이트는 우울증을 내면으로 향한 분노라고 보았으며, 이 외에도 문화와 시대에 따라 우울을 해석하고 보는 입장은 많이 다르다. 만약 우울이라는 감정을 내면으로 향한 분노라고 본다면, 이것 아래에 있는 일차적 감정은 슬픔이 아니라 분노이다.

마음 챙김 명상에서는 감정에 반응하지 말고 있는 그대로 바라보라고 가르친다. 화가 올라오거나 슬픔이 있을 때, 그것을 변화시키거나 조작하지 말고(즉 이차적 감정으로 옮기지 말고) 그것을 그대로 바라보면 사라진다고 가르친다. 감정은 그때그때 변화하는 것이어서 판단하지 않고 해석하지 않고 있는 그대로 놔두면 사라진다. 하지만 화가 억울함으로 변화하거나 서러움 같은 감정으로 변한다면 그것은 사라지기 어렵고 평생 쌓여서 한이 되기도 한다.

어르신 한 분이 이전에 섭섭했던 일을 이야기하고 계셨다. 나는 그 섭섭한 일이 벌어진 게 작년쯤인가 했는데, 알고 보니 작년 일도 아니고 10년 전 일도 아니고 무려 60년 전 일이었다. 참 재밌는 일이다 싶어서 중년 여성들이 모인 강의 자리에서 이 이야기를 했더니 사람들이 웃는 대신에 심각하게 고개를 끄덕끄덕했다. 그러면서 하는 말, "암, 그렇고말고. 60년이 뭐야, 평생 안 없어지지."

감정을 일차적 감정에서 해결하는 것이 감정의 찌꺼기를 쌓지 않는 좋은 방법이다. 감정을 일차적 감정에서 끝내려면 감정을 회피하거나 조작하지 말고 있는 그대로를 경험해야 한다. 회피하는 감정은 끈질기게 남아서 계속 자기를 쳐다봐 달라고 말한다. 하지만 우리는 자신이 선호하는 감정은 쥐어 잡으려고 하고 선호하지 않는 감정은 회피하려 하기 때문에 감정이 자연적으로 흘러 해소되도록 놔두지 않고 그것을 이차적 감정으로 옮기게 된다.

우리는 감정을 다루는 데 많이 미숙한 편인데, 선호하는 감정을 대하는 태도 역시 미숙하기는 마찬가지다. 아름다운 새가 지나갈 때 그 찰나를 사진에 담으려고 카메라를 꺼내려다 새를 제대로 못 보는 사람처럼, 선호하는 감정을 쥐려다가 그 순간의 경험을 놓치고는 한다. 사람을 사랑하는 경험을 기뻐하는 동시에 사라질 것을 두려워하고 움켜쥐려고 하다 보니 기쁨은 사라지고 괴로움이 자리를 잡기도 한다. 또는 순간적으로 일어나는 불안감을 피하고자 이를 덮어버림으로써, 결과적으로 그 불안감을 지속시키기도 한다.

또한 성인이 되는 과정에서 우리는 감정을 이성적으로 처리하는 방법을 터득한다. 감정에 흔들리지 않는 사람을 지적이고 성숙하고 어른스럽게 보는 사회에 살고 있다 보니 감정이 잘 흐르게 하는 대신 감정을 누르게 된다. 감정은 물처럼 흐르고 변화하기 때문에 소통과 순환이 중요한데, 나갈 구멍이 막힌 감정은 고인 물에 이끼가 끼듯 무거워지고 탁해진다.

모든 방어 기제가 그러한 것처럼 감정을 이성적으로 대하는 방식은 우리 스스로를 보호하기 위해서 습득된 방어막이다. 감정에 흔들림 없이 자신을 지키기 위해서 설치한 방어막이 역설적으로 점점 자신을 자신의 감정으로부터 단절되게 만들고 있다. 단절된 감정은 다른 문으로, 화보다는 사회적으로 용인이 가능한 다른 감정이나 상태로 새어나온다. 예를 들어 큰 화는 안 내지만 짜증을 지속적으로 내거나, 화를 투사해서 상대방으로 하여금 화를 내게 하거나, 신체화 증상으로 나타나고는 한다.

신체화 증상은 인지되지 않는 감정에 의해 몸 어딘가에 문제가 생기는 것으로, 우리가 감정을 받아들이지 않을 때 나타난다. '화병'은 한국인이 경험하는 대표적인 신체화 증상이다. 신체화 증상은 단순히 마음의 병이 아니라 실질적으로 몸의 병이기도 하다.

자신의 감정을 받아들이는 것이 허락되지 않거나 감정 표현이 받아들여지지 않는 상황에서 몸이 아프게 되는 경우는 흔하다. 어린 시절 왕따로 힘들어하는 자기 이야기를 들어주지 않던 부모가 몸이 아프니 돌봐주더라 하는 이야기도 흔히 듣는다. 마음이 아픈 건 무시되지만 몸이 아프면 돌봄을 받은 아이가 감정 표현을 몸의 아픔으로 표현하는 건 당연한 학습의 결과일지도 모른다. 학교나 직장에서 받는 스트레스 때문에 학교나 직장에 나가기 싫으면 배가 아프거나 머리가 아픈 경우에서부터, 누구를 죽이고 싶을 만큼 분노가 큰 사람이 갑자기 팔을 움직일 수 없게 되는 경우까지, 신체화 증상은 심리적인 경계와 신체적인 경계 사이에서 일어난다. 우리가 느끼는 감정들은 기본적으로 신체적 경험이기 때문에 '말없는' 마음의 아픔은 몸의 아픔으로 '크게' 말한다.

> "수많은 암 연구들에서 가장 일관되게 확인되고 있는 위험 요인이 바로 감정, 특히 화와 관련된 감정을 표출하지 못하는 태도이다. 화의 억압은 알 수 없는 이유로 질병을 일으키는 추상적인 감정적 특성이 아니다. 화의 억압은 생체에 가해지는 생리적 스트레스를 증가시키는, 매우 중요한 위험 요인이다. 화의 억압은 홀로 작용하지 않으며 절망감이나 사회적 지지의 부재처럼, 그것에 동반될 가능성이 많은 다른 위험 요인들과 함께 작용한다. '부정적인' 감정을 느끼지 못하거나 표출하지 못하는 사람은 친구들이나 가족들에게 에워싸여 있다 하더라도 진정한 자아가 드러나지 않는 까닭에 소외감을 느낀다. 마음속 가장 깊은 차원에서 습관적으로 자신에게 진실하지 못한 태도를 지니면 절망감이 뒤따른다. 그리고 그가 할 수 있는 어떤 일도 아무런 변화를 만들어내지 못하기 때문에 절망감이 절망감을 낳는다."
>
> —게이버 메이트, 《몸이 아니라고 말할 때: 당신의 감정은 어떻게 병이 되는가》, 183쪽

감정을 해소하려면 직접적으로 그 감정을 경험해야 하고, 그러려면 먼저 안전해야 한다. 누군가가 안전한 테두리 역할을 해줘야 한다. 아이가 뛰다가 넘어져서 아플 때 엄마가 아이를 안아 등을 토닥거리며 "우리 아가, 아프겠구나"라며 따뜻한 말로 위로를 하면, 아이는 그제야 엉엉 운다. 엄마는 안전한 테두리가 되어서 아프면 울어도 된다고 알려준다. 안전한 테두리 안에서 우리는 불안도, 화도, 기쁨도, 슬픔도 온전히 경험하고 놓아줄 수 있다.

그런데 안전한 테두리가 없이 자란 사람은, 감정이라는 것이 보듬어주고 어루만져 주면 자연스럽게 사라진다는 사실을 배우지 못한다.

우리는 성인이 되는 과정에서 자신의 감정 따위야 스스로 다뤄야 한다고 생각하게 되지만, 감정을 다루는 능력은 혼자 배울 수 있는 것은 아닌 것 같다. 아기는 언어 사용 능력을 가지고 태어나지만 누군가가 말을 걸어주어야만 말을 할 수 있게 되는 것처럼, 누군가가 자신의 감정을 받아주어야만 감정의 다양한 폭과 깊이를 경험할 수 있고 이를 소통할 수도 있게 된다.

인생 초기에 우리는 감정 다루는 방법을 부모와의 따뜻한 유대 관계 안에서 배운다. 부모와의 관계를 통해서 자신에 대한 인식이 생기고, 부모의 피드백을 통해서 자기에 대한 상이 생기는 것이다.

하지만 많은 이들이 생애 초기에 감정을 느끼고 다루는 법을 배우지 못한 채 성인이 되는 경우가 많다. 자신을 따뜻하게 보살펴준 부모가 없었거나, 부모 또한 정서적 결핍을 경험하고 있어서 정서적으로 반응해 줄 수 없을 때, 또는 부모가 안정감을 느낄 수가 없어서 아이의 안전한 테두리가 되어 아이의 감정을 받아주지 못했을 때, 아이는 자신의 감정을 잘 이해하지 못하거나 잘 다루지 못하는 어른으로 성장할 수 있다.

우리는 관계 안에서만 감정을 배울 수 있다. 나와 나를 지지하는 외부의 관계를 통해 감정을 이해하고 다루는 법을 배우면 좋겠지만, 그런 외부 관계가 없다면 내 안에도 나를 돌보는 관계들이 있음을 기억할 필요가 있다. 그림 일기를 통해서 자기와 관계를 맺는 방법은 자기 내면에서 자신을 돌봐온 부모를 만나고, 자기의 이야기를 들어주는 친구를 만나고, 자기가 키우는 내면 아이를 만나는 일이다.

이러한 내면의 관계가 외부로까지 연결이 되어 친구가 친구에게, 동료가 동료에게 안전한 테두리가 되어 서로의 아픔을 안아주고, 그래서 충분히 아파할 수 있다면, 그때 비로소 오래된 감정들이 풀리며 우리는 자리를 털고 일어날 수 있다. 혼자서는 할 수 없던 것이 관계를 통하면 가능해진다.

심리 치료의 목표는 자기가 자신의 부모가 되는 거라고 했다. 그리고 그림은 부모에게서 바라던 안전한 심리적 울타리가 되어줄 수 있다. 종이 위에서 크레용이 똑똑 부러질 정도로 힘주어 격하게 화를 표현해도, 슬픔이 물감에 젖어 아무리 흘러내려도, 우리는 안전하다. 표현이 된 감정은 이제 움직일 통로를 가진다. 통로가 생긴 감정은 흐르고, 곧 사라질 것이다.

감정 사전

일차적 감정 사전: 행복, 슬픔, 두려움, 놀람, 화, 혐오

일차적 감정의 수는 감정을 연구하는 학자마다 적게는 네 가지부터 많게는 열 가지까지 다양하다. 여기에서는 감정을 연구하는 심리학자인 폴 에크만Paul Ekman이 주장하는 기본 감정 여섯 가지를 가지고 작업을 해보자.

그가 주장하는 우리의 기본 감정은 행복, 슬픔, 두려움, 놀람, 화, 혐오이다. 그가 인간의 기본 감정이 여섯 가지라고 주장하는 근거는 이 여섯 가지 감정의 얼굴 표정이 전 인류에게 공통적으로 나타난다는 점이다.

① 행복: 눈가에 주름. 뺨이 올라감. 팔자주름. 입가가 대각선으로 올라감.

② 슬픔: 눈꺼풀이 내려옴. 눈에 포커스가 없이 흐릿함. 입가가 살짝 내려감.

③ 두려움: 눈썹을 모으고, 위로 윗 눈꺼풀이 올라감. 아래 눈꺼풀에 힘이 들어감. 입술이 귀 쪽으로 (일자로) 길어짐.

④ 놀람: 아주 잠깐만 있다 없어짐. 눈썹이 올라감. 눈이 커짐. 입을 벌림.

⑤ 화: 눈썹을 모으고 아래로. 미간 주름. 눈에 초점이 생김. 입술이 좁아짐.

⑥ 혐오: 입 꼬리 한쪽만 올라감. 코에 주름. 눈을 굴림.

주: 만약 얼굴에 보톡스를 맞았거나 주름 시술을 했다면 표정이 자연스럽게 안 될 것이다. 보톡스 시술 후 감정을 알아차리는 능력과 공감력이 상당히 떨어지는 것을 밝히는 연구들이 나오고 있다. 얼굴 표정은 단순히 미적인 마스크가 아니라 자신의 내적 경험을 스스로 알아채고 상대방에게 자신의 감정을 표현하는 인터페이스이다. 주름을 마비시켜서 특정 주름을 짓지 못할 때, 감정의 주관적인 경험과 타인에 대한 공감이 저하된다. 안 그래도 공감력이 떨어지는 사회에서 참으로 걱정되는 일이다.

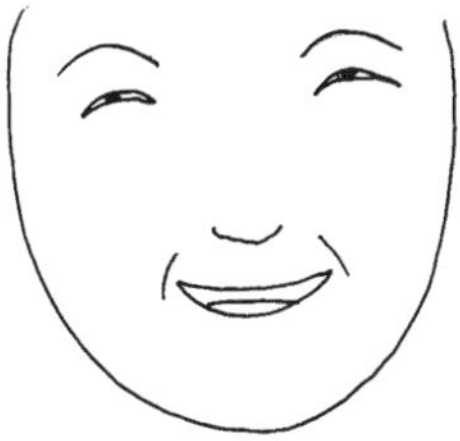

행복

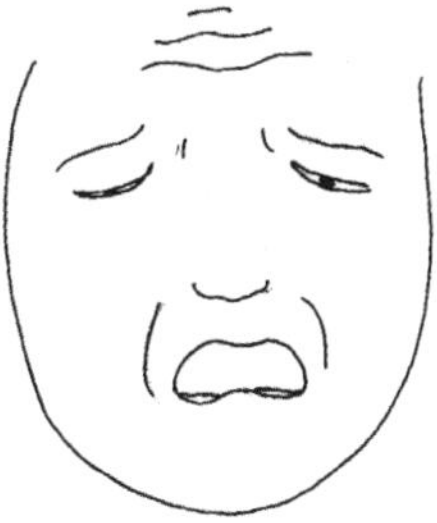

슬픔

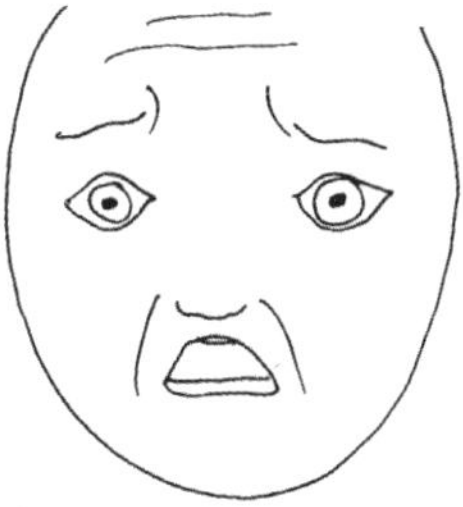

두려움

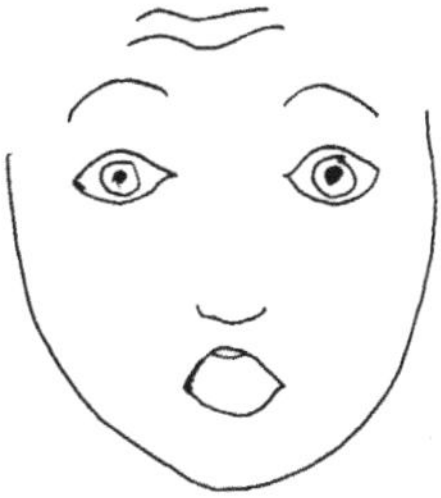

놀람

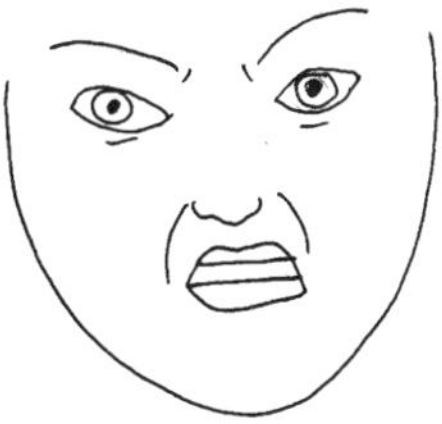

화

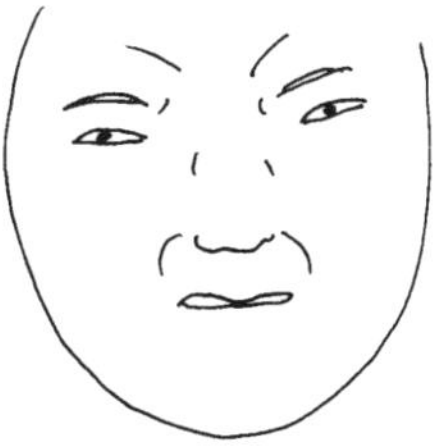

혐오

종이를 여섯 등분한 다음, 각각의 칸에 여섯 개의 감정을 그려보자. 특정 감정이 잘 생각이 안 나면 감정과 연관된 표정을 지어보자. 곧 그 감정이 일어날 것이다.

얼굴 표정을 통해서 감정을 떠올렸다면, 그 감정을 표현하는 색을 고르고, 선이나 점이나 면으로 표현해 본다. 생각이 아닌 직관을 따라서, 구체적인 형태를 그리기보다는 추상적인 이미지로 감정을 그린다. 감정 그리기를 할 때 자주 보는 현상이 그 감정과 연관된 상황을 그리는데, 상황이 아닌 자신의 감정에 집중할 필요가 있다.

예를 들어 두려움을 그릴 때, 막힌 구멍에 갇혀 있는 모습을 그린 사람이 있었다. 이것은 어떤 상황이 두려운가를 보여주는 아주 좋은 그림이지만, 감정을 그린 것은 아니다. 그 상황에서 느껴지는 감정이 무엇인가? 어쩌면 저항이 느껴져서 감정으로 들어가지 못하고 상황을 그리는 것에서 멈춘 것일 수도 있다. 정서적으로 안전한 테두리를 경험해 보지 못한 사람은 날것의 감정을 느끼는 것만으로도 두려움이나 불안감을 느낄 수 있다. 이럴 때는 혼자 하지 말고, 안전한 테두리 역할을 해줄 수 있는 치료사와 함께 이 작업을 하기를 추천한다.

일차적 감정은 아주 근본적인 기저에 있는 감정을 말하는 것이기 때문에 여러 색보다는 한 가지 색으로, 복잡하게보다

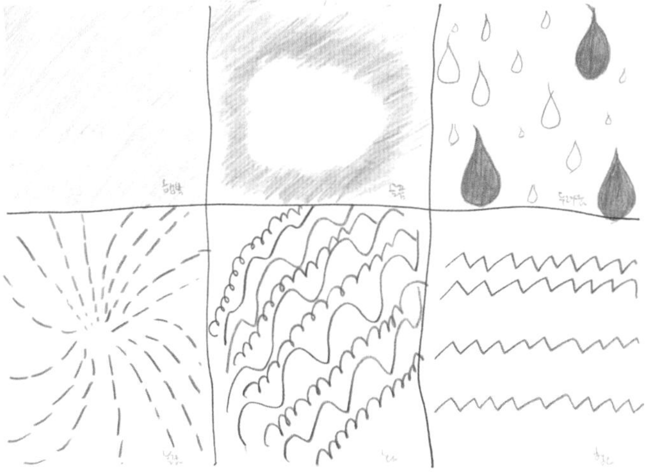

일차적 감정 사전 예 1 왼쪽 위에서 시계 방향으로 행복, 슬픔, 두려움, 혐오, 화, 놀람을 표현했다. (by 햇살)

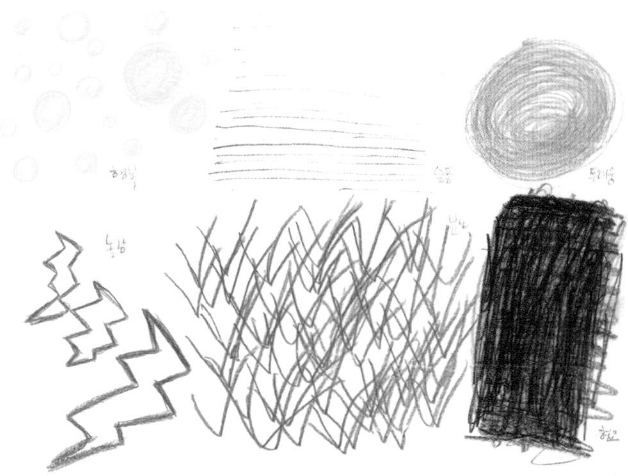

일차적 감정 사전 예 2 왼쪽 위에서 시계 방향으로 행복, 슬픔, 두려움, 혐오, 화, 놀람을 표현했다. (by 봄바람산들)

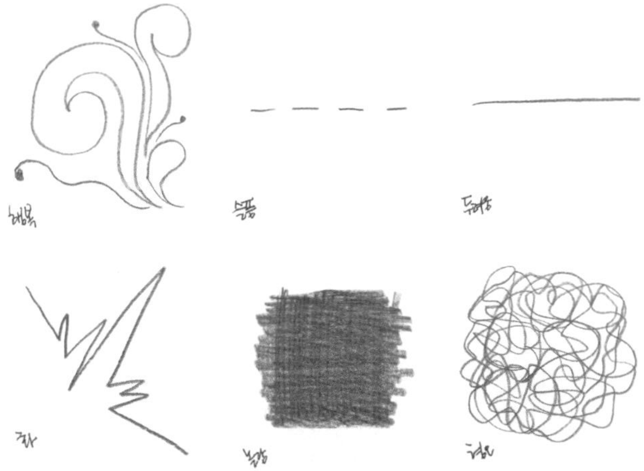

일차적 감정 사전 예 3 왼쪽 위에서 시계 방향으로 행복, 슬픔, 두려움, 혐오, 놀람, 화를 표현했다. (by 나무)

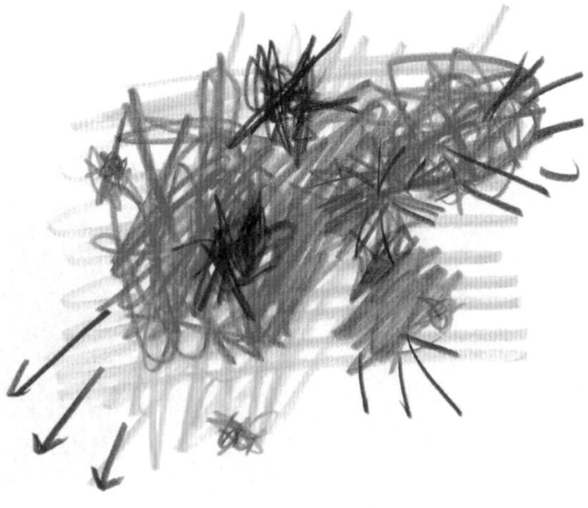

복잡한 화 그림

는 단순하게 표현하는 것이 좋다. 여러 색과 여러 움직임이 동시에 나오는 그림은 일차적 감정이 아니라 복합적인 이차적 감정일 가능성이 더 크다. 예를 들어 옆의 '복잡한 화 그림'에서 보듯, 화를 그렸는데 여기에는 여러 색과 움직임이 복잡하게 일어나고 있다. 슬픔과 놀라움의 감정이 섞여 있는 것으로 보이며, 이것은 아마 화가 아니라 우울 또는 불안의 표현이 아닐까 추측된다.

이차적 감정 사전

이차적 감정 리스트는 훨씬 다양하다. 아래에 예시로 적어 놓은 이차적 감정 리스트 가운데 자신이 자주 느끼는 감정들을 표시하고 그 감정 안에 어떤 일차적 감정이 들어가 있는지 느껴보자. 그리고 그것을 그림으로도 그려보자. 이차적인 감정을 그리면서, 비슷한 선이나 색이나 형태가 일차적 감정 사전에 나오는지를 살펴보아 이차적 감정 기저에 있는 일차적 감정이 무엇인지를 잘 들여다보자.

짜증 · 자부심 · 죄책감 · 연민
부러움 · 후회 · 설렘 · 망설임
한 · 곤란함 · 꺼림칙함

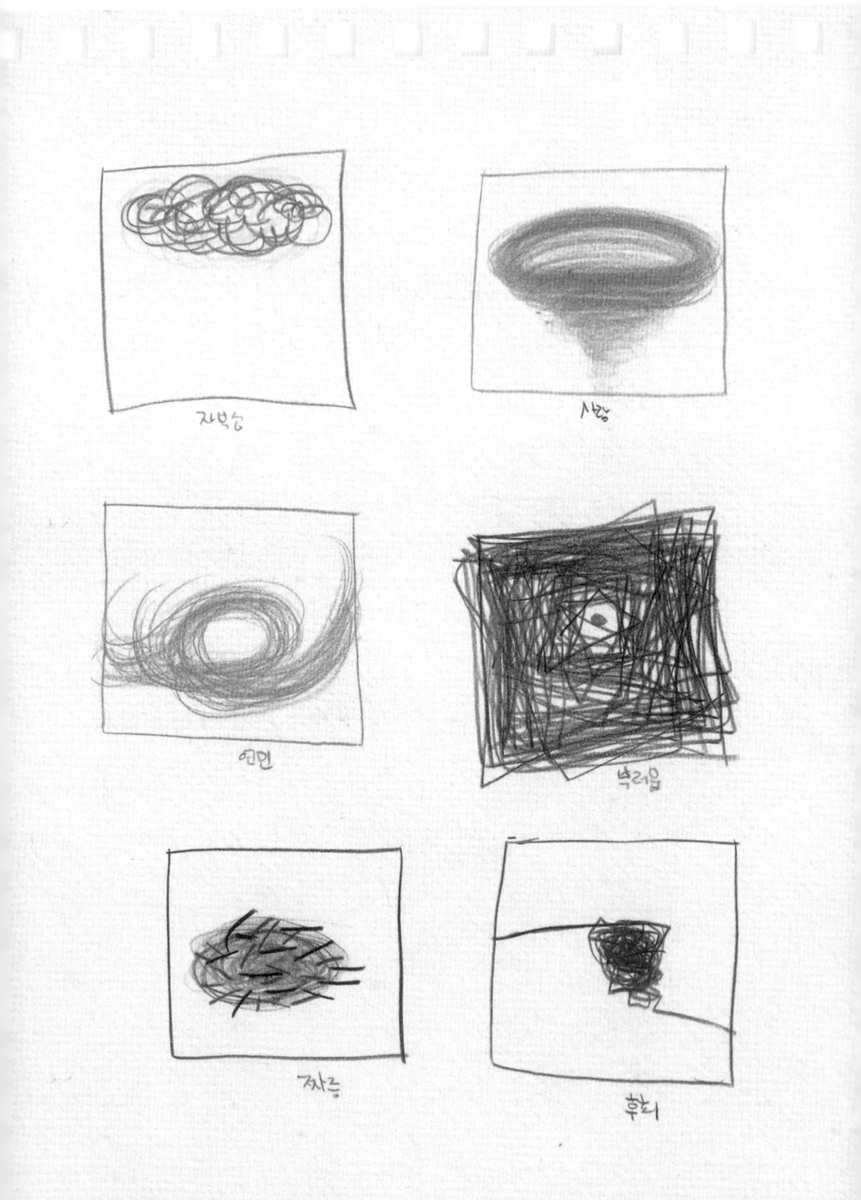

이차적 감정 사전 예 1 왼쪽부터 자부심, 사랑, 연민, 부러움, 짜증, 후회, 우울, 설렘, 평화, 죄책감, 연약함, 열정 (by 정은혜)

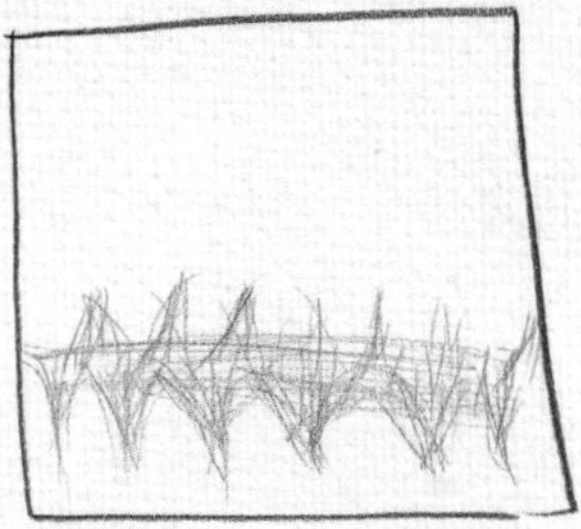

우울

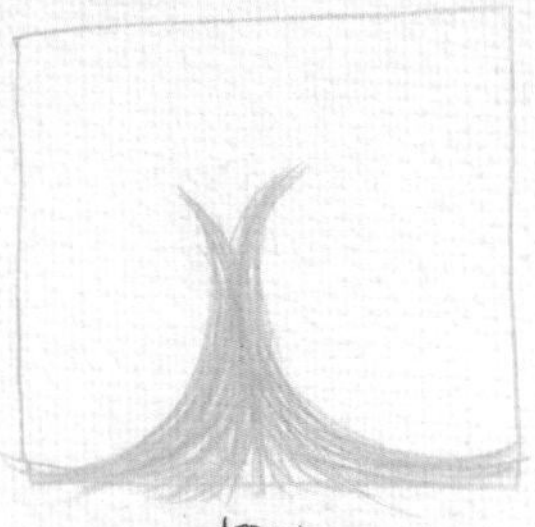

설레임

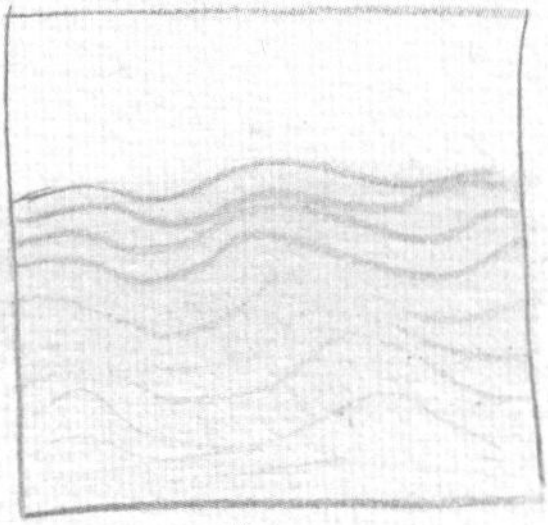

평화

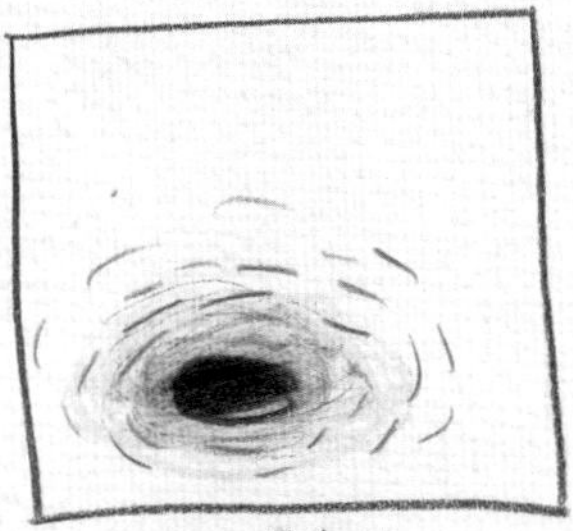

죄책감

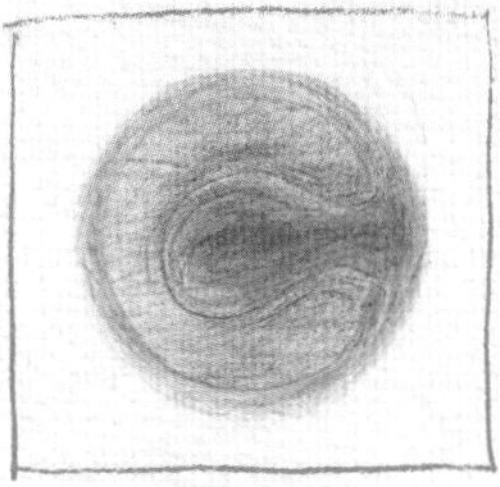

연약함

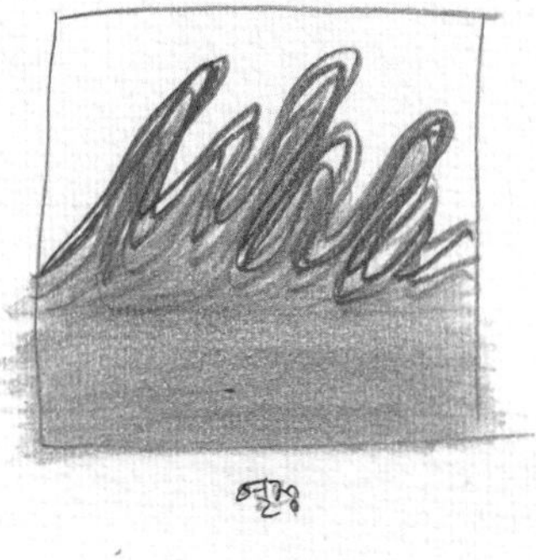

열정

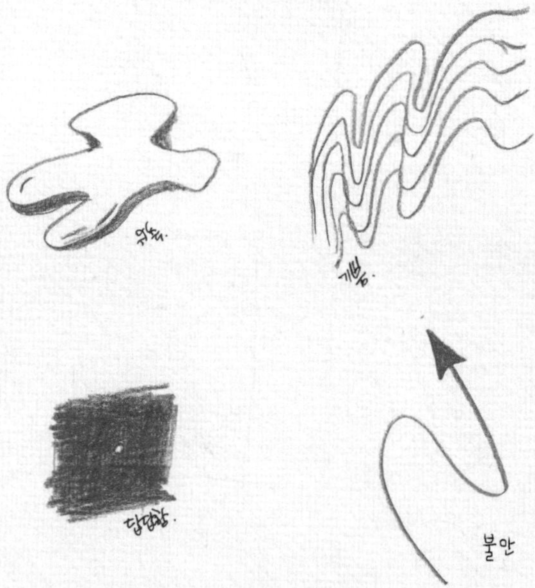

이차적 감정 사전 예 2 왼쪽부터 시계 방향으로 위축, 기쁨, 불안, 답답함 (by 나무)

감정 소통이 어려운 이유

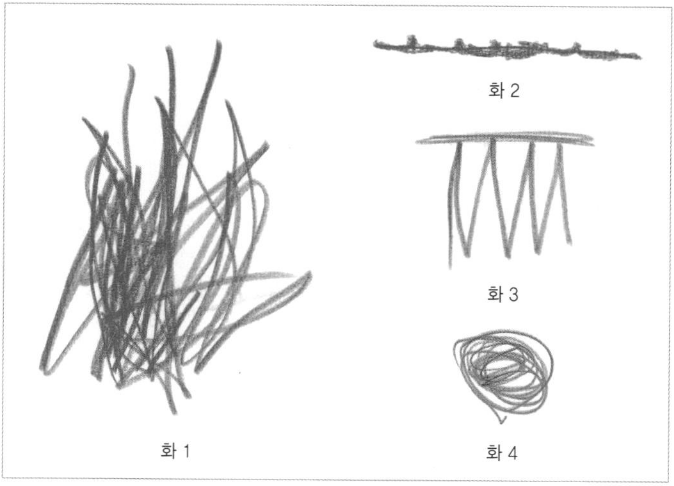

위의 그림들은 다 '화'를 그린 것이다. 대부분의 사람들은 화를 빨간색으로 그린다. 가끔 검정색으로, 그리고 아주 드물게는 파란색이나 다른 색을 쓰는 사람도 있다. 대부분의 사람들은 '화 1'과 같이 그린다. 팔과 손에 힘이 잔뜩 들어가서 색연필이 뿌드득하고 소리 내며 움직이는 '폭발하는 화'이다.

'화 3'은 훨씬 통제가 되어 있는 화의 모습이다. 파란색의 가로 선은 '여기까지'라고 한계를 정해놓은 모습이어서 '한계 안의 화'라고 부르겠다. 그것에 비해 '폭발하는 화'는 '여기까지'라는 것이 없다. 종이가 더 컸더라도 다 채울 수 있을 것 같다. '폭발하는 화'처럼 화를 그린 사람들은 공통적으로 이런 말을 한다. "내가 화가 나면 다 끝이에요. 그래서 화를 잘 안내는 편이지만 정말 화를 내면 주변 사람들이 다 떨어요."

그에 비해 '화 2'처럼 그리는 사람은 자신은 화가 안 난다고 말한다. '타들어간 화'를 그린 사람은 그냥 좀 짜증이 날 정도라고 한다. 하지만 분출하지 못하는 화가 바닥에 잔뜩 꼬여 있는 것 같은 모습이다. 화가 잘 안 나서 자신에게 뭔가 문제가 있나 싶을 때도 있다고 했다. 이 사람은 화를 잘 '내지는' 않지만 마음속에 타들어 가는 재 같은 화가 늘 '자리 잡고' 있는 듯하다.

마지막으로 '화 4'처럼 '뭉친 화'를 검정색으로 그린 사람도 있다. 화가 나면 너무 답답하다고 했다. 분출하고 싶은데 안 되고, 화가 나면 오히려 입을 닫고 내면으로 들어가게 되는데, 그래서 더 답답해진다고 했다. 분출하고는 싶지만 자신이 화를 정말 낼까봐, 그 화가 엄청날까봐 두렵다고 했다. '뭉친 화' 그림은 어쩌면 자신의 화에 대한 두려움을 표현한 것일지도 모른다.

이 네 개의 '화' 그림은 같은 '화'라는 단어를 쓰고 있지만, 화의 경험이 아주 많이 다르다. 화를 잘 안 내지만 한번 화를 내면 으르렁거리고 정신을 놓을 정도가 되지만 그러고 나면 남는 게 없는 '폭발하는 화'와, 화를 내지는 않지만 화의 응어리가 풀리지도 않고 분출되지도 않고, 그래서 해결되지도 않는 '타들어간 화', 한계를 정하고 스스로를 제어하는 '한계 안의 화', 화를 낼까봐 두려워서 차마 내지도 못하는 '뭉친 화'가 삶의 현장에서 만난다면 어떠할까? 그들은 서로의 화에 대해 어떻게 반응할까? 과연 서로를 이해할 수 있을까?

'폭발하는 화'와 '뭉친 화'가 갈등 상황에 놓인다면 '폭발하는 화'는 터트리고 싸웠으면 좋겠는데 '뭉친 화'가 싸움을 받아주지 않아서 너무 답답할 것이고, '뭉친 화'는 자기가 벼랑에 몰려 어떤 짓을 할까 겁이 나 상황으로부터 도망칠 가능성이 크다.

'한계 안의 화'는 '폭발하는 화'를 보고 왜 그렇게 성질을 부리냐고 할 것이고, '폭발하는 화'는 화도 내지 못하고 삭히고 있는 '한계 안의 화'가 답답해 보일 것이다.

이처럼 같은 감정을 이야기하지만 각각의 감정의 경험은 아주 많이 달라서 우리는 서로의 반응에 공감하기보다 자신이 이해하는 감정에 공감하고 반응하고 대응하면서 산다. 하지만 감정을 그린 그림을 보면 우리의 소통이 왜 이렇게 시원하지 않은지 실마리를 찾을 수 있다. 싸워도 풀리거나 해결되지 않고 갈등만 반복될 때, 말이 아닌 그림을 그려보자.

또 다른 예로 슬픔을 표현한 그림들을 보자. 우리는 '슬프다'라는 같은 말을 하고 있다고 생각하지만, 그림을 보면 알 수

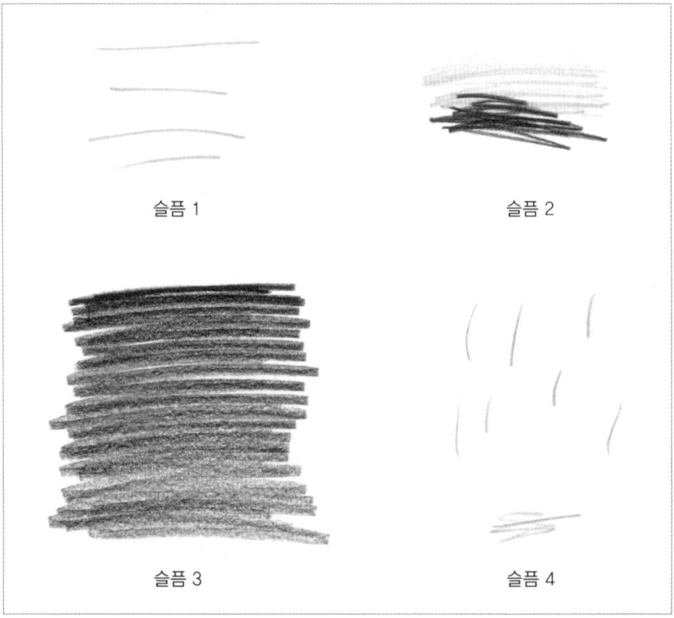

있듯이 그림이 들려주는 감정의 경험은 아주 많이 다르다.

'슬픔 1'의 경우는 자신은 슬플 때 아무런 느낌이 없다고 했다. 모든 것이 멈춰버리는 것 같다고 했다. 이것을 '제로 감정 슬픔'이라고 부르겠다. '슬픔 2'는 감정이 가라앉아 버려 다시 잘 올라오지 않는 거라고 했다. '가라앉은 슬픔'이다. 그래서 슬픔이 두렵다고도 했다. '슬픔 3'은 '캄캄한 슬픔'으로 슬픔이 컴컴한 벽 같아서 정신이 없어진다고 했다. '슬픔 4'는 일반적으로 보이는 슬픔의 형태로 '흘러내리는 슬픔'이며, 눈물이나 감정이 뚝뚝 떨어지는 것을 형상화한 그림이다. 이렇게 다른 '슬픔'의 경험을 가지고 있는 사람들끼리 서로의 감정 경험에 공감할 수 있을까?

슬프면 울어서 감정을 뽑아버리는 '흘러내리는 슬픔'의 사람이 '캄캄한 슬픔'이 경험하는, 눈물도 안 나고 막막하기만 한 슬픔에 공감할 수 있을까? 슬플 때 아무런 느낌이 없어지는 '제로 감정 슬픔'과 슬프면 가라앉아 버리는 '가라앉은 슬픔'이 같은 슬픈 일을 경험했다면 서로가 서로를 위로해 줄 수 있을까? 아마 쉽지는 않을 것이다. 왜냐하면 자신의 경험과 상대방의 감정 경험이 다르다는 걸 잘 모르기 때문에 자신이 받고 싶은 위로의 방식으로 상대도 위로해 주려고 하는데, 그것은 각자가 필요한 방법이 아닐 수 있기 때문이다.

나의 '슬픔' 역시 이해받지 못한 기억이 있다. 아버지가 돌아가시고 나는 정신없이 슬펐다. 사랑하는 남편을 잃고 간신히 버티는 어머니를 돌보느라 나는 울지도 못하고 금방이라도 떨어질 것 같은 심장을 쥐고 집으로 돌아왔다. 친구들의 위로가 너무나 고팠다. 통곡을 하며 이야기를 하고 싶었다. 부모님이 사는 캐나다 땅에 내리자마자 아버지가 돌아가셨다는 이야기를 들었을 때 무릎이 접히고 땅이 꺼지더라는 이야기, 인사도 못한 아버지를 이미 싸늘해져버린 다음에야 안치실에서 만난 이야기 등. 그런데 친구들은 아무것도 묻지 않았다. 그 대신 편하게 해주려고 하고, 다시 나의 모습을 찾을 수 있게 좋은 분위기를 만들어주려고 했다. 그때 그것이 그들이 나를 위로하는 방식이었음을 몰랐고, 나는 슬픔에 더해 너무 화가 나서 제어가 안 되는 감정 상태에 이르렀다.

그때는 너무 슬프고 화가 나서 잘 몰랐지만, 지금 돌아보면 이것은 '슬픔'이란 감정을 경험하고 대응하는 방식이 서로 다르기 때문에 생긴 일이었다. 어머니의 경우를 봐도 나처럼 슬픔의 빗장을 열어 슬픔을 분출시키고 싶어 하지는 않으셨다. 너무나 큰 슬픔이라 그 빗장을 닫아두려 안간힘을 쓰셨다. 버티려고 노력했고, 자식들에게 짐이 되지 않으려고 애썼고, 뒤돌아서 몰래 눈물을 훔치셨다.

화도 슬픔도 인간이기에 누구나 느끼는 감정이긴 하지만, 그 감정을 경험하고 다루고 달래주는 방식은 이토록 다르다. 우리는 공감할 줄 아는 동물임에 분명하지만, 화를 내면 안 되고 슬퍼하면 안 되는 무수한 상황을 만나면서 제대로 경험하지도, 그렇다고 제대로 분출하지도 못한 상태로 각자 감정을 가지고 버티고 쥐고 살아가는 생존 방식을 터득한 것 같다.

원래 일차적인 감정은 똑같은 얼굴 표정과 똑같은 바디 랭귀지가 있어서 즉각적으로 알아차리고 공감할 수 있다. 그런데 나름대로 터득한 생존 방식에 의해 감정을 다르게 해석하고 다르게 반응하게 되면서 감정에 대한 경험 자체를 다르게 하게 된다. 가족끼리, 부부끼리, 사랑하는 사람들끼리 대화가 막히고 소통이 안 되어 힘들어하는 것은 대부분 소통되지 않아 막히고 서로가 받아주지 않아 갈 데가 없어진 감정들 때문이다.

자녀가 사고로 죽거나 다치거나 큰일을 당할 경우 부부 사이에 문제가 일어날 가능성이 높다. 슬픔과 상실감과 절망을 경험하고 소통하고 극복하려는 노력이 서로 너무나 다르기 때문에 서로의 감정을 지지하는 대신 서로에게 등을 돌리게 될 수 있는 것이다. 같은 상황에서 '절망'이라는 감정을 같이 느끼고 있지만, 남편의 절망의 기저에는 상황을 막지 못한 분노가, 그리고 부인의 절망의 기저에는 상실감으로 인한 슬픔이 내재되어 있을 수 있다.

그렇다면 그 감정을 해소하고자 하는 노력의 방식도 많이 다를 것이다. 남편은 상황을 컨트롤하지 못해 사고가 난 데 분개하며 책임을 질 사람을 찾아다니고, 부인은 상실감을 느끼지 않기 위해서 회사일이나 집안일에 몰두한다든지 빈자리를 느끼지 않으려고 미칠 듯한 속도로 움직이는 선택을 할 수 있다. 자신의 감정을 해소하기 위해서 나름대로 피나는 노력을 하고 있지만, 서로의 방식이 너무 달라서 공감하기도 공감받기도 힘들다.

우리는 본능적으로 소통하고 연결되고 싶어 한다. 그리고 자신의 감정이 이해받고 긍정되는 경험은 무엇보다 소중하다. 이것은 서로가 서로에게 줄 수 있는 크나큰 선물인데, 이 선물을 주고받는 게 너무 인색한 사회에 우리는 살고 있다. 자신의 감정을 이해 못하는 사람이 타인의 감정을 이해할 수는 없을 것이다. 또한 타인의 감정이 자신의 것과 다를 수 있다는 것을 이해하지 못하는 사람은 타인의 입장에서 공감할 수가 없다.

그리고 무엇보다 자신의 감정을 일차적 감정 상태에서 알아차리지 못하거나 억누르는 사람은 어떻게든 그에 대한 값을 치르게 된다. 가장 대표적인 것은 몸에 병이 나는 것이다. 또는 해소되지 않은 축축하고 곰팡이 같은 감정을 아주 오랫동안 지니고 살 수도 있다. 섭섭함이 그렇고, 서러움이 그렇고, 한이 그렇다. 하지만 그림으로 감정이 표현이 되고, 표현된 감정을 이해하고, 상대방과 자신의 감정을 좀 더 정확하게 소통을 하면, 우리는 서로 훨씬 직접적인 마음의 소통을 할 수 있다.

얼마 전 아름다운 커플이 찾아왔다. 둘 사이에는 깊은 신뢰와 사랑이 있었고, 서로의 마음을 열어 보이는 작업은 섬세하고 아름다웠다. 서로를 잘 알고 있다고 생각했지만, 감정을 그려놓고 보니 왜 그때 이 사람이 그렇게 반응했는지 더 잘 알 수 있었다.

가장 특이했던 것은 여자는 감정을 경계 없이 전체로 느낀다는 점이었다. 슬픔도 행복도 공간을 꽉 채우며 경계선이 없었다. 하지만 남자는 슬픔, 행복, 두려움 등 모든 감정에 테두리가 있었다. 이 점에 대해 물어보니 슬퍼도 여기까지, 행복도 여기까지, 두려움도 여기까지 자신의 감정을 더 이어가지 않기 위해서 스스로 멈춘다고 했다. 행복 그림을 봐도 여러 개의 원이 있는 모양인데, 여기까지 행복하고, 더 나아가도 되는지를 살펴서 한 단계를 더 나아가고 더 나아가고 하는 모양새였다.

반면 여자는 행복하면 모든 것이 행복으로 감싸이는 경험을 한다고 했다. 흥미로웠던 점은 이차 감정으로 나왔던 남자의 '외로움'이었다. 외로움이라는 감정의 기저에는 '두려움'이 있어 보였다. 외로움을 표현했던 똑같은 그림이 두려움을 그린 그림에서 위아래가 뒤집어진 모양으로 들어가 있었다. 두려움 안에 외로움이 거꾸로 매달려 있는 것이다.

"아, 그래서 그랬구나~!" 여자가 말했다. 둘이 싸울 때 여자는 그냥 싸웠다 정도로 생각하는데, 남자는 다 끝났다고 절망적으로 생각한다는 것이다. 이어지는 대화를 통해서 남자의 외로움의 기조에 있는 감정은 버림받는 두려움임을 알게 되었다.

이 과정을 통해 둘은 서로를 더 깊이 이해할 수 있었고, 둘이 다투거나 갈등이 있어도, 둘의 사랑은 뿌리가 깊고 단단한 나무 같으니 두려워 말자고 서로에게 말할 수 있었다.

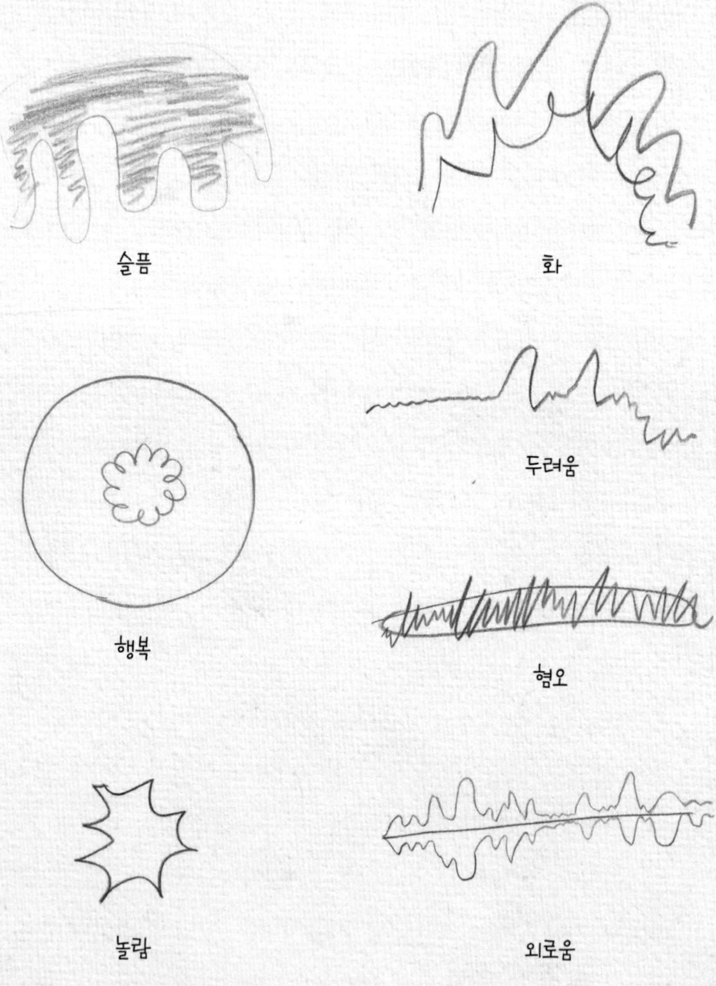

남자의 감정 (by 제임스)

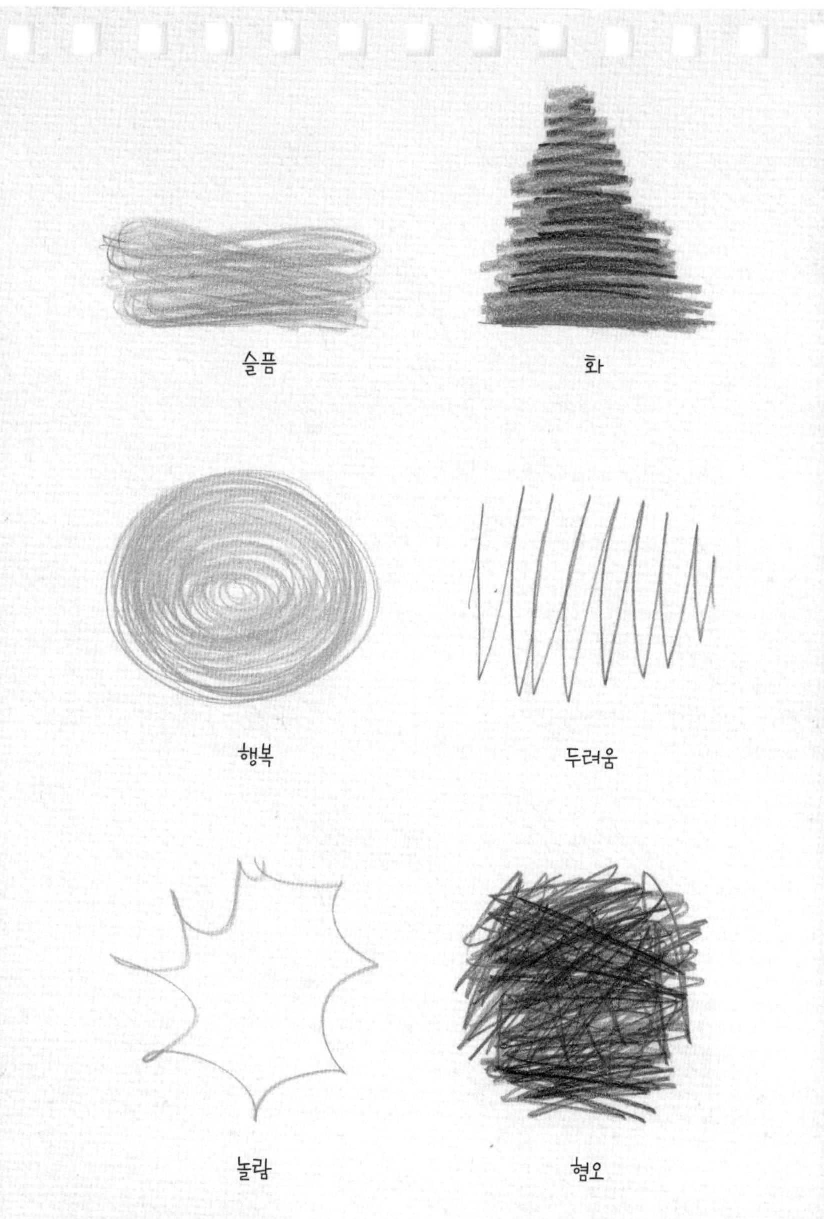

여자의 감정 (by 제이니)

그림 연습

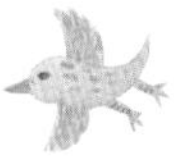

감정 사람 그리기

감정은 몸의 경험이며, 감정에 대하여 이야기할 때 우리는 몸의 움직임, 즉 몸의 은유로 표현하고는 한다. 영어 표현에 사랑에 빠지는 경험을 "위胃에서 나비가 날갯짓을 펄럭펄럭하고 있다"(Butterflies fluttering in my stomach)라고 말하기도 한다. 이렇게 시적이고 아름다운 표현도 있지만, 타들어가는 속, 터질 것 같은 심장, 뻣뻣하게 굳은 어깨, 울렁거리는 속 등 듣는 순간 그 고통이 느껴지는 감정 표현들도 많이 있다.

이렇게 감정을 몸에 빗댄 언어로 표현하듯이 감정을 몸의 그림으로도 표현해 본다면 그 감정의 경험을 훨씬 더 가깝게 느낄 수 있다.

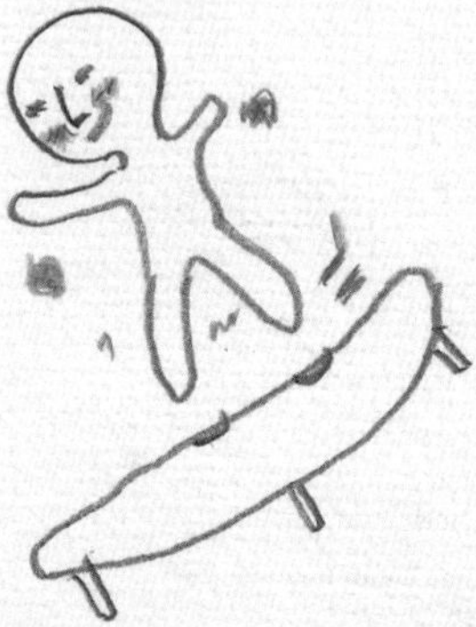

"방방이 타고 신났어요." (by 신수연)

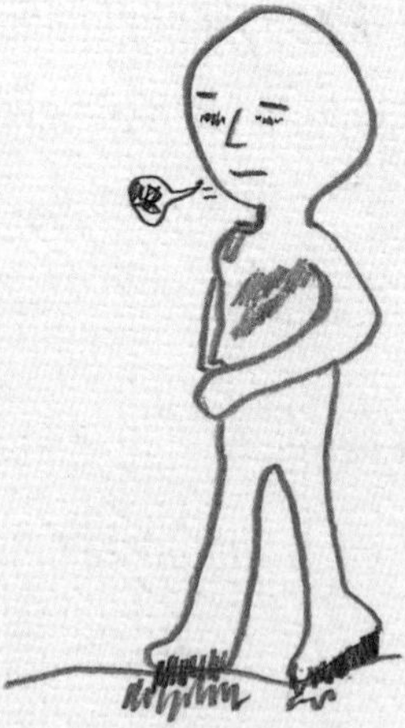

"무거운 발걸음"
(by 신수연)

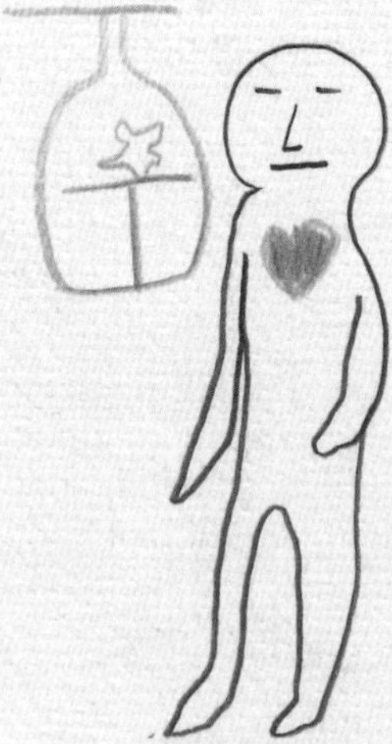

"새장에 갇힌 새를 보면 마음이 짠해요."
(by 순희)

감정을 몸의 제스처로 표현한 것을 감정 사람이라고 부르겠다. 감정을 하나 선택해 그 감정과 연관된 제스처를 하고 있는 사람을 그려보자. 예컨대 '두려움'이라는 감정을 표현하고 싶어 쪼그려 앉아 있는 사람을 그렸다고 하자. 그렇게 그린 뒤 두려움이 이 사람의 몸 어디에 있을지 살펴보자. 그것이 몸 안에서 느껴지는가? 몸 주변에서 느껴지는가? 그것은 가슴속에 자리 잡고 있는 무거운 덩어리나, 주변에서 자신을 압박하는 날카로운 것들이나, 땅에서 아래로 잡아끄는 힘으로 느껴질 수도 있다.

이번에는 행복의 감정을 그려보자. 먼저 행복한 몸의 표정을 그려보자. 어떤 제스처를 하고 있을까? 앞에서 그렸던 감정

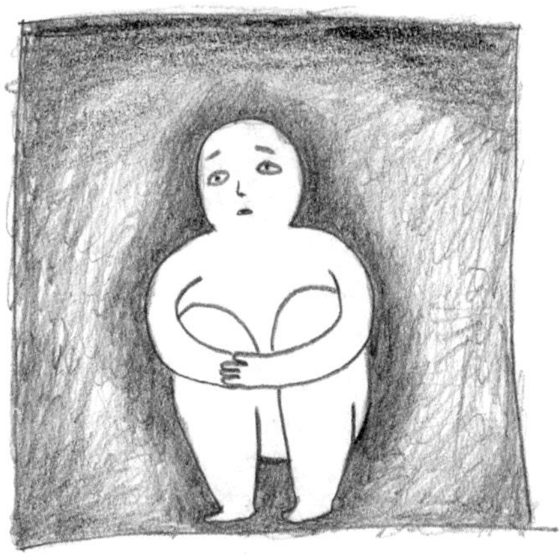

두려운 사람

사전 중에서 '행복'의 그림을 사람에게 이입해 보자. 행복이 사람의 신체 어디에 위치해 있을까? 기쁨은 사람의 몸 밖으로 퍼져나가는 감정일 것 같다. 그렇다면 사람 몸 주변에서 빛나는 모습으로 표현할 수 있을 것이다. 당신이 표현하고자 하는 감정이 사람의 어디에 위치해 있는가?

공간 사람 그리기

우리는 허공에 존재하지 않는다. 실재하는 공간이든 상상

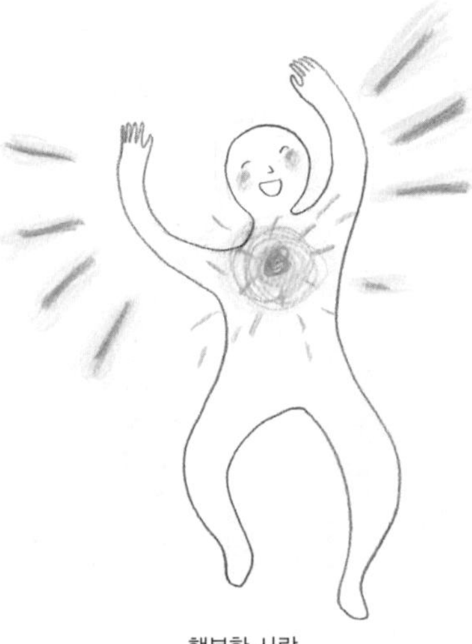

행복한 사람

속 공간이든 우리는 늘 어떤 공간에 놓여 있다. 감정 사람 주변에 공간을 그려서 그 사람이 어디에 있는지를 표현해 보자. 공간은 아주 간단하게 표현이 가능하다.

사람이 땅 위에 굳건히 서 있는 것을 표현해 보자. 바닥에 아무 선이 없을 때는 허공에 떠 있는 것 같던 사람이 발밑에 선을 하나 그려 넣음으로써 땅에 서 있는 단단한 느낌이 들 것이다.

사람 머리 위에 굵은 선 하나를 그려보자. 갑자기 하늘이 무너지기라도 할 듯 답답한 느낌이 들 것이다.

발아래 구름 한 점을 그려보자. 하늘을 둥둥 떠다니고 있다는 신호이다.

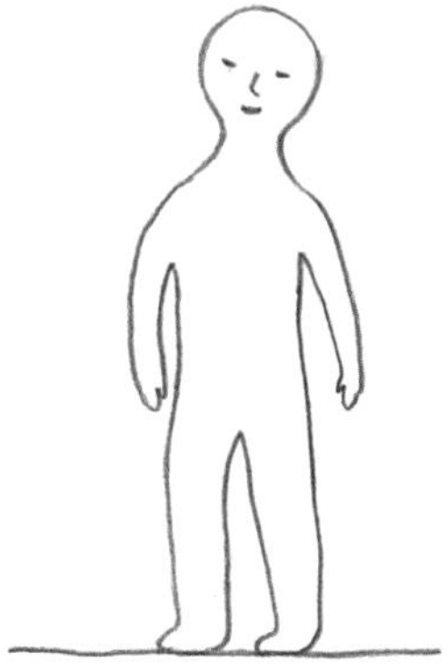

땅 위에 서 있는 사람

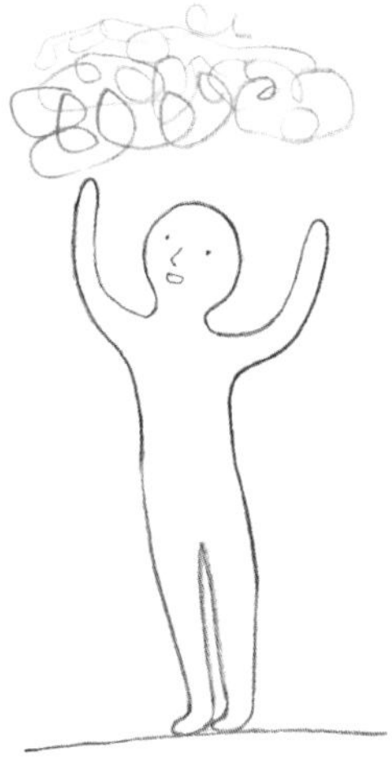

머리 위로 하늘이 가까이 있는 사람

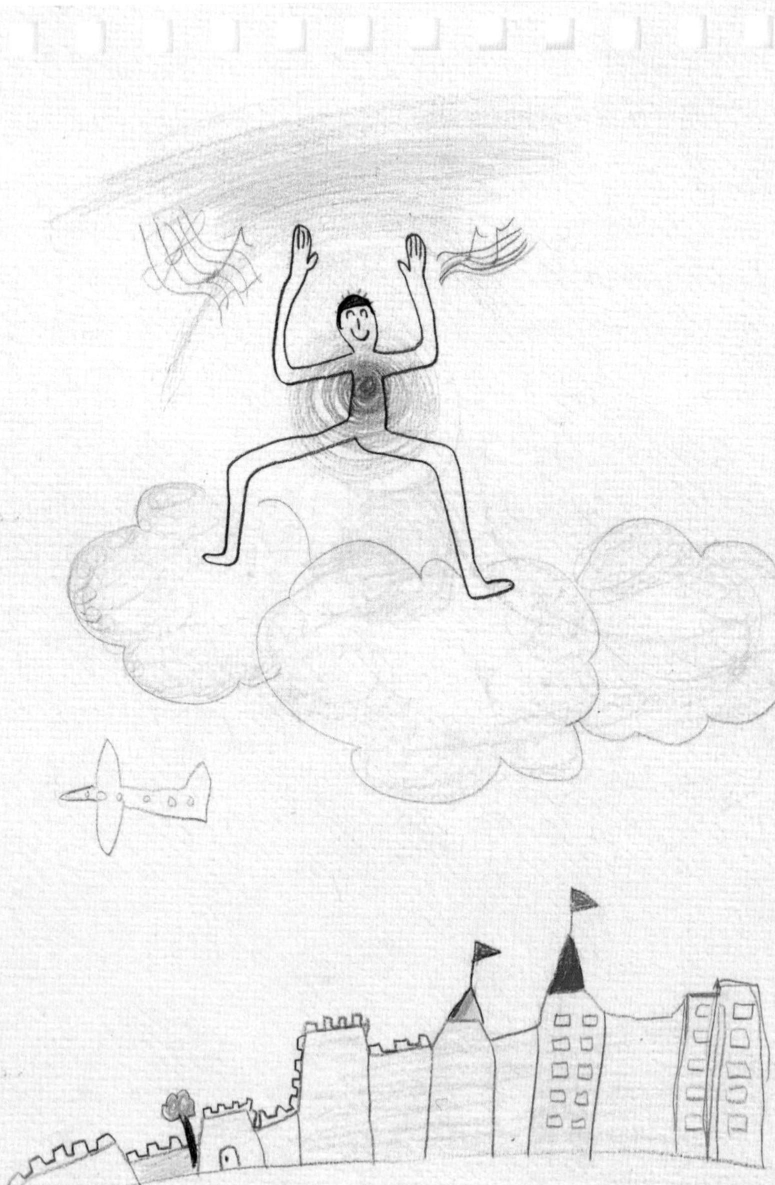

하늘을 나는 사람 (by 자유)

사람 주변을 에워싸는 네모를 하나 그려보자. 네모의 크기에 따라 건물 안에 있는 것 같거나 방 안에 있는 것 같거나 상자 안에 답답하게 갇혀 있는 것 같은 느낌이 들 것이다.

또한 공간은 그림 속의 사람을 바라보는 자신의 시점을 표현하기도 한다.

감정을 다루는 방법

미술 치료에서 아주 많이 이야기되는 것이 보유 또는 담기holding이다. 엄마가 아기를 안아주는 것, 이것이 첫 보유의 경험이다. 아기는 스트레스를 받을 때마다 엄마 품으로 돌아가려고 한다. 엄마의 품은 감정을 보유하는 첫 원이다. 아이는 부모로부터 독립을 하면서 자신의 감정을 스스로 보유해야 하는 크나큰 미션을 받게 된다. 그런데 자신의 감정을 잘 보유하지 못하는 아이는 불안이나 화를 외부로 표출해 물건을 깨거나 누구를 때리는 방식으로 그 감정을 드러내거나, 반대로 감정을 내면으로 흡수해 버려서 불안 또는 우울해지거나, 감정이 마비가 되어 무감각이 되거나 한다.

우리는 성인이 되면서 감정을 자기 안에 잘 숨겨두어야 한다고 배운다. 자라면서 우리는 감정을 보유하는 대신 감정을 잘 숨기는 것을 어른스러움이라고 배운다. 외로워도 슬퍼도 웃는 캔디는 안방 텔레비전 속에서 끝도 없이 반복되는 여주인공 캐릭터로 나오고, 자신의 감정을 표현하지 못해 무뚝뚝한, 성공한/돈 많은/유명한 남자 주인공 역시 반복되는 캐릭터로 등장한다.

너무나 슬픈 일을 겪어서 우는 사람에게 우리는 "울지 마"라고 말한다. 기분이 좋아서 몸을 흔들며 웃는 사람은 경박스럽게 여긴다. 불쾌함을 표현하는 사람은 사회에서 성공하기 힘들며, 늘 웃는 낯으로 사람을 대하되 웃어재끼지는 않는 사람을 선호한다. 웃느라 입가에 경련이 일어날 상황이라고 해도 우리는 감정을 보유하는 대신 조작하는 법을 배우고는 한다.

감정을 조작하는 것과 보유하는 것은 질적으로 다르다. 감정을 보유한다는 것은 감정을 솔직하고 온전하게 느끼되 안전한 테두리 안에서 경험하고 있는 것을 말한다. 감정이 터져서 밖으로 삐져나오거나 안으로 스며들어 자신을 아프게 하는 대신 우리는 그 안의 젤리 같고 두부 같은 물컹거림을, 차가움을, 연약함을 그대로 느끼면서도 잘 들고 있을 수 있다. 밖으로 터지지도, 안으로 스며들지도 않는다. 때로 보유는 이렇게 물 풍선같이 연약할 수도 있고, 007 가방처럼 단단할 수도 있으며, 투명한 그릇 같아서 속을 직시할 수도 있고, 깊은 옹기 같은 것에 넣어두고 꺼내어볼 때를 기다려야 하는 것일 수도 있다.

보유의 작업은 자신이 보유하고자 하는 감정을 잘 느끼고 바라보는 것에서부터 시작한다. 이것이 슬픔인지 기쁨인지 두려움인지를 알아야 그것에 맞는 보유 용기容器와 방법을 찾을 수 있다. 어디다가 보유할 것인가? 이 감정을 보유하기에 적당한 그릇은 어떤 것일까? 지금 내가 들고 다니기에 좋은 용도여야 할 수도 있고, 혹은 내 안에 잘 저장해 두기에 적합한 것이어야 할 수도 있고, 지금은 감당할 수 없으므로 어디에 떼어놔 두기 좋은 것이어야 할 수도 있다. 감정을 누르는 대신 이 감정이 가고 싶은 곳으로 가게 해주자. 기다려달라고 하면 기다려주고, 숨겨달라면 숨겨주자. 다음의 예를 보자.

1. 문제 덩어리가 있다. 고통일 수도 있고 밤잠을 설치게 하는 고민일 수도 있다.

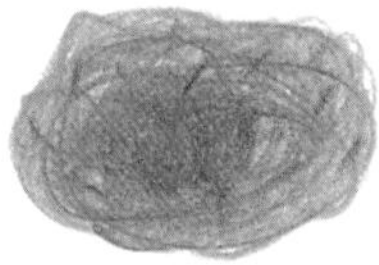

2. 문제 속에 자신이 빠져 있다. 자신의 몸속과 자신의 주변에 온통 그 문제밖에 안 보인다.

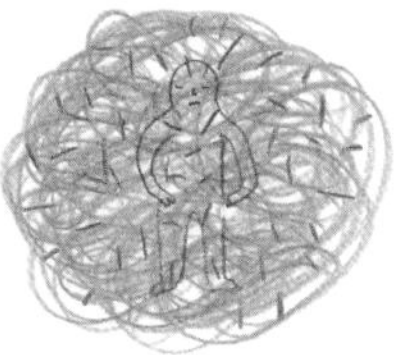

3 문제의 핵이 몸 안 어딘가에 있다. 예로 가슴속에 있다.

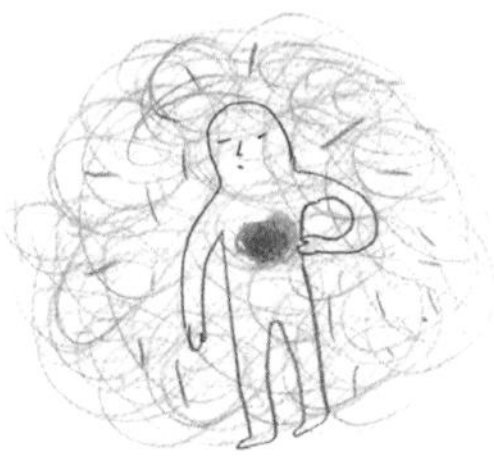

4 문제를 몸 밖으로 끄집어낸다.

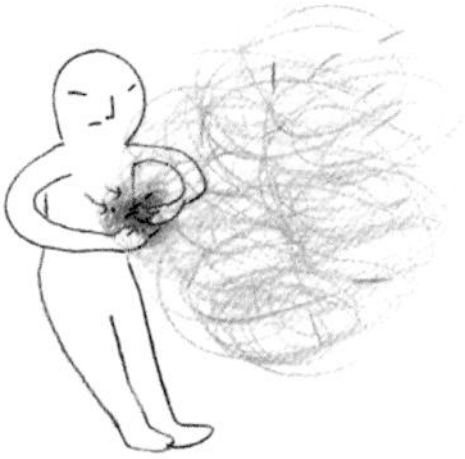

5 문제를 손 위에 두고 요리조리 살펴본다.

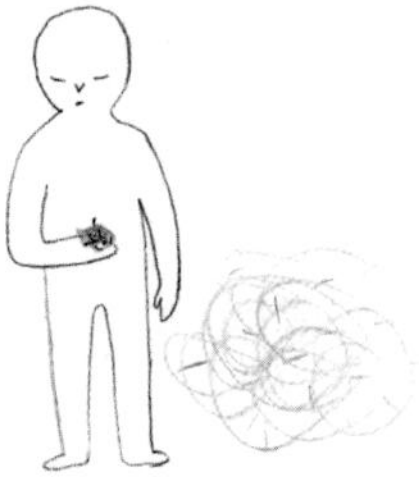

6 문제를 알맞은 용기에 넣는다.

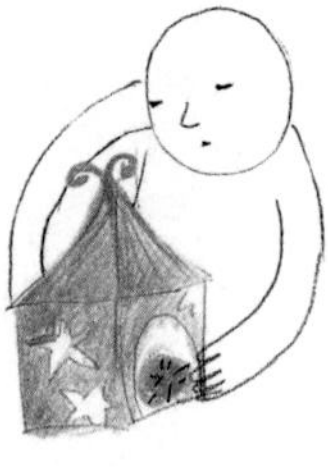

7 용기를 적당한 장소에 안전하게 둔다.

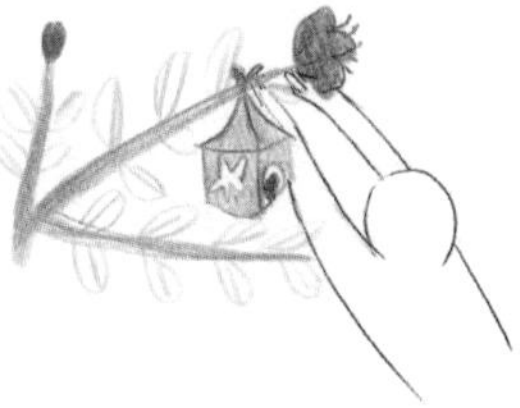

8 이렇게 문제를 안전하게 보관해두고, 자신의 일상을 산다.

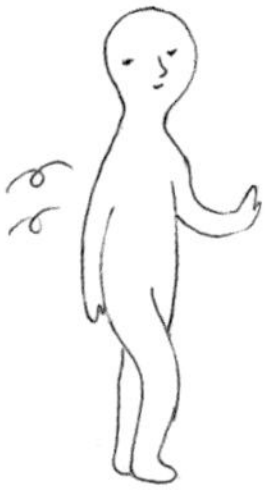

위의 보유 방법은 지금 당장 해결할 수 없는 감정을 자기 안에 잘 담아뒀다가 차차로 해결해 가는 것으로 지금 현재의 일상을 살기 위한 방법이다. 감정이 바로 해결되지 않을 때는 위와 같은 방법으로 감정을 잘 담아두었다가 더 안전하고 더 적극적으로 대응할 수 있을 때 꺼내서 다루면 된다. 다루어지지도 않고 잘 보유되지도 않는 감정은 우리를 휘몰아대는 경향이 있으며, 그런 상태가 되면 자신과 타인에게 공감을 보내기 힘들다.

감정을 잘 소화하여 해소하거나 아니면 잘 보유하여 감당

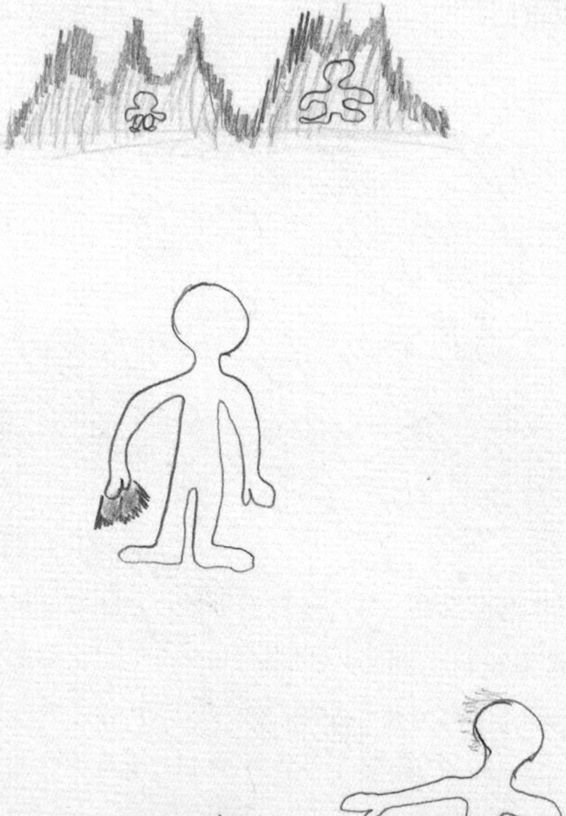

분노를 버리는 사람 (by 유지태)

하는 힘을 기르는 것이 미술 치료를 통해 감정을 다루는 두 가지 방법이다. 부흥회에 참석하여 영적인 체험을 하거나 한바탕 굿판을 벌여 모든 악귀를 다 몰아내 버리고 싶은 생각이 들 수도 있겠지만, 감정이 갖는 불편함과 묵직함, 어색함을 더 잘 보유함으로써 그 감정이 우리에게 전하는 목소리를 잘 듣고 잘 감당하고 잘 보내는 사람이 될 수 있다.

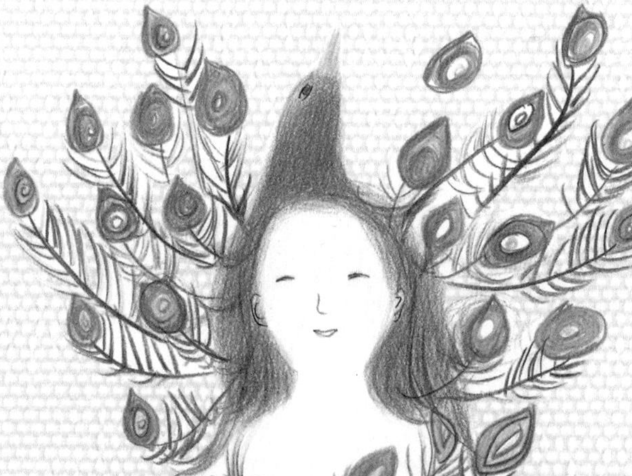

변화를 위해
매일 만나는
그림 일기

왜 그림 일기인가?

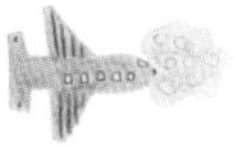

"어느 날, 나는 뒷마당에서 우리 집 개가 노는 모습을 지켜보고 있었다. 녀석은 이리저리 달리기도 하고 꽃향기를 맡거나 다람쥐를 뒤쫓기도 하고 공중으로 껑충 뛰어오르기도 하면서, (개를 의인화해 보자면) 자신이 살아있다는 사실에서 느낄 수 있는 크나큰 기쁨을 표현했다. (확신하건대) 우리 집 개는 자신이 살아있음을 만끽했지만 옆집 개가 살아있음에서 느끼는 것보다 자신이 기쁨을 더 많이 느낀다고 생각하거나, 그것 때문에 우쭐하지는 않았을 것이다. 그저 자신의 존재에 기뻐하고 있었다. 이 장면에는 내가 이해하는 건강한 자존감의 경험이 어떤 것인지 그 본질이 정확히 담겨 있다."

— 너새니얼 브랜든, 《자존감의 여섯 기둥》, 51쪽

일상을 보살피는 예술의 방식은 아주 다양하다. 노래를 부를 수도 있고, 춤을 출 수도 있고, 매일매일 먹는 음식을 아름답게 요리할 수도 있다. 이 책에서는 창조적인 수많은 방법 중에서 '그림 일기'를 소개하는데, 그 이유를 간단하게 말하자면 이렇다.

첫째, 미술은 무의식과 의식이 소통하는 언어이고, 둘째, 그림은 삶의 모형으로서 삶 전체를 볼 수 있게 한다. 건축가들이 건축물을 짓기 전 먼저 그것을 이해하기 위해 모형부터 만드는 데서 알 수 있듯이, 그림도 복잡한 삶을 축소시킨 일종의 모형으로서 삶 전체를 이해할 수 있도록 도와준다. 셋째, 매일매일 만나는 일기의 형식이 일상의 리듬을 만들기 때문이다. 넷째, 변화를 이루는 가장 확실한 방법은 시각적으로 상상하는 것으로, 이는 우리가 시각화된 상상을 이미 일어난 일로 인식을 해서 상상한 대로 믿고, 믿는 대로 행동하기 때문이다.

미술은 무의식과 의식이 소통하는 언어이다

인간은 이미지로 상상을 하고, 이미지로 기억을 하고, 이미지로 꿈을 꾼다. 이미지는 무의식의 언어이고, 미술은 이미지를 드러내는 행위이다. 우리는 두 발을 의식의 땅에 딛고 살고, 또 당연히 그래야 하지만, 이와 동시에 내면의 깊은 흐름에서만 만날 수 있는 자신의 모습들도 있다. 이것은 내가 짜서 입고 있는 고치 안, 내 피부가 되어버린 비늘 안에 있으며, 내가 안다고 생각하는 에고의 지식 또는 조정하고 컨트롤하는 의식 아래에 있는 흐름이다.

그런데 우리는 이미지로 생각하고 이미지로 소통하는 방식과 멀어지면서 자신의 내면으로 들어가는 길을 잃어버린 것 같다. 꿈은 우리에게 숙제를 던져주기도 하고, 속마음을 상징적으로 보여주기도 한다. 그런데 꿈을 이미지로 보지 않고 언어적 해몽의 영역으로 보면서, 꿈 사전을 뒤지고 해몽해 줄 사람을 찾는 등 꿈을 해석하는 버릇을 들이게 되었다. 이에 따라 이미지의 풍부함을 죽이고, 자신만이 해석할 수 있는 주관적인 상징어를 내던져버렸으며, 누군가가 만들어놓은 해석의 틀에 맞추기 급급하게 되었다.

이렇게 해석당한 이미지는 더 이상 이미지의 풍부함을 가질 수 없게 된다. 해석은, 해석한 만큼만 이미지가 보이도록 단순화시키기 때문이다. 겹겹의 맥락과 의미가 동시에 존재하는 그림을 보고 "이것은 ~이야"라고 말하는 순간 그것 외에는 보이지 않게 되는 것이다.

이미지가 무의식의 언어라면, 미술은 이미지를 만질 수 있고 볼 수 있는 구체적인 형태로 만드는 행위를 말한다. 그림으로 내면의 작업을 하는 것은 자신의 내면에 적극적으로 말을 거는 행위이다. 미술은 상상의 언어이고, 믿음의 언어이고, 모든 인류와 전통을 통틀어 주술과 신비의 언어였다.

그런데 우리는 이 언어를 잘 쓰지 않고 산다. 현실에서 그림, 이미지, 상상의 역할이 필요 없는 듯 행동한다. 무의식의 이미지를 불러들이고 무의식에 말을 거는 미술을 더 이상 하지 않게 되면서 이미지를 창조하고 선택하는 대신 이미지를 소비하게만 되었다. 누군가가 만들어놓은 이미지에 영향을 받을 뿐 아니라 매체를 통해 쏟아지는 이미지화되고 평면화된 타인의 삶의 이미지들을 자신도 욕구하게 된 것이다. 미술을 통해서 우리 자신의 이미지들과 만나면, 우리를 에워싸고 있는 욕망의 이미지들이 끌어당기는 힘으로부터 조금은 자유로워질 수가 있을 것이다.

그림은 삶의 작은 모형이다

예술은, 특히 미술은 말이 멈출 때 힘을 발휘한다. 몸 밖으로 빠져나오고자 하는 감정들, 날것의 감각들이 말의 언어로는 연결이 되지 않지만, 시각적인 그림을 통해서 터져 나올 길을 마련할 수 있다. 이렇게 만들어진 작품의 또 다른 특징은 자신의 감정과 거리 조정이 가능하다는 것이다.

예를 들어 불안감이 클 때 우리는 마치 우리의 존재 전부가 불안에 압도당하는 느낌을 받고는 한다. 그런데 불안을 손바닥만 한 종이에 그려서 표현한다면, 같은 불안의 감정, 빛깔, 느낌이라도 압도당하는 느낌은 많이 줄어들 것이다. 마치 불안이 작품으로 옮겨지는 느낌이 들어서, 작품을 물리적으로 가까이 하거나 멀리하는 방식으로 심리적인 거리감을 조정할 수 있다. 그리고 거리두기가 가능해지면 내 감정에 압도당하지 않고 그 감정의 전체를 보면서, 감정이 어디서 시작하고 어디로 움직이는지, 어디서 끝나고 어디로 움직이고 싶은지를 볼 수 있게 된다.

타인의 문제보다 자신의 문제를 더 잘 못 보는 이유는, 중이 제 머리 못 깎고 치료사가 자기 문제를 못 푸는 것과 마찬가지로 문제를 내면의 전체적인 경험으로 느끼기 때문이다. 문제 속에 내가 빠져 있을 때 창조적으로 문제를 풀기란 정말 힘들다. 먼저 문제를 내 몸 밖으로 끄집어내야 문제가 어떻게 생겼는지, 처음과 끝이 어디에 있는지, 어디에 엉킴이 있는지 알 수 있다. 이 과정을 미술 치료에서는 '외재화外在化'라고 부른다. 자신의 내적인 경험을 바깥으로 끌어내면 바라보기가 가능해진다. 이것이 미술 치료에서 '치료'의 핵심이다.

그림 일기가 일상의 리듬을 만든다

《서른 살이 심리학에게 묻다》《오늘 내가 사는 게 재미있는 이유》 등의 베스트셀러를 펴낸 정신과의사 김혜남 선생님이 책에 사인을 해줄 때 늘 쓰는 표현이 있다. "삶을 축제처럼!" 국립정신병원 의사로 일하면서 시부모님을 모시고, 역시 의사인 남편을 내조하고, 자식들을 키우고, 저술 활동까지 하며 열심히만 살았는데, 한창인 나이에 파킨슨병에 걸려버렸다. 처음에는 너무나 억울하고 서러웠다고 한다. 그러다가 느낀 것이 '내가 삶을 숙제처럼 살았구나!' 하는 것이었다.

지금 선생님은 투병중이다. 약 기운이 있는 몇 시간만 겨우 움직일 수 있는, 절망에 빠지기 너무도 쉬운 상황이다. 실제로 절망하실 때도 있다. 하지만 주어진 가능성 안에서 삶을 어떻게 축제처럼 살지 생각하고, 손님을 위해서 본인은 한 모금도 못 마시는 최고의 커피를 내려주고, 온갖 이야기로 웃고 웃겨주고, 이상하게 때로는 아름답게 춤을 추면서 "삶을 축제처럼!"이라고 외치신다.

나 역시도 삶을 축제처럼 살고 싶은 사람이다. 늘 그런 바람으로 살아왔다. 반짝이는 삶의 순간들이 좋고, 일상을 잊게 하는 몰입의 순간들이 좋다. 늘 반복되는 습관에 따라 행동하기보다 매 순간의 선택이 좋다.

생각해 보면 어렸을 때부터 숙제하기를 아주 싫어했다. 내가 하고 싶은 것에는 어마어마한 몰입과 노력을 쏟지만, 해야만 하는 것은 쉬운 것도 그렇게 하기 싫을 수가 없었다. 그러다가 해야만 하는 일들, 즉 삶의 숙제들을 해야겠다고 결심을 했다. 왜냐하면 숙제를 해놓지 않으면 언제라도 예고 없이 펼쳐지는 축제의 장에 들어갈 수 없다는 것을 깨달았기 때문이다.

김혜남 선생님도 삶을 축제처럼 산다는 것이 재미있는 것만 하라는 말이 아니라고 덧붙였다. 삶을 축제처럼 산다는 건 축제를 만들기 위해 준비하고 노력하고 축제 후에 청소까지 하는 전 과정을 이야기하는 것이라고. 오래된 친구이자 미디어 아티스트인 이준 작가의 말을 빌리자면, "예술가는 하루 작업실 안 간다고 아무도 뭐라고 하지 않는다. 하루가 아니라 매일매일 아무 작업도 안 한다고 해도 누가 뭐라고 하지 않는다. 하지만 그렇다고 정말 아무것도 안 하다가는 자기만 망한다."

이것이 현실적으로 무슨 말인가 하면, 영감이 있을 때만 그림을 그리고 글을 쓰는 것이 아니라 평소에도 꾸준히 쓰고 그리라는 말이다. 그리고 창의적인 순간을 위해서 자리를 미리 만들어놓아야 한다는 뜻이다. 나는 창조하는 순간 모든 재료들을 꺼내 쫙 펼쳐놓는 것을 좋아한다. 방 안이나 작업실이 아주 난장

판이 된다. 그 순간 내 안에 펄떡거리는 무엇을 느낀다. 하지만 그 펼침의 순간을 누리기 위해서는 평소에 정돈을 해놓지 않으면 안 된다는 것을 깨달았다. 비어 있지 않으면 펼칠 공간이 없고, 평소에 정리가 되어 있지 않으면 펼칠 것들을 찾지 못한다. 그러니까 내가 청소와 정리를 하는 이유는 정리정돈된 상태를 유지하고 싶어서라기보다는, 때가 되면 망설임 없이 쫙 펼쳐놓고 창조적인 작업을 할 수 있도록, 즉 마구 어지럽히기 위해서이다.

우리의 삶은 숙제이고 축제이다. 숙제처럼 사는 사람은 축제를 만끽할 수 없지만, 축제만 따라가는 사람의 삶은 삐끗거릴 수밖에 없다. 그리고 숙제처럼 살든 축제처럼 살든 우리의 삶을 지탱하는 것은 일상이다. 우리는 궁극적으로 일상을 벗어나서는 건강하게 살 수가 없다. 썰물과 밀물의 반복, 낮과 밤의 반복, 깨어 있는 시간과 잠자는 시간의 반복이 만들어내는 일상은 지구의 생명 있는 모든 것들이 따라 사는 리듬이다.

우리의 리듬은 해와 달과 별들의 움직임에 맞추어져 있다. 우주적인 리듬과 일상의 리듬은 하나이며, 이 리듬을 거스르고는 건강하게 살 수 없다. 늘 변화하는 날씨에도 불구하고 전체적으로는 항상성homeostasis을 유지하는 자연처럼(물론 인간이 항상성을 흔들고 있지만) 매일의 그림 일기가 파도치는 삶에서 고요한 중심을 만들어줄 것이다. 이런 하루하루가 쌓여서 일상과 삶 전체의 리듬이 조화로워지고, 현실을 직시하는 힘과 가능성을 상상하는 힘이 커질 것이며, 당신이 상상하는 변화를 직접 살게 될 것이다.

상상을 그리는 것은 변화를 이루는 가장 확실한 방법이다

시각적으로 상상을 한다는 것은, 간단하게 말하면 미래에 일어날 일을 이미지로 미리 본다는 뜻이다. 시각 정보는 인간이 외부로부터 받아들이는 정보의 70~80퍼센트를 차지한다고 하는데, 실제로 보는 것과 마음의 눈으로 상상하는 것이 두뇌의 입장에서 보면 별로 차이가 없다. 시각적으로 동일한 상상을 하면 할수록 그 일이 이루어질 수 있다는 믿음이 커질 뿐만 아니라, 실제로 리허설을 한 것과 같은 효과가 있다.

골을 넣기 전에 자신이 골을 넣고 있는 장면을 상상하는 방법은 농구 선수 마이클 조던, 골프 선수 타이거 우즈 등 수많은 운동 선수들이 쓰는 방법이며, 매번 올림픽에서 금메달을 휩쓰는 우리나라의 양궁 선수들에게도 중요한 훈련법이다. 상상하는 것과 실제로 하는 것 사이에 차이가 별로 없다는 것을 증명하는 연구는 아주 많이 나와 있다.

이런 연구 중에서 하버드 연구라고 불리는 실험이 흥미롭다. 피아노를 한 번도 배우거나 쳐본 적이 없는 사람들을 대상으로 한 연구였는데, 한 그룹의 피실험자들에게 5일 동안 하루 두 시간씩 다섯 손가락을 움직이는 간단한 피아노 연습을 시키면서 메트로놈 1분에 60번의 속도에 맞추어 반복하게 하였다. 5일 후 그들의 뇌에 TMS 테스트Transcranial Magnetic Stimulation(경두개 자기 자극. 자기장을 이용해 머리에 전류를 흘리는 방식)를 실시해 보았다. 단 5일 간의 연습을 통해서 손가락의 움직임에 관여하는 운동 피질이, 연구진의 표현에 의하면 "마당에 민들레가 퍼진 것처럼" 확대된 것을 확인할 수 있었다. 이 결과는 성인의 뇌가 성장을 멈추면서 더 이상 변화하지 않는다는 연구를 반박하는 증거로 쓰이기도 한다.

연구진은 여기에서 멈추지 않고, 이번에는 다른 그룹의 피실험자들에게 똑같은 환경, 똑같은 피아노 앞에서 하루에 두 시간씩 똑같은 방식으로 피아노 연습을 하는 상상만 하게 하였고, 5일 후 똑같은 방법으로 뇌를 테스트하였다. 그 결과 실제로 피아노를 친 사람의 뇌와 구분이 안 될 만큼 뇌가 비슷한 구조적 변화를 보였다고 한다.(Sharon Begley, "The Brain: How the Brian Rewires Itself," *Time Magazine*)

이런 연구들을 보면, 마치 결과를 상상하는 것만으로 원하는 것을 얻을 수 있다고 생각할지도 모르겠다. 하지만 자신의 노력과 관계없는 결과를 상상하는 것은 별로 도움이 안 된다고 한다. 건강해지고 싶다면, 건강해지기 위해 어떤 운동을 어떻게 할지 그 과정을 상상할 수 있어야 하며, 어느 날 갑자기 완벽한 몸이 되는 것을 상상하는 것은 소용이 없다.

위의 실험을 예로 들자면, 피아노를 치기 위해서 소근육을 발달시키려면 피아노의 원리라든지 피아노 위에서 손가락이 움직이는 방식을 알거나 배워서 구체적인 과정을 상상해야지, 피아노의 원리도 모르고 무조건 내려치는 모습만 상상해서는 피아노를 잘 치게 되는 쪽으로 몸의 변화가 있을 수 없다. 즉 원하는 결과를 상상하지 말고, 원하는 것을 이루기 위해서 자신이 노력하는 과정을 상상해야 한다. 그리고 그러한 상상을 하려면 어떠한 노력이 필요한지에 대한 탐구가 있어야 한다.

그림 일기는 자기가 원하는 변화를 이루기 위해 어떠한 노력이 필요한지 탐구하고, 필요한 과정을 리허설하고, 변화된 모습을 가시화하는 작업이라고 할 수 있다. 다른 말로 하면 원하는 미래를 요술처럼 만들어내는 방식이 아니라, 그 변화를 위해 스스로를 변화시키는 방법이다. 자신의 마음을 열고, 새로운 삶의 패턴을 만드는 연습을 하고, 새로운 관계를 맺을 수 있는 믿음과 동기를 키워서, 필요한 행동을 하게끔 하는 방법인 것이다.

이러한 과정을 시각화를 통해서 리허설하려면 이미지를 마음속에서 명료히 하고 또 이를 지속적으로 해나가는 훈련이 필요하다. 하지만 그림을 그리면 많은 훈련이 필요한 시각화 명상과 달리 이미지가 잘 잊히지 않고, 실제로 그려진 이미지가 사라지는 일도 없다.

십대 말, 그 당시 엄청 인기를 끌었던 시각화 명상을 책으로 접했던 적이 있다. 그 책에 소개된 첫 연습은 사과를 상상하고, 사과의 상을 마음의 눈으로 계속 보고 있다가, 또렷해지면 사과를 마음속에서 돌려보라는 것이었다. 보일 듯 말 듯하다가 마음은 계속 딴 곳으로 돌아다니고, 결국 첫 연습도 넘기지 못하고 포기했다. 하지만 그맘때에 데생 책을 보고 연필로 명암을 주며 그렸던 사과는 지금도 또렷이 기억한다. 잊으려야 잊히지 않는다.

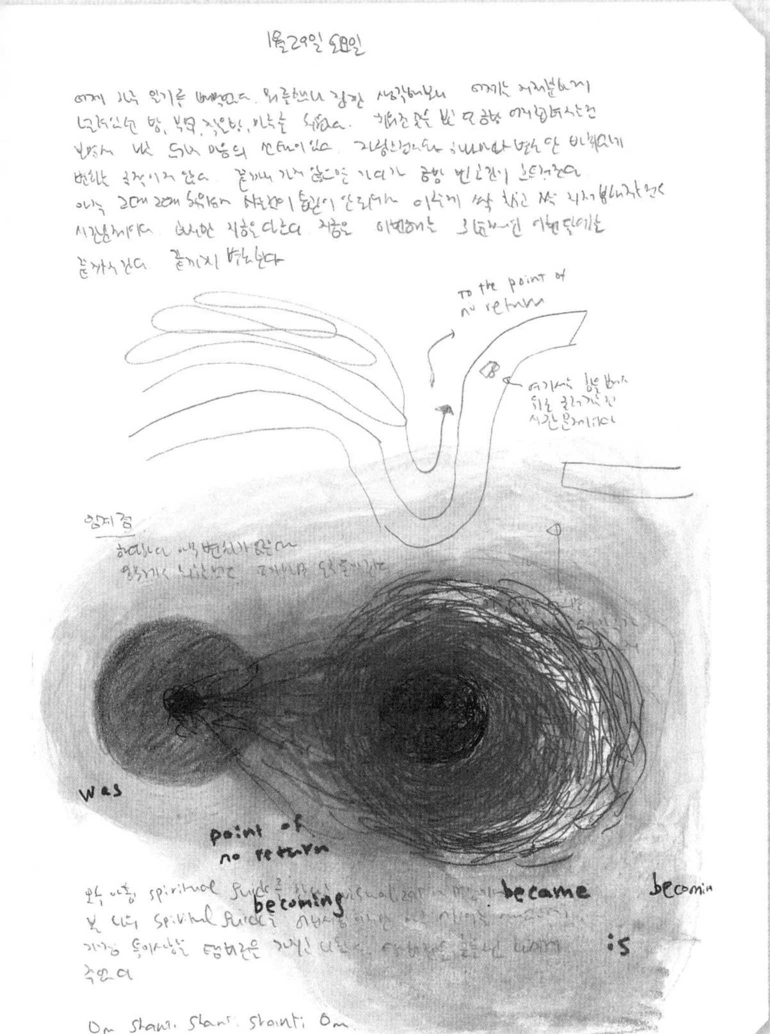
1월29일 토요일
To the point of no return
임계점
was
point of no return
becoming
became
becomin
is
Om Shanti Shanti Shanti Om

그림 일기의 효과

“자기 수용이라는 개념을 이해하는 데 어려움을 느끼는 사람들의 특징은 두 가지 잘못된 가정을 한다는 것이다. 하나는 자신이 누구이고 어떤 사람인지 받아들일 경우, 자신에 관한 것을 모조리 받아들여야 한다고 믿는 생각이다. 다른 하나는 자신이 누구이고 어떤 사람인지 받아들일 경우, 변화나 발전에 무관심해진다고 믿는 생각이다. ‘난 나 자신을 받아들이고 싶지 않아! 난 나 자신과 달라지는 방법을 배우고 싶을 뿐이야!’ 그러나 자신이 누군지 받아들일 수 없다면, 어디서 개선의 여지를 찾을 것인가? 자신이 누구인지 부정한다면, 어떻게 성장의 영감을 얻을 것인가? 무엇인가를 받아들이는 것은 변화의 전제 조건이다. 여기에 역설(모순이 아니라 역설이다)이 있다. 무언가를 부정하면 그대로 정체된다.”

— 너새니얼 브랜든, 《자존감의 여섯 기둥》, 173쪽

변화는 지금 여기here-and-now에서만 가능하다. 우리는 자신의 모습을 벗어버리고 남의 모습을 입으려고 노력하는데, 아무리 노력해도 신데렐라가 12시 땡 하면 자신의 모습으로 돌아오는 것처럼, 우리는 결국 우리 자신밖에는 만날 수 없지 않은가. 변화는 지금 여기 당신이 있는 곳, 당신의 현재 모습 그대로, 당신이란 존재를 온전히 받아들일 때에만 가능하다. 어쩌면 변화보다 힘든 것이 지금의 자기 모습을 받아들이는 것일지도 모른다.

사람들이 변화를 위해서 자주 쓰는 두 가지 전략 가운데 하나는 내가 왜 이렇게 되었는지 원인을 따지는 것이다. 내가 왜 태어났는지를 알기 전에는 직장을 가질 수 없다며 오랫동안 무직인 채로 살아가는 사람을 만나본 적도 있고, 고통스러운 자신의 삶이 의미가 없게 느껴져서 삶의 의미를 깨닫기 전에는 제대로 살 수가 없다고 깨달음의 순간을 가만히 앉아서 기다리는 사람도 만난 적이 있다. 고통 속에 있으면서도 자신의 문제를 이해하기 전에는 앞으로 나아갈 수 없다고 하는 사람들은 독화살을 맞고도 뽑지 않고 있는 전장의 장수와도 같다.

전장에서 장수가 어디선가 날아온 독화살을 맞았다. 주변에 있던 군사들이 서둘러 독화살을 뽑으려고 하자, 정작 화살을 맞은 장수는 화살을 뽑지 못하게 하고는 다음과 같이 물었다.

"이 화살은 무엇으로 만들어졌고 누가 쏘았는가? 화살의 독은 어떤 성분의 것이며, 화살의 깃은 매 털인가 닭 털인가?" 이런 것들을 따지다가 독이 퍼져 죽었다는, 조금은 허무한, 부처님이 해주셨다는 이야기다.

물론 지금의 나를 알려면 먼저 과거의 나를 이해해야 알 수 있다. 그런데 아무리 자기의 기억과 과거의 역사를 파고 또 파도 모를 일들이 있다. 그렇다고 해서 지금 현재 내 몸에 박혀 있는 화살을 그대로 둘 것인가? 확실한 답을 구할 수 없다고 확실한 답이 없는 삶의 미스터리까지 거부할 것인가? 아니다, 일단 독화살을 뽑고 볼 일이다.

변화를 위해서 자주 쓰는 또 다른 전략은 염원을 강력하게 하는 방법이다. 바라고 기도하고 믿으면 우리보다 더 높고 넓고 위대한 어떤 존재가 이루어준다는 것은 인간의 역사만큼 오래된 믿음이다. 그리고 기도, 바람, 염원은 아주 오랫동안 미술의 영역이었다. 인류 역사를 통틀어 미술은 늘 인간의 바람을 우리가 모르는 어떤 신비한 힘에게 아뢰는 기도였다.

하지만 이 기도는 자신의 가장 깊은 곳을 만날 때 발현이 된다. 동굴 벽화를 봐도, 인류의 조상들은 동굴의 가장 안쪽, 간신히 기어서 들어갈 수 있는 가장 깊은 곳에 들어가서 자신의 염원을 그렸다.

변화를 위해서 반드시 필요한 단계가 지금 여기의 자신을 받아들이고 그러한 자기와 공감하는 것이다. 그런 다음에 변화의 모습을 상상하고 그리는 것이 그림 일기가 취하는 변화의 방식이다.

여기서 공감이란, 아픔을 인정하고 아픔을 기꺼이 느끼겠노라 하는 의지이기도 하다. 여기에서 중요한 단어는 '기꺼이'이다. 기꺼이 한 선택은 나와 내 아픔 사이의 경계를 열어준다. 경계가 열릴 때 아픔의 통로만 열리는 것이 아니라, 측은지심, 연민, 사랑의 마음 또한 열려서, 고통을 경험해도 두렵지 않고 아파도 깊어지는 경험을 할 수 있다.

내면의 성장을 위한 모든 변화는 공감에서 시작되어야 한다. 나 자신과 공감을 한다는 것은, 나의 감정을 모두 인정하고 받아들인다는 것이다. 회피하고 누르던 방식에서 벗어나서 모든 감정을(분노를, 고통을, 슬픔을) 나의 것으로 인정하고, 나름대로 이유가 있음을 이해하고, 그리고 기꺼이 느끼겠노라 마음을 여는 것이다.

물론 진정한 변화를 위해서는 그림 그리는 것만으로는 부족하다. 구체적인 생각의 변화, 행동의 변화, 삶의 패턴의 변화가 있어야 진짜 변화가 찾아온다. 그런데 변화된 모습을 상상할 수 없고, 변화가 가능하다는 믿음이 없다면 변화는 애초 그 가능성조차 열리지 않는다.

그림 일기는 우리의 믿음을 움직인다. 이 믿음은 내가 원하는 것을 이룰 수 있다는 믿음이 아니다. 그것은 바라는 결과를 만들어내는 자신의 능력에 대한 믿음이다. 이것을 다른 말로 '자기 효능감selfefficacy'이라고 부른다. 내가 할 수 있다고 믿게 하는 것, 가능성에 스스로를 열고, 변화의 움직임을 경험케 하는 것, 나는 이것이 미술이 하는 염원 또는 기도의 역할이 아닐까 생각한다.

심리학자 너새니얼 브랜든에 의하면 자기 효능감이 있다는 것은 절대 실수하지 않을 것이라고 확신하는 것이 아니라, "스스로 생각하고 판단하고 이해해서 실수를 바로잡을 수 있다는 자신감이다"라고 했다. "자기 효능감은 살면서 겪는 모든 문제를 극복할 수 있으리라는 확신이 아니다. 반드시 배워야 하는 것을 익히고, 자신의 가치 판단에 따라 주어진 과제와 도전을 해결하는 과정에서 합리적이고 양심적으로 행동할 수 있는 능력을 확신하는 것이다. 다시 말해 자기 효능감은 '과정'에 대한 믿음이고, 결과적으로 자신이 기울인 노력에 대해 성공을 기대하는 내적 경향을 말한다."(너새니얼 브랜든, 《자존감의 여섯 기둥》, 70쪽)

자기의 노력으로 도전과 과제를 해결하는 과정을 경험할 수 있다고 믿는 대신에, 어떤 과제나 문제 앞에서 시도도 하기 전에 스스로가 할 수 없다고 믿어버린다면 아마 이 또한 그 믿음대로 될 것이다. 그런데 미술을 통해 자신의 아픔과 공감을 하면 그 아픔을 움직일 수 있는 힘이 자기에게 생기는 신기한 일들이 벌어진다.

머리가 아픈 친구가 지끈거리는 자신의 머리를 그리고, 밝은 색의 파스텔로 '호~' 하듯 문질러주니 머리가 나았다고 했다. 차가운 얼음 바닥에 서 있는 모습을 그린 한 여성은 자신의 발이 이렇게 늘 차다고 했다. 땅을 녹여보자고 했다. 봄이 오니 얼음이 녹으면서 새싹이 올라오는 모습을 추가로 그렸다. 그렇게 그리고 나니 실제로 발이 따뜻해진다며 놀라워했다.

집단 치료에서 그림 선물 주기를 할 때도 이와 비슷한 일이 일어난다. 한 사람이 볕이 따뜻한 앞마당이 있었으면 좋겠다며 빈 마당을 그렸다. 그랬더니 누구는 꽃밭을, 누구는 뛰어노는 강아지를, 누구는 돗자리를, 누구는 돗자리 위의 음식을 그려주었다. 그림만을 주었을 뿐 진짜로 주고받은 것은 아무것도 없는데, 정말 뜰을 선물한 것처럼 선물을 받은 사람과 선물을 준 사람들의 얼굴에 기쁨이 반짝였다.

그림 일기를 통해서 당신은 자신의 무의식과 의식이 만나고, 현실과 상상이 만나고, 일상과 삶 전체의 리듬이 연결되고, 현실의 직시와 변화의 가능성이 연결되는 경험을 할 수 있다. 또한 당신 안에 있는 귀한 존재를 만날 수 있다. 나는 낙심되는 일이 있어서 주눅이 들고 우울하고 아무렇게나 살고 싶은 마음이 들 때, 내 안에서 나를 일으키는 존재를 만난다. 나를 무지무지 사랑하는 존재이다.

당신을 아주아주 사랑하고, 당신을 늘 지지하고 응원하고, 당신의 가능성을 펼쳐 열어 보이는 그러한 존재가 당신 안에도 있다. 그림 일기를 통해서 당신을 아주 깊이 사랑하는 이를 만나 보시기를 바란다.

나 나이 한국 나이로 45세 45세 1월.
지금 아는 것을 진작 알았더라면 어땠을까? 아니면 지금이어서 가능한 건가? 나는 더 어린 나에게 이런 것을 전달하고 싶다.
이제야. 아마 내 인생의 50%를 살은 것이다.
할머니가 되기 전 활동할 수 있거나 일찍 죽는 것은 가능하다고 본다면
나는 이미 내 삶의 70%를 살았거나 80% 살았을지 모른다.
일단 평균으로 생의 50%를 활동시기의 75% 즉 3분의 2는
살았다 치자. 많이 살았구나.

1	2	3	4	5	6
기억 나는 어린 시절	한국에서 캐나다 이민 가고 어두운 시간 이유를 모르고 죽도록 아팠다. 그러나 예술을 잡았다.	대학생, 대학원생 헤매던 20대 최고의 시작 그림, 방황 일, 사랑 비디오	한국에서 나비→새가 된 30대 코리아에 첫 날갯짓 미술 작품을 만들며 열심히 했다. 한국에 돌아오고 나서 이혼	40대 초반 제주도 작가 → 미술치료사	그리고 지금이 지금이다 지금이 지금...

이 단계들이 한 10번 쯤 가면 내 삶이 다 하겠구나.

1월 27일 수요일.

살아가는 기술 Life Skills

· 복잡한 감정을 무표정 습관 만들기.
· 삶과, 자신과 싸우지 않는다.
· 있는 그대로 자신을 사랑한다. "What would happen if I love myself truely as God loves me?"
· 운동을 좋아하는 걸로 만든다
· 음식은 precious +/or addiction. 삶을 즐기며 먹을 수 있어도 과식하게 해로운 게 될 수 있는가?
· 아름다움의 추구는 인간에게 필수적이다. 아름다움을 추구하는 것이 마땅하다.
· system이 잘 안 갖춰져 있으면 지극히 비효율 쌓이게 된다.
~~좋은 system (not perfect, but workable) system first.~~

~~이러한 예시는 삶의 한번은 그림 시작한다. (system 만들기)~~

- 창조를 하면 그날 내가 이긴 만족감이 있다.

· boundary, boundary, boundary practice boundary!

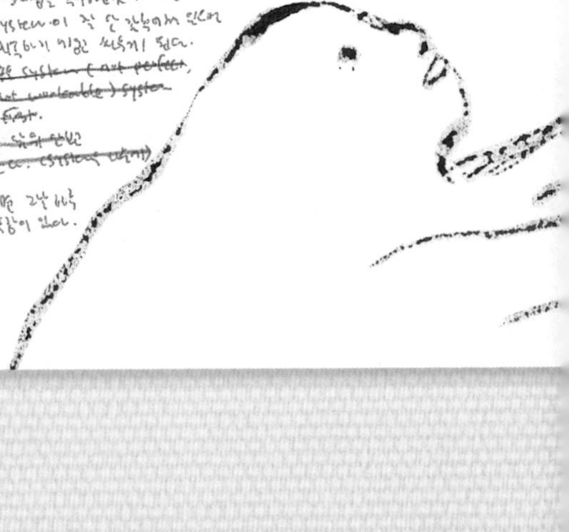

지금이다

변화를 위한 그림 일기의 기본 원칙

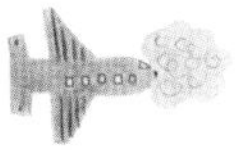

"내가 말하는 창조적인 삶이란…… 두려움보다 호기심이 이끄는 삶이다."

—Elizabeth Gilbert, *Big Magic: Creative Living Beyond Fear*, 9쪽

빈 종이의 두려움을 끌어안는다

컬러링북이 왜 이토록 전 세계적으로 인기를 끌까? 나의 추측은 이렇다. 예전이나 지금이나 사람들은 아름다움을 접하고 싶고 표현하고 싶지만 실패가 두렵다. 컬러링북은 밑그림이 이미 나와 있어서 실패의 두려움을 최소화하고 성공의 기쁨은 최대한 보장한다.

컬러링북을 즐겁게 칠하는 것이야 물론 좋은 일이다. 하지만 이것을 힐링의 방법으로 보는 것은 우리 사회의 단면을 정말 잘 보여준다고 생각한다. 문제를 직시하지 않고 옆으로 치워버리는 전략을 힐링이라고 부르는 것 말이다. 실패의 두려움을 치워버리는 방식은 창조의 방식도 아니고 치유의 방식 또한 아니다. 창조와 치유를 위해 필요한 방법은 용기를 구하는 것이지 두려움을 피하는 방식이 아니다. 그래서 나는 컬러링북을 힐링이나 테라피라고 부르는 것을 반대한다.

물론 '힐링'이라는 말의 의미가 "복잡한 것들에서 잠깐 쉼을 주고, 예쁜 색으로 완결하는 기쁨을 주는 것"이라면 이 작업이 힐링일 수 있겠다. 하지만 힐링의 본래 뜻은 부서지고 나눠지고 찢긴 것이 온전하게 되어가는 진행형(heal-ing)의 과정이다. 그렇다면 힐링은 빈 도화지의 막막함에도 불구하고 용기를 내어 나의 디자인, 나의 자국을 만들고, 실패를 경험하면서도 용기를 갖고 창조해 나아가는 과정이 되어야 할 것이다.

산다는 것은 채워야 하는 빈 종이를 자꾸자꾸 마주하는 일이다. 빈 종이의 두려움을 기꺼이 마주하지 않는다면 당연히 실패도 하지 않으려고 할 것이고 헤매려고 하지도 않을 것이다. 그렇지만 앞에서 말했듯이 헤매지 않으면 성장할 수도 없고 변화할 수도 없다.

빈 종이가 두렵더라도 그 두려움을 끌어안고 빈 종이에 점이나 선이나 색으로 자국을 만들어보자. 한두 번으로 삶이 변화하지는 않겠지만 그런 자국들이 모여 그림을 만들고, 또 그 그림들이 변화하면서 당신의 삶이 변화할 것이다. 변화하고 싶다고 말을 늘 하지만, 그제와 같은 어제, 어제와 같은 오늘을 살고 있지는 않은가? 낯선 것을 마주하는 두려움을 끌어안아야 오늘을 조금이라도 다르게 살 수 있다.

헤맬지 모른다는 두려움에도 불구하고 스스로 만드는 디자인과 스스로 만드는 그림을 따라가다 보면 자기를 믿는 힘이 생겨난다. 숫자를 따라 그리는 그림painting by number처럼 주어진 대로만 열심히 칠하면서 남들이 가는 길, 남들이 안전하다고 설정해 놓은 길만을 가다 보면 자신의 삶을 창조할 수 없다.

미로에서 길을 찾을 때처럼, 창조적이고 치유적인 여정에서 만나는 헤맴과 모름은 우리를 자신의 중심으로 안내하며, 이 중심을 통과할 때 우리는 변하고 성장한다. 두려움에도 불구하고 헤맬 수 있는 길을 나서는 용기를 우리는 그림을 그리면서 배울 수 있다.

그림 일기를 펼칠 공간과 재료를 확보한다

창조적인 작업을 하려고 마음을 먹을 때 한두 번은 자신의 의지로 그런 작업을 할 수 있고, 또 가끔은 영감이 퍼뜩 떠올라서 할 수도 있을 것이다. 하지만 이러한 작업을 계속하려면 기도 매트나 요가 매트처럼 펼칠 것과 펼치는 의식ritual, 펼칠 공간이 필요하다. 작업실이 있으면 그림을 그릴 수 있을 것 같지만 꼭 그렇지는 않다. 역사에서 많은 예술가들이, 특히 여성 예술가들이 삶과 작업의 공간을 분리하지 않고 방 한 켠이나 부엌 식탁에서 작품을 만들었다.

예술은 원래 삶하고 분리된 행위가 아니라는 점을 강조하고 또 강조하고 싶다. 일상의 예술을 할 때는 작업실보다는 일상적인 삶의 자리 한 켠에 그런 공간을 마련하는 것이 더 좋다. 간단한 그림을 그릴 정도의 공간만 있으면 되고, 스케치북과 색연필 정도의 펼칠 거리만 있으면 된다. 이 작은 공간이 기도 매트가 되고, 동굴이 되고, 자신을 만나는 골방이 될 수 있다.

그림 일기를 위한 미술 재료들을 바구니나 상자에 보관해도 좋고, 책상 서랍 하나를 그 목적으로 써도 좋겠다. 테이블의 한 귀퉁이에 쌓아놓아도 좋다. 아무리 내 삶이 정신없다고 하더라도 그 작은 공간만큼은 최소한의 미술 재료들을 꺼내 쉽게 펼칠 수 있게 하자. 예술은 영감이 올 때만 하는 행위가 아니다. 영감이 올 때를 기다리기만 한 위대한 예술가는 없다. 오히려 영감의 흐름에 다가가기 위해서 많은 예술가와 작가 들이 매일 같은 시간, 같은 장소에 나가 작업을 했다.

그림 일기에 필요한 기본적인 미술 재료에는 다음과 같은 것들이 있다.

- 스케치북 또는 선 없는 공책
- 색연필 12색
- 연필
- 지우개

색을 칠하고 싶은 사람이라면 일반 색연필 대신, 붓으로 물을 묻히면 수채화 느낌이 나는 수채 색연필을 준비해도 좋다.

매일 반복한다

미대를 다닐 때 밤샘 그림 작업을 많이 하다 보니 하루를 꼭 24시간으로 살아야 하나 싶었던 때가 있다. 하루를 48시간으로 살 수 있다면 어떨까? 이틀에 한 번만 자고, 이틀에 세 끼만 먹고, 하루가 아닌 이틀을 한 사이클로 본다면, 밤에 작업을 더 많이 할 수 있을 것 같았다. 감성이 깨어나는 밤 시간을 좋아하는 창조적인 일을 하는 사람들은 이런 옵션을 한 번쯤 생각해 보지 않았을까 싶다.

이 정도는 아니더라도 커피와 인공 조명의 힘을 빌려서 가끔은 밤을 새거나 일정치 않게 잠을 자는 사람이 많을 것이다. 그런데 이런 식으로 생활해 본 경험으로 말하자면 며칠 만에 아주 빠르게 몸과 마음이 피폐해진다. 인간이 할 짓이 못 된다. 꼭 그럴 수밖에 없어서 교대 근무를 하는 간호사나 경찰은 수면 장애, 만성 피로, 우울증, 암 발병 등의 위험이 크다. 세상의 모든 질병 가운데 일상의 삶 전체를 뒤흔드는 질병은 암도 아니고 정신분열증도 아니며, 바로 우리 안의 리듬이 깨지는 것이라고 한다. 우리는 수많은 리듬 속에서 살아가지만 그중에서 가장 기초적인 것은 서커디안 리듬circadian rhythm이라고 부르는 24시간 주기로 움직이는 생체 리듬이다.

밤에 자고 아침에 일어나는 것도, 하루의 흐름에 따라 다양한 호르몬이 필요한 때에 적당하게 분비가 되는 것도 우리 안의 리듬이 일정하기 때문이다. 그리고 서커디안 리듬은 내적인 리듬과 외적인 리듬을 맞추면서 일정함을 유지한다. 여기서 외적인 리듬을 관할하는 대표적인 것은 빛이며, 이것은 지구의 리듬과 직접적인 관계가 있다. 즉 우리 몸의 리듬은 지구의 리듬, 더 나아가 우주의 리듬에 맞추어 움직이게 되어 있다. 지구의 회전과 달의 회전, 태양과의 거리와 직접적인 관련이 있다. 우리는 별의 움직임에 맞추어 살 수밖에 없다.

그림 일기를 일상의 리듬에 들어오게 하자. 즉 매일 같은 시간대에 그림 일기를 반복해서 그리도록 하자는 말이다. 아직 무의식의 상태에서 완전히 벗어나지 않은 몽롱한 아침 시간에, 아직 아무도 만나지 않아서 사회적으로 습관화된 반응이 나오기 전에 그림 일기를 그리자. 밤에 활발해지는 무의식과 낮에 활발해지는 의식의 세계를 잇고, 현실과 꿈을 잇고, 자신의 내적인 관계와 외적인 관계 사이에 다리를 잇는 작업으로 하루의 리듬을 시작해 보자. 이렇게 매일매일 같은 행위를 반복하는 것은 리듬을 타고, 의식ritual을 만들고, 습관을 만드는 행위이다.

2006년 듀크 대학에서 연구한 바에 의하면 하루에 하는 행동 중 40퍼센트 이상이 선택이 아니라 습관에 의한 것이라고 한다. 습관에 대한 다른 연구에 의하면, 아침에 일어나서 이불을 개는 사람이 그렇지 않은 사람보다 모든 일에서 능률이 높다는 연구도 있다. 이불을 개는 것과 능률이 무슨 관련이 있을까 싶은데 아주 큰 관련이 있다고 한다. 우리는 어떤 습관을 만들 때마다 자기 효능감이 높아진다. 내가 할 수 있다는 믿음이 생기며, 이 믿음은 또한 습관을 만든 그 행위와 전혀 상관없는 일들에도 긍정적인 영향을 미치는 것이다. 운동을 하는 습관을 들이면 운동을 해서 몸만 좋아지는 것이 아니라 삶 전반이 좋아진다. '나는 할 수 있다'는 믿음을 기반으로 하는 자기 효능감은 삶 전체를 긍정적으로 만든다.

습관을 만들려고 할 때 기억해야 할 두 가지 원칙이 있다. 첫째는 동기와 의지로 시작을 하지만 동기와 의지에 의존하면 안 된다는 점이다. 동기와 의지를 관장하는 전전두엽은 강력하지만 쉽게 지친다. 자동화된 행동을 관장하는 기저핵은 별로 똑똑하지는 않지만 쉬지 않고 일해도 지치지 않는다. 따라서 습관을 만들려면 크게 작심하고 크게 실망하는 3일 전략이 아니라 자동화된 행동이 나올 때까지 작은 의지로 작은 변화를 반복하는 전략을 써야 한다.

> "어떤 일이든 성과를 보지 못하면 우리는 대개 자신의 무능함을 탓하면서 우리가 사용한 전략에 문제가 있다는 생각은 잘 하지 못한다. 그러고는 같은 전략을 또다시 가져다 쓰면서 그걸로 성과를 올리기 위해 안간힘을 쓴다. 만일 당신도 그렇다면 중요한 사실을 잊고 있는 것이다. 어떤 전략을 써서 여러 번 실패했다면 다

른 전략으로 눈을 돌리는 게 당연하다."

—스티븐 기즈, 《습관의 재발견》, 28쪽

습관을 만들려고 할 때 기억해야 할 두 번째 원칙은 관성의 법칙이다. 뉴턴이 관성의 법칙으로 정의한 바와 같이 우리는 멈춰 있을 때 계속 멈춰 있고 싶고, 움직이고 있을 때 계속 움직이고 싶어 한다. 멈춰 있는 것을 움직이려 할 때 반작용이 있고, 움직이는 것을 멈추려 할 때도 반작용이 있다. 이 반작용이 거부감이다. 안 그래도 거부감이 있을 수밖에 없는데 처음 시작하면서 높은 목표를 설정한다면 그 목표를 달성해야 한다는 압박감과 책임감의 어마어마한 무게 때문에 그 무게만큼 반작용인 거부감이 커진다.

그러면 어떻게 해야 하나? 최소한의 목표를 설정하되 매일 반복해서 그림 일기를 그리는 리듬은 꼭 지키자. 매일 아침마다 스케치북을 여는 것을 목표로 시작을 한다. 처음에는 동그라미 하나라도 그리자. 그것이 어렵다면 그냥 스케치북을 여는 것을 목표로 한다. 장담컨대 당신은 늘 목표를 초과 달성할 것이다. 바쁜 일상에 몰려서 스케치북을 열기 힘들 수 있지만, 일단 연 스케치북을 그냥 닫기도 힘들다. 이런 반복이 습관을, 더 나아가 평범한 삶을 특별한 의식ritual이 있는 삶으로 만들게 할 것이다.

변화에는 저항이 있음을 받아들인다

변화하기로 결심하는 순간 저항을 만난 경험이 누구나 있을 것이다. 과자를 더 이상 안 먹겠다고 결심하면 가는 곳마다 과자가 보이고, 술을 끊기로 결심한 순간 온갖 술 광고가 보인다. 마치 "정말 이래도 원해?"라며 당신이 정말 변화를 원하는지 시험하는 것처럼 느껴질 것이다. 사람들은 새해에, 새로운 학기를 시작할 때, 새로운 관계를 맺을 때 변화하겠다고 다짐하고 얼마 후 대부분 좌절한다. 왜 그렇게 애쓰는데 변화가 어려울까? 다음은 의식적인 노력으로 자신의 행동을 바꾸려고 할 때 겪게 되는 과정이다.

① 무의식적 무능력 단계
② 의식적 무능력 단계
③ 의식적 능력 단계
④ 무의식적 능력 단계

'무의식적 무능력 단계'에서는 내게 어떤 문제가 있는지 또는 무엇을 고쳐야 하는지 모른다. 그런데 어떤 문제가 있음을 알아차리고 그 문제를 풀려고 하거나 나아지려고 하는 순간 우리는 '의식적 무능력 단계'로 들어간다. '이것이 문제구나!'라고 알아차리는 단계이다. 이때 어떤 사람들은 좌절을 하고, 어떤 사람들은 의지력을 발휘해 무능력 단계를 능력 단계로 만들려고 노력한다. 전 단계로 회기하고 싶을 수도 있지만, 일단 의식화가 된 것이 무의식화될 수는 없는 노릇이다. 이 단계는 자신과 싸우는 단계이고 이전에 못 느끼던 불안을 마주하는 단계이다.

노력을 통해 변화를 꾀할 때 우리는 '의식적 무능력 단계'에서 '의식적 능력 단계'로 들어간다. 자신의 행동을 제어할 수는 있지만, 정신을 똑바로 차리고 있어야만 한다. 깜빡하는 순간에 자신과의 약속을 잊고, 이전의 습관에 따라서 과자를 먹거나 술을 마신다. 마지막 단계인 '무의식적 능력 상태'가 되어야 애써 생각하지 않아도 새로운 습관에 맞추어 살게 되는데, 그 단계에 이를 때까지 어마어마한 의지력과 마르지 않는 동기 부여가 필요하다.

의식적인 능력 단계에서 무의식적인 능력 단계(쉽게 말하면 습관)로 넘어갈 때까지 노력을 지탱하기란 무척 힘들다. 동기란 처음에는 에베레스트도 오를 것 같지만 머지않아 쉽게 고갈되는 힘이다. 거의 모든 다이어트는 실패하고, 거의 모든 새해 결심은 잊힌다.

불만투성이인 현실을 바꾸고 싶지만, 지금 가진 것을 놓지는 못하겠다는 사람에게 나는 이런 질문을 종종 한다. 당신은 '불만-안정'과 '불안-자유' 중 어떤 것을 선택하시겠습니까? 사람들은 안정과 자유를 선택하겠다고 한다. 하지만 그런 선물 세트는 없다.

변화는 '안정'에서 '자유'로 향하는 여정이며, 그 길에서 반드시 '불만'에서 '불안'으로 나아가는 과정을 겪는다. 그런데 이러한 방법으로 자신의 삶을 변화시키는 길은 삶에 지쳐 있는 현대인들에게는 버거운 것 같다.

현대인들은 야생성을 잃어버린 코끼리 같다. 성인이 된 코끼리는 거대한 동물이지만, 아기 코끼리일 때 엄마와 떨어져서 감금당하고 매질당하며 힘이 없음을 습득한 코끼리는 거대해져서도 자기 발에 채워진 쇠사슬 하나 끊지 못한다. 직접적인 학대까지 당하지는 않았다 하더라도 "우리는 할 수 없고, 약하고, 충분하지 않다"고 교육받으며 자란 경우도 별반 다르지 않다. 변화라는 것이 원래 어려운 것인데, 거기에 더해 이러한 교육까지 받았다면 스스로를 변화시키는 것은 불가능한 것처럼 느껴질 것이다. 하지만 자신이 얼마나 힘이 세고 놀랍고 아름다운 존재인지를 경험하려면 쇠사슬을 한 번은 끊어봐야 하지 않겠는가?

사람이 근본적인 변화를 경험하려면, 이것과 저것 사이에 존재하는 혼란스러운 과도기에 들어갔다 와야 한다. '리미널 스페이스liminal space'는 인류학자인 빅터 터너Victor Turner의 전통 의식 연구에서 나온 용어로, 성장을 위해서 거치게 되는 과도기를 말한다. 성인식 등의 의식에 참여하는 참여자가 의식 과정의 중간 단계쯤 들어가면 이전의 자아가 붕괴되는 경험을 한다. 자신이 알고 있던 자신의 정체성, 환경, 규칙 등이 무너져서 자아 정체성에 혼란이 일어나는데 그 혼란은 새로운 자아가 태어날 수 있는 열린 가능성을 제공한다.

많은 부족에게서 성인식은 아이였던 사람이 리미널 스페이스인 밀림, 황야 등 마을 밖의 미지의 공간으로 나가서 외로움과 어두움과 배고픔과 맹수와 혼자 싸우고 살아서 돌아올 때 성인이 된 것을 인정하는 축하 의식이다. 심리적인 성장과 변화도 마찬가지이다. 우리는 성장의 과정을 지나면서 익숙지 않은 미지의 공간에서 반드시 헤매게 되어 있다. 헤매지 않으면, 자아가 무너지는 불안을 견디지 않으면, 성장을 할 수가 없다.

이 글을 읽고 있는 당신이 만약 그러한 과도기 단계에 있어서 혼란스럽다면, 이는 기뻐할 일이다. 이 단계는 헤맬 준비가 된 사람만이 들어가는 곳이기 때문이다. 이 단계에 들어갔다는 것이 바로 거기에서 나올 수 있는 능력이 있다는 뜻이다. 헤맴은 누구에게든 반가운 일은 아니겠지만, 당신이 만약 이 단계에 있다면 이 점은 꼭 기억하자. 미로는 빙빙 돌게 만들어져 있어서 별 수 없이 헤매야 하지만, 미로의 모든 길은 결국 중심으로 향한다는 사실이다. 중간에 포기하지만 않는다면 당신은 그 중심에 꼭 도착하게 되어 있다.

변화의 시작에서 만나는 저항감 때문에 많은 사람들이 시도를 해보다가 "나는 역시 안 돼" 하며 포기하고는 한다. 저항감이 일어나는 것을 몹시 불편하게 여기고 뭔가 잘못되었다고 해석하기 때문이다. 저항감은 잘못 가고 있다는 신호가 아니라 변화의 길에 들어왔다는 신호일 수 있다. 저항감이 느껴지는 순간 뻗었던 손, 내디딘 발 하나를 바로 제자리로 돌려놓는 이유는 어쩌면 우리가 바라는 그것이 변화나 행복 대신 친숙한 감정(그것이 친숙한 고통이라고 하더라도)이기 때문일지도 모른다.

> "우리는 사랑에서 행복을 찾는다고 생각하지만 실제로는 그렇게 간단한 문제가 아닙니다. 우리는 대부분 행복 대신에 친숙한 감정을 찾습니다. 성인이 되면 어릴 때 느낀 감정을 찾아 헤맵니다. 문제는 우리가 어릴 때 느꼈던 '사랑'이 반드시 즐겁고 유쾌한 경험이 아니었을지도 모른다는 것입니다. 시키는 대로 따르고, 굴욕을 느끼고, 버림받고, 제대로 소통하지 못하면서 느낀 고통이었을 수도 있죠.
>
> 그런 우리가 어른이 되어 건강한 관계를 맺을 수 있는 상대를

만났을 때, 우리는 그에게 문제가 있어서가 아니라 그가 성숙하고 이해심이 깊고 믿을 만한 것이 불편해서 그를 떠나기도 합니다. 그 대신 우리를 행복하게 하진 않지만 친숙한 고통을 느끼게 하는 사람을 택하죠. 좋은 관계를 맺을 수 있는 상대가 나와 다르고 과분하다고 느껴져 잘못된 사람을 찾아가는 일은 매우 흔합니다. 건강한 사랑의 경험이 없는 사람은 사랑을 행복이나 만족이라는 감정과 연결시키지 못합니다."

—알랭 드 보통, http://www.thebookoflife.org/how-we-end-up-marrying-the-wrong-people/

변화는 친숙함을 찾는 것과는 상반되는 경험이다. 가정 폭력이 있는 집안에서 자라난 사람이 성인이 되어서 폭력적인 가족 상황을 재연하는 일은 그리 드문 일이 아니다. 일부러 그러는 것도 아니고 당연한 것도 아니지만, 익숙한 환경을 찾아가게 하거나 그 환경을 만들게 하는 무의식적인 힘은 어마어마하다. 저항이 있음을 부정적으로 받아들인다면, 우리는 우리에게 주어진 운명의 굴레에서 벗어나기 힘들다. 그러니 저항을 위험 신호라고 생각하지 말고, 우리의 운명이 새로운 길로 안내하는 것이라고 받아들이면 어떨까?

9/12

어제의 대청소한 방이 고마웠다
actively sickening 한 느낌은 없어졌다.
I care my life so that I don't
have to live in a constant struggle.

여기 m 정한다.

-일기는 여기 작은 노트에 쓰니 마음이 편한데
-일은 큰 노트에 쓴다. 그림일기는 좀 다르고
종이 질이 기능 유지해야겠다.

I want to take care of things
so that I can be done with.
Not so that I will be obsessed
about it.

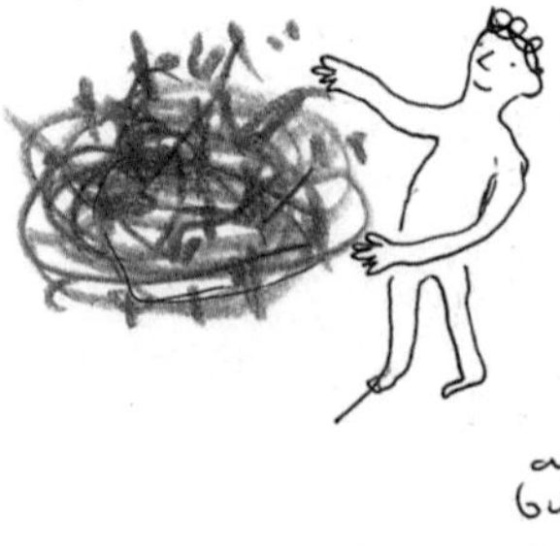

I care my mess
It's my mess
that I am going to
live with. It's my mess
I love my mess.
I don't feel ill.
I can't get rid all of it
I take care of it
little bit at a time
and more mess cumulate
but by regular attention

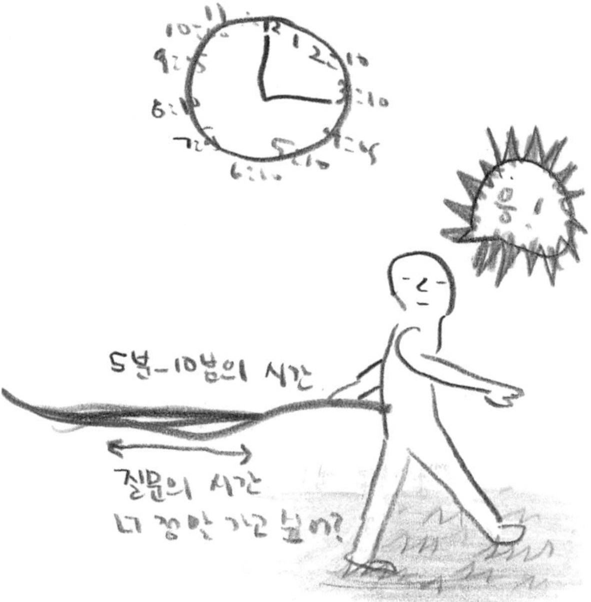

이 당김을 가지마라고 받아들이면
협상이나 심리적 당김을 당한다 느낌을 받아

이 당김은 ?질문으로 받아들이면
난 Yes 응!! 이러면서 신나게
앞으로 나아갈 수 있다

매일 만나는
그림 일기를 위한 조언

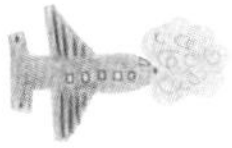

먼저 그런 사람이 된다

우리는 보통 무엇을 가져야 무엇을 할 수 있고, 그것을 해야 어떤 존재가 될 수 있다고 믿는다. 아름다운 미소를 가져야 취업 인터뷰를 다닐 수 있고 그래야 직장이 있는 떳떳한 성인이 될 수 있다고 생각하거나, 돈이 많아야 멋진 옷을 사 입을 수 있고 그래야 남들 보기에 떳떳한 사람이 될 수 있다거나, 살을 10킬로그램을 빼야 당당하게 걸을 수 있고 그래야 자신감 있는 사람이 될 것이라고 믿고는 한다.

그런데 사실은 그 반대가 답일 것 같다. 우리는 자신감 있는 사람이 되어야 환하게 웃을 수 있고, 그래야 원하는 일을 할 수 있다. 그리고 스스로 아름다운 사람이 되어야 당당하게 걸을 수 있고, 그러면 살을 뺄 필요도 없을 것이다.

돈을 많이 벌어 큰 집을 사서 행복한 가족을 이루겠다는 사람은 많지만 그렇게 이루는 사람은 별로 없다. 왜냐하면 돈을 많이 버는 것과 큰 집을 사는 것과 행복한 가족 사이에는 별로 상관 관계가 없기 때문이다. 돈에 대한 여러 연구에서 밝혀졌듯이, 극심한 가난은 불행임이 확실하다. 하지만 편안한 수준을 넘어가면, 돈을 많이 버는 것과 더 행복해지는 것 사이에는 아무런 관계가 없다.

너무나 당연한 말이지만 행복한 사람이 행복하다. 당당한 사람이 당당하게 걷는다. 행복하기 위해서 무엇을 하거나 가질 필요가 없다. 당당하게 걷기 위해서 어떤 위치를 갖거나 어떤 비싼 물건을 가질 필요가 없다.

내면과 외부의 경계는 스밈이다

변화를 위해서 나 자신을 바꾸어야 할까, 아니면 처한 상황을 바꾸어야 할까? 글쎄, 이 두 가지가 그리 다른 것 같지는 않다. 자기가 자기에게 해주는 것과 타인이 자기에게 해주는 것은 연결이 되어 있기 때문이다. 자기가 자신을 공감적으로 대하다

보면, 자신을 따뜻하게 대하는 타인을 더 많이 만나게 된다. 자기가 자신을 함부로 대하면 자신을 함부로 대하는 타인을 만나게 된다.

그러니 세상을 구원하지는 못하더라도, 적어도 자기에게 잘 하자.

나에게 좋은 말을 하고,
나에게 좋은 생각을 심어주고,
나에게 좋은 것을 먹게 하고,
나에게 좋은 옷을 입게 하자.

마더 테레사 수녀가 노벨 평화상을 받았을 때 어떤 사람이 이렇게 물었다고 한다. "세계 평화를 위해서 제가 무엇을 해야 할까요?" 그랬더니 수녀님이 대답하시기를 "집에 가서 가족을 사랑하십시오"라고 했단다.

내면의 일은 외부의 일로 전달이 되고, 외부의 상황은 내면으로 전달이 된다. 우리의 내부와 외부 사이에 있는 벽은 그리 딱딱한 벽이 아니다. 제주도의 돌담처럼, 태풍에도 끄덕이지 않지만 구멍이 숭숭 뚫려 있어 바람이 통하는 그런 벽이다. 내면이 외부로, 외부가 내면으로 스며든다.

그러니, 일단 나에게 잘하자.

믿음을 증명하는 유일한 길은 행동을 취하는 것이다

성경 〈요한복음〉에 나오는 이야기다. 예수님이 제자들과 지나가다가 장님을 만났다. 제자들은 그가 태어날 때부터 앞을 못 보는 사람인데, 그것이 그 사람의 죄인지 그의 부모의 죄인지 물었다. 그 질문에 대한 알쏭달쏭한 답을 하시더니, 기적을 구하지도 않은 장님에게 가서는 다음과 같은 행동을 하셨다.

“이 말씀을 하시고 땅에 침을 뱉어 진흙을 이겨 그의 눈에 바르시고 이르시되, 실로암 못에 가서 씻으라 하시니 이에 가서 씻고 밝은 눈으로 왔더라.”(요한복음 9: 6~7)

다른 기적에서는 주로 말로 기적을 명하시거나, “너의 믿음이 너를 구했노라” 하셨는데, 왜 갑자기 진흙이고 침이고 연못일까? 다른 기적과 다르게 이 기적의 이야기에는 눈을 뜨게 해달라고 구하는 장면도 없다. 그 대신 예수가 하는 일련의 행동을 통해서 그에게 믿음을 가질 기회를 주신 것이 아닐지 내가 감히 예수의 의도를 한번 생각해 본다.

전혀 믿지 않았다면 알지도 못하는 사람이 진흙과 침을 발라주며 가서 씻으라고 한다고 해서 그대로 했을까? 정말 믿음이 없었다면 눈을 뜨기는 떴을까? 믿음이 움직이지 않았다면, 아무리 기적이 그를 방문했어도 눈을 감고 살 수 있었을 것이다. 그도 역시 그의 믿음으로 눈을 떴을 것 같다.

믿음은 행동으로 취하여야 변화를 일으킨다. 오로지 당신만이 당신의 믿음을 행동으로 옮길 수 있다. 아무리 기적을 경험했어도, 눈을 뜨지 않으면, 믿음은 아무것도 할 수가 없다. 그러니 그림 일기를 통해서 자신에 대한 믿음을 움직이고, 믿음을 행동으로 증명해 보라.

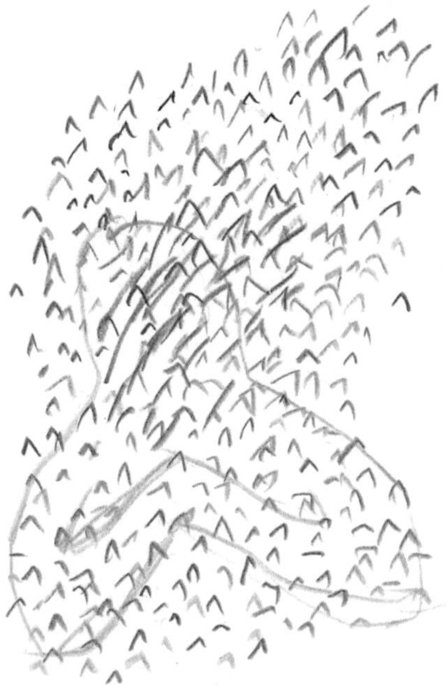

정은혜의 그림 일기 5

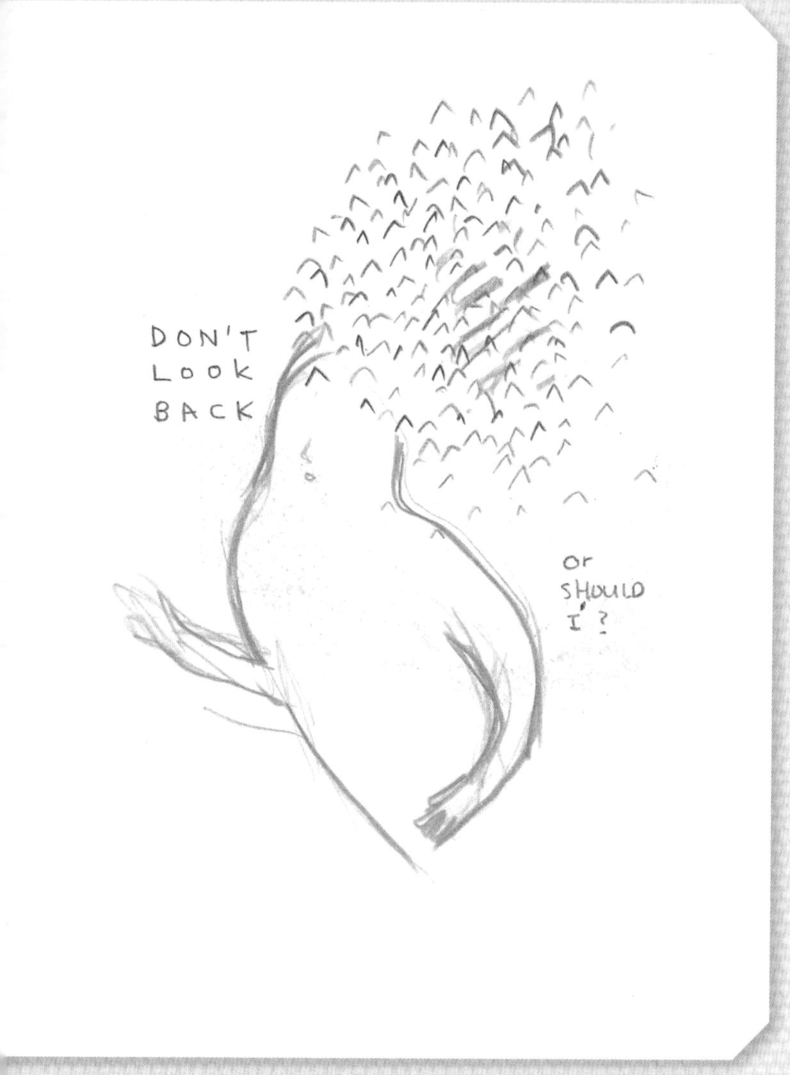
DON'T LOOK BACK
or SHOULD I ?

변화를 위한
그림 일기 방법

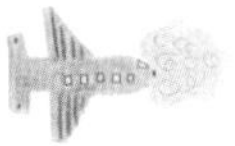

변화를 만드는 가장 간단하고 강력한 방법은 상상하는 것이다. 그림 일기는 자신의 지금 모습에 공감하는 것으로 시작하여, 자신이 꿈꾸고 상상하는 변화를 구체적으로 그리고, 그 변화를 받아들이는 명상을 하는 것으로 마무리한다. 구체적인 방법은 다음과 같다.

아침에 일어나서 일과를 시작하기 전 먼저 그림 일기장을 펼친다. 새로운 생각을 떠올리지 말고 이미 마음속에 들어와 있는 생각을 글로 몇 줄 쓴다. 생각을 키우거나 이어가지 말고, 마음속에 이미 있는 생각을 간략하게 쓰는 것이 중요하다.

그리고 글에서 이미지를 건진다. 글을 쓰면서 떠올랐던 이미지나, 쓴 글을 읽으면서 마음에 떠오르는 이미지를 그리는 것이다. 이 그림은 지금 현재의 자신의 생각, 마음, 상황을 나타내는 그림일 것이다. 자신의 그림과 대화를 하듯이 연민과 공감으로 그림을 바라보며 떠오르는 생각을 몇 줄 쓴다.

그런 뒤 자신이 원하는 변화가 있는지 살핀다. 그리고 원하는 변화가 이미 이루어진 모습을 그림으로 그린다. 이제는 눈을 감고 몇 분간 변화의 그림을 마음에 떠올리며 이 그림이 나타내는 변화를 받아들이고 감사한다. 눈을 뜨고 그림 일기장을 덮고 하루를 시작한다.

준비 → 생각 글 → 그림 → 그림과 대화 → 변화의 그림 → 명상 → 마무리

이 방법에 대해 좀 더 자세하게 설명하자면 다음과 같다.

준비: 아침에 일어나 일과를 시작하기 전 그림 일기장을 펼친다

사람에 따라서 일어나자마자 바로 그림 일기장을 펼치는 것이 일상의 흐름에 더 잘 맞는 사람이 있을 것이다. 무의식과 의식이 만나기 위해서는 잠에서 깨자마자 하는 것이 좋다. 꿈의 기억이 남아 있을 수 있는 때이자, 의식의 영향을 덜 받는 시간이다. 또한 현실적으로 하루 일과가 바쁜 사람이나 아침부터 가족

을 챙겨야 하는 사람은 일어난 직후가 아니면 자기 자신과 대화하는 시간을 확보하기 어려울 수도 있다.

나는 아침에 일어나서 간단히 몸을 푼 뒤 그림 일기를 시작하는 걸 좋아한다. 아침잠이 깊어서 움직이기 전에는 잘 깨지 않는 편이기도 하고, 오래된 습관으로 일어나자마자 간단하게 요가하는 것을 좋아하기 때문이다.

당신은 당신 삶의 리듬에 맞추어서 하기를 바란다. 단 아침에 일어나서 30분 이내에, 의식이 완전히 깨기 전에 하는 것이 좋고, 일과를 시작하기 전에 하는 것이 좋다. 특히 누구를 만나거나 대화하기 전에 하는 것이 중요하다. 가장 먼저 자기와 대화하는 것으로 하루를 시작하자.

그림 일기장을 펼치기 전에 간단한 의식ritual을 하는 것도 좋다. 나는 초를 켜거나 향을 피우거나 커피 한 잔 내리는 걸 좋아한다. 향이 공간을 채우는 느낌이 참 좋다. 이런 방법이 어색하고 낯설다면 연필을 깎거나 방석을 깔거나 재료나 장소를 정돈하는 방식으로 시작해도 좋다. 그것도 부자연스럽다면 자세를 가다듬고 심호흡을 세 번 하자. 어떤 방법이든 이 장소와 시간을 특별하게 만드는 간단한 의식을 만들자. 그냥 정신없이 시작하는 것과는 질적으로 아주 많이 다를 것이다.

이미 마음속에 들어와 있는 생각을 몇 문장 쓴다

여기서 핵심은 '이미 마음속에 들어와 있는' 생각이다. 한 순간도 생각이 없기란 정말 힘들다. 아무리 지금 막 일어났다고 하더라도 이미 머릿속에 맴맴 돌고 있는 생각이 있을 것이다. 생각을 따라가거나 생각에 반론을 제기하거나 혹은 따지지 말고, 이미 들어와 있는 생각을 간략하게 몇 문장으로만 쓴다. 더 많이 쓰다 보면 생각이 꼬리에 꼬리를 물고 새로운 생각을 불러일으키게 되어 있다. 그러니 생각을 진전시키거나 확장하거나 새로운 생각을 만들지 말고, 이미 머릿속에 있는 생각만 간략하게만 기록하고 멈춘다.

글을 쓰면서 떠오른 이미지를 가지고 그림을 그린다

글을 쓰는 순간 이미지가 떠오를 것이다. 처음에는 잘 안 될 수도 있지만, 그림 일기를 계속 하다 보면 글과 그림 또는 생각과 영감 사이에 통로가 열려서 서로 대화를 주거니 받거니 할 수 있게 된다. 처음에 그렇게 안 된다고 낙심하지 말자. 통로가 오랫동안 닫혀 있어서 그런 것이니 통로가 생기고 자유로운 대화가 오고갈 때까지 계속해 보자.

떠오르는 이미지를 그릴 때는 내면의 판단자를 부르지 말자. 그림을 그리면서 '잘하네, 못하네, 이상하네, 이쁘네, 밉네' 하는 판단이 들어서기 시작하면 진심을 표현하기 힘들어진다. 그래서 이 작업을 하기 전에 별 사람 그리기(이 책 108쪽 참조)를 충분히 연습해 놓는 것이 좋다. 손이 가는 대로 그릴 수 있게 연습을 미리 해놓아서 마음이 손을 통해서 자연스럽게 표현될 수 있게 하자. 그리고 또다시 당부하건대 세상에는 비판이 넘치니 스스로에게까지 비판의 잣대를 들이댈 필요는 없다.

연민과 공감으로 자신의 그림을 보며 대화를 한다

이렇게 나타난 그림은 현재 자신의 생각이나 마음 상태, 놓여 있는 상황을 드러내줄 것이다. 무엇이 그림으로 표현되었든 연민과 공감의 마음으로 그 그림을 바라본다. 머리로 너무 빨리 해석하려 하지 말고 가슴으로 느껴보자. 그리고 그림과 대화를 하듯이 떠오르는 생각을 글로 써본다.

남들이 볼 때 무척 이상한 사람 같겠지만, 나는 정말로 그림과 대화를 주고받고는 한다. "너(그림 자체를 말함)는 누구니?" "너, 내게 오늘 왜 왔니?" "나에게 해주고 싶은 말이 뭐야?" 등등을 묻곤 한다. 그림에게 질문을 하고, 그림이 대답하는 것을 글로 써보거나 그림으로 그려본다.

미술 치료에서 창작자와 창작물 사이의 관계를 부모-자녀 사이로 빗대어 표현하고는 한다. 즉 창작자가 태어나게 하였지만 자식이 부모의 것이 아닌 것처럼, 창작물은 창작자의 것이 아니다. 연결되어 있는 것은 확실하나 독립된 지성을 가지고 있다고 본다. 그래서 나이면서 내가 아닌 그림을 '나'라고도 부를 수 있고 '너'라고도 지칭할 수 있는 것이다. 그렇기 때문에 나에게서 나왔지만 나와 독립된 개체인 그림과 대화를 주고받을 수 있는 것이다.

원하는 변화가 있는지 살펴서 그 변화가 이미 이루어진 모습을 다시 그린다

첫 번째 그림을 보면서 그림이 보여주는 자신의 모습과 깊게 공감하는 것이 중요하다. 자신의 현실을 받아들이는 것은 변화를 구하기 전에 꼭 필요한 단계이다. 그런 뒤에 자신이 원하는 변화가 있는지를 살펴서 변화된 모습을 그린다. 전혀 새로운 그림을 그리는 것이 아니라 첫 번째 그림이 이미 내포하고 있는 변화의 가능성을 그림으로 펼쳐서 보여주는 것이다. 첫 번째 그림 위에 덧그림을 그릴 수도 있고, 아예 옆에 새로운 그림을 그릴 수도 있다.

예를 들어 첫 번째 그림에서 무기력하게 몸을 웅크리고 있는 자신의 모습을 그렸다면, 두 번째 그림에는 팔다리를 힘껏 펼치는 모습을 그려보자. 높이 뛰어오르기 전에 고양이가 몸을 잔뜩 웅크렸듯이 말이다. 또 다른 예로, 외로움의 방에서 혼자 울고 있는 자신의 모습을 그렸다면, 다음 그림에는 방에서 나와 누군가를 향해 도움의 손을 뻗는 장면을 그리거나, 스스로 그 방에서 걸어 나오는 모습을 그린다.

몇 분간 변화된 모습을 시각화하는 명상을 한다

눈을 감고 호흡에 집중하면서 고요 속으로 들어간다. 변화된 모습을 나타내는 두 번째 그림을 떠올려본다. 이러한 시각화 명상 역시 처음에는 잘 안 될 수 있다. 하지만 변화를 이루는 가장 확실한 방법은 상상하는 것이며, 우리는 그림을 통해서 상상하는 바를 구체적인 현실로 이미 만들었다. 마음의 눈으로 변화된 두 번째 그림을 떠올려본다. 그리고 그 그림이 나타내는 모습을 받아들이고, 감사하는 마음으로 명상을 마무리한다.

시각화만으로 사람이 바뀔까? 바뀐다! 앞서서 피아노 치는 법을 배워보지 못한 사람들이 시각화 훈련만으로 피아노를 실제 배운 사람들만큼 움직임과 관련한 뇌의 영역이 변화했다는 연구 결과를 소개했었다. 이러한 연구 결과는 넘친다. 상상의 영역에서는 오늘과 내일이 둘이 아니라 하나로 연결되어 펼쳐지는 흐름일 뿐이다. 그렇다고 하더라고 원하는 결과를 상상만으로 저절로 갖게 되는 것은 아니다. 결과가 아닌 과정, 그리고 그 과정을 경험하고 있는 자신을 상상할 때, 우리의 마음과 행동이 원하는 방향으로 움직이게 된다. 그리고 온 마음으로 하는 기도는 늘 응답을 받는다.

마무리 의식을 하고 하루를 시작한다

그림 일기장을 덮고 마무리하는 의식을 한다. 초를 켠 사람은 초를 끄고, 차를 우려서 놔둔 사람은 차를 한 모금 마신다. 또는 그림 일기장과 도구를 제자리에 잘 가져다두는 것으로 마무리한다.

마무리 의식 역시 간단하지만 매번 반복되는 행위이다. 간결한 방법으로 자신과의 대화방에서 나온다. 그리고 하루를 시작한다.

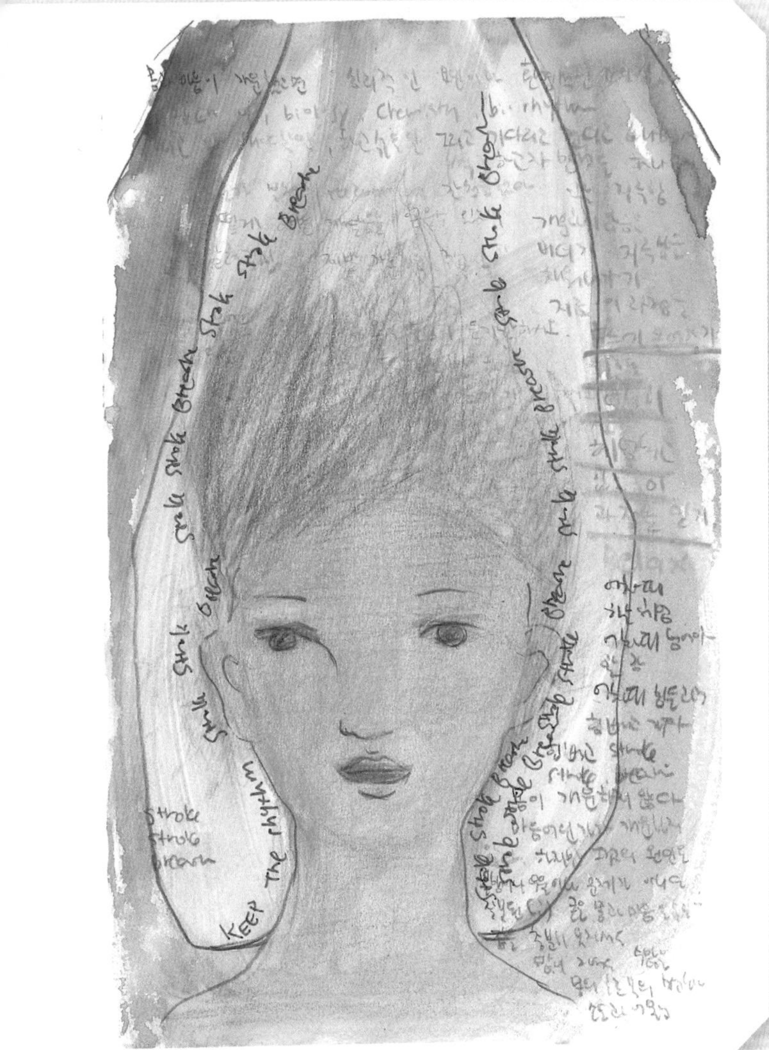

정은혜의 그림 일기 6

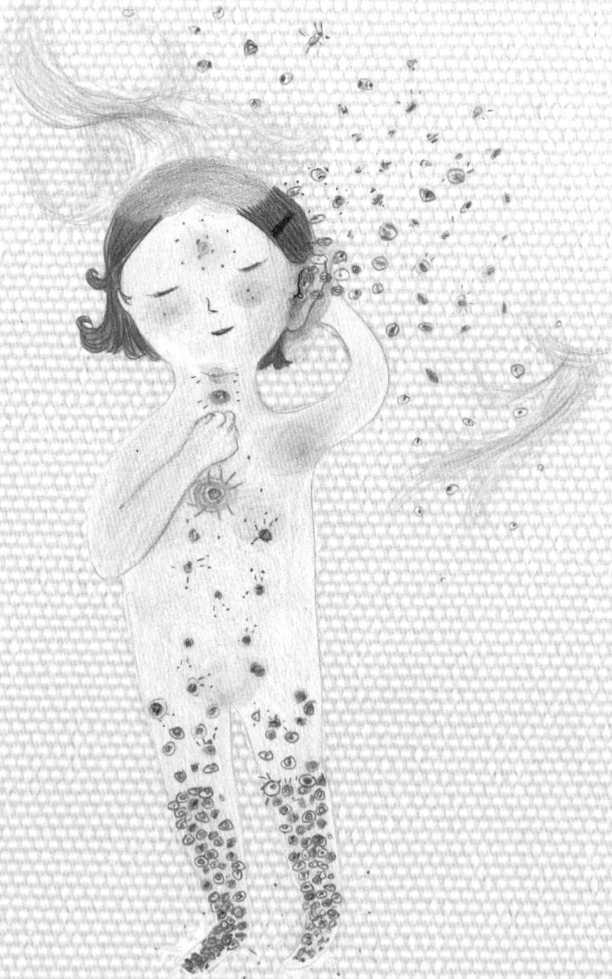

그림 일기
8주 프로그램

"우리에게는 지옥도, 그리고 천국도 만들어낼 수 있는 힘이 있다. 그런데 왜 우리는 지금과 다른 꿈을 꾸려 하지 않는가. 우리의 마음과 상상력과 감정을, 왜 천국을 꿈꾸는 데 쓰지 않는가."

—돈 미겔 루이스, 《내가 말을 배우기 전 세상은 아름다웠다》, 78쪽

변화를 위한 그림 일기 방법은 당신의 하루를 바꾸고, 매일매일을 바꾸고, 삶을 바꿀 것이다. 자신과 대화하는 습관이 생길 것이며, 남에게 묻거나 멘토를 찾기 전에 자신의 마음을 헤아리고 내면의 목소리를 듣는 방법을 배워 자신의 삶을 창조하는 삶의 예술가가 될 수 있다.

당신은 아마 이 책을 덮자마자 바로 그림 일기를 그리고 삶이 바뀌는 것을 경험하고 싶을지도 모르겠다. 하지만 이 작업을

하기 위해서는 몇 가지 기술을 터득해야 한다. 당장, 바로, 변화가 일어날 것이라 약속하는 책인 줄 알았다가 연습과 습득을 강조해서 실망할지도 모르겠다.

당신 자신의 삶을 창조하려면 삶의 예술가가 되어야 하고, 그러려면 연습과 노력이 필요하다. 아마 이 방법이 어렵게 느껴진다면, 그것은 우리가 너무 오랫동안 삶의 예술가로, 창조자로 살아오지 않았기 때문일 것이다. 남의 말을 듣고 그대로 하면 성공할 것이라고 배워왔다면, 스스로 만드는 변화가 어렵게 다가올 것이다.

퍼스널 트레이너가 옆에서 지지하고 도와주더라도 웨이트는 자기가 들어야 근육이 생기는 것처럼, 치료사가 옆에서 지지해 주고 도와는 주지만 치료는 자기가 해야 하고, 그래야 변화가 생긴다. 이 책은 퍼스널 트레이너나 치료사처럼 당신을 옆에서 지지해 주고 도와줄 것이다. 하지만 이 과정을 통과하는 것은 온전히 당신 몫이다. 그리고 당신은 할 수 있다. 우리는 원래 예술가로 태어났으므로.

그림 일기를 그리는 것은 혼자 하는 내밀한 작업이지만, 이것을 하기 위한 8주간의 훈련 기간 동안은 지지하는 친구나 동료 몇 명이 모여서 그 과정을 함께 나누고 교류하면 더 좋을 것 같다. 물론 혼자 할 수도 있지만 그 경우에는 이 작업을 하는 시간을 스스로에게 약속해야 할 것이다. 8주 동안 당신은 몇 가지 기술을 습득하게 될 것이다. 흐름을 가지고 하루를 시작하는 방법, 그림으로 자신의 삶을 표현하는 방법, 감정을 표현하는 방법, 타인과의 관계를 그림으로 표현하는 방법, 그리고 이 작업을 매일매일 해서 기적이 일어나도록 몸에 습관이 배이게 하는 방법 등이다.

8주 과정을 마치고 나면 당신의 삶이 우주의 리듬에 맞추어지고, 당신의 삶에 의식ritual이 생기고, 자신의 감정을 읽을 수 있게 되고, 내면과 대화를 나눌 수 있게 될 것이다. 이러한 변화는 자신의 외적인 관계와 내적인 관계 모두에 영향을 미친다. 그림 일기라는 강력한 공감과 변화의 도구를 통해서 당신의 삶을 창조적으로 가꿀 수 있을 것이다. 8주 과정을 먼저 간단하게 정리하면 다음과 같다.

- 1주: 자신의 삶의 리듬을 관찰한다.
- 2주: 그림 일기를 펼칠 공간과 재료를 확보한다.
- 3주: 별 사람 그림을 연습한다.
- 4주: 자신의 감정을 관찰한다.
- 5주: 감정 사전을 그린다.
- 6주: 감정 사람 그림을 그린다.

- 7주: 매일 아침, 아침 의식을 하고 그림 일기장을 연다.
- 8주: 아침 의식의 순서를 조정하고 조율한다.

그리고 그림 일기를 매일매일 그린다.

1주: 자신의 삶의 리듬을 관찰한다

부모님이 아이들을 미술 치료실에 데리고 와서는 자주 이야기하는 걱정거리가 있다. 아이가 제때 안 자고 제때 안 일어나고, 제때 학교 갈 준비를 못한다는 것이다. 특히 부모가 맞벌이를 할 경우, 아이가 제때 할 일을 못하는 것이 도미노 현상으로 이어져 아이들에게 소리를 치며 하루를 시작하게 되는 것이 괴롭다는 부모를 꽤 많이 만났다. 하루를 이렇게 시작하는 건 모두에게 참 괴로운 일일 것이다.

아이가 왜 시계를 안 보는지, 왜 시계에 맞추어 못 사는지 너무 이해가 안 된다고들 하시는데, 그런 이야기를 들을 때 그들의 고통에 공감하느라 내 얼굴 표정이 근심어린 표정으로 바뀌기는 하지만, 내 발가락과 손가락이 불편함을 표현하며 꼼지락거리는 것은 어쩔 수 없다. 사실 나도 시계를 제대로 보지 않고 살기 때문이다. 세상은 시계에 맞추어 돌아가니 그렇게 해야 '적응'을 하고 그래야 '잘'사는 것이겠지만, 시간표에 따라 움직이는 것은 인간한테 자연스러운 행동 방식이 아닌 것 같다. 원래 우리는 시간의 흐름이 아니라 자연의 흐름에 따라서 살아왔는데, 근대에 와서 시간이라는 객관적 척도에 따라 움직이는 것을 옳다고 생각하게 된 것 같다.

나는 그렇게 살기 싫다. 사회적 약속을 지키는 것은 필요하겠지만, 적어도 개인적인 삶만큼은 내 안의 리듬에 맞추어 살고자 한다. 자연의 일부로서 또 여성으로서 나는 계절의 영향을 받고, 28일의 생리 주기에 크게 영향을 받아서 매일매일이 똑같지가 않다. 그렇다고 내가 몸을 안 씻거나 밥을 안 먹거나 옷을 안 챙겨 입는 것은 아니다. 다만 시계를 보지 않으면서 하기 때문에 좀 더 많은 시간이 들고, 생리적 흐름과 계절의 흐름에 따를 수 있는 여유가 조금 더 필요할 뿐이다. 꼭 그 시간에 맞추어서 하지 않아도 되는 여유가 필요하다. 즉 너무 바쁘지 않아야 하는 것이다.

아마 독자들은 눈치 챘겠지만, 나는 절대로 아침형 인간이 아니다. 성과주의자도 아니고 완벽주의자도 아니다. 하루 온종일, 일주일 내내, 일년 내내 계속 똑같은 힘을 쓰며 살지도 않는다. 몰입을 할 때는 백 퍼센트 열정을 쏟지만, 그러고 나서는 오랫동안 쉰다. 일 년에 한 달 정도는 거의 아무도 안 만나고 모든 활동도 멈추고 내 삶의 동굴로 들어가고는 한다. 외적인 활동을 많이 하면 홀로 있는 시간도 그만큼 많이 필요하다. 그것이 나의 리듬이다.

나는 내 몸과 마음의 흐름, 날씨와 계절의 흐름에 맞추어 살고자 많은 선택들을 해왔다. 흐름에 맞는 장소를 찾아 삶의 터전을 옮겨왔고, 남들이 보기에 아까운 제안들을 거절했다. 돈과 성공보다 내면과 자연의 흐름에 따라 사는 삶을 선택해 왔다.

그림 일기를 그리기 위한 나의 오전 의식을 말하자면 이러하다. 아침에 일어나서 10분 정도 간단하게 요가를 한다. 혼자 할 때도 있고, 인터넷 수업을 따라할 때도 있다. 내 몸에서 하고 싶은 움직임이 느껴질 때는 자유롭게 요가를 하지만, 게을러져서 똑같은 자세만 하거나 잠이 안 깨서 멍할 때면 인터넷 수업을 따라하고는 한다.

유튜브나 인터넷 수업을 통하면 다양한 요가 강사들의 여러 스타일의 수업을 만날 수 있다. 나는 미국 텍사스에서 동영상으로 강의하는 아드리안Adriene 요가 선생님을 무척 좋아한다. 그녀의 밝고 톡톡 튀는 목소리와 썰렁한 농담이 섞인 수업이 참 마음에 든다. 쉬바 레Shiva Rea도 내가 아주 좋아하는 요가 선생님이다. 쉬바 레 선생님은 요가가 딱딱한 자세의 연결이 아니라

춤인 것을 가르쳐주었다. 이 외에 내가 좋아하는 온라인 요가 수업 리스트는 이 책 306쪽에 있다. 다만 이것들은 모두 영어 수업인데, 이 점이 문제라면 문제이고, 영어 공부도 할 수 있으니 장점이라면 장점일 수도 있다.

그 다음에 커피 한 잔을 내린다. 카페인에 위와 신경이 예민해져서 커피를 많이 마시지 않는 편인데, 아침을 여는 커피의 향이 너무 좋아서 포기가 잘 안 된다. 그래서 연하게 커피를 내려 마실 때도 있고, 디카페인 커피를 마실 때도 있고, 민들레나 치커리 뿌리를 덖어서 만든 커피 대용 차를 마실 때도 있다.

이렇게 짧게 요가를 하고 커피 한 모금을 마신다. 처음 한 모금이 정말 좋다. 그런 다음에 그림 일기장을 연다. 15분 정도 그림 일기를 그리고, 5분 정도 명상을 한다. 이 전체 과정이 기본 30분 정도 걸린다. 그러고 나서 하루를 시작한다.

자, 이것은 내 삶의 방식이고 나의 리듬이다. 당신의 삶은 어떠한가? 일어나자마자 허둥대며 준비하고 출근하는 편이라면, 조금은 일찍 일어나야 할지도 모른다. 일을 시작하고 난 뒤는 고요함을 찾기가 어려울 뿐만 아니라 이때는 이미 밤사이에 밝아졌던 무의식의 이야기를 들을 수 있는 하루 중 유일한 시간대가 지나가 버린 다음이다.

각자 자신의 삶의 리듬에 맞는 방법을 찾아보자. 아무리 바빠도 자신의 리듬에 따라 의식적으로 움직일 때 삶은 자연스럽게 되고 아름답게 된다. 다만 완벽주의는 피해야 한다. 우리가 바라는 것은 자신의 리듬을 찾는 것이지 완벽해지는 것이 아니다. 모든 음악이 그렇듯이 밀고 당기는 변주와 서스펜스가 음악을 흥미롭게 한다. 큰 박자는 지키되 그 안에서의 섬세한 움직임은 자기 몸의 사이클에 맞추고 날씨와 계절에 맞추며 리듬을 조율해 보자.

2주: 그림 일기를 펼칠 공간과 재료를 확보한다

그림 일기를 그릴 장소를 정해놓자. 그림 그릴 재료를 확보하고, 재료들을 어디에 어떻게 둘지도 정하자. 집 안이 정리가 되어 있지 않더라도 그곳만큼은 정리를 해놓아서 그림 일기 그리는 의식을 쉽게 시작할 수 있게 하자. 아마 삶 전체에 퍼지는 영향이 있을 것이다.

옛날 옛적에 가난한 농부가 살고 있었다. 그의 삶은 소박했지만 불평하는 법이 없이 잘살고 있었다. 그러던 어느 날 누가 그에게 비단 주머니 하나를 주었다. 신이 나서 비단 주머니를 허리춤에 차고 집 밖으로 나가려고 하는데, 아니 비단 주머니에 비해 자신의 옷이 너무 초라한 것이 아닌가. 그래서 그는 비단 주머니에 맞추어 비단 옷을 해 입었다. 그렇게 차려입고 나가려고 하는데, 비단 주머니와 비단 도포에 짚신이 웬 말인가. 그래서 비단 신을 사 신었다. 그제야 비단 주머니에 비단 도포에 비단 신을 차려입고 집 밖으로 나갔는데, 아이쿠 이런, 이런 차림에 초가집에 웬 말인가. 그래서 그는 기와집을 지으려고 작은 밭을 팔았다…… 이렇게 가다가 풍비박산이 되었다는 이야기다.

당신에게 일어날 일은 아마 이것의 반대일 것이다. 그림 일기를 그릴 작은 장소와 재료를 놓을 자리를 만들어보면, 그 주변과 어울리지 않아서 주변을 정돈하게 될 것이다. 그러다 보니 방과 어울리지 않아서 방을 정돈하기 시작한다. 방이 정리되고 보면 집 전체와 안 어울려서 집을 정갈하게 꾸민다. 이렇게 점점 확장이 되어서 당신의 삶이 정갈해질 것이다.

3주: 별 사람 그림을 연습한다

그림 일기장이 아니라 일반 A4 용지나 연습장에 별 사람을 그려보자. 별 사람을 그리는 기본 과정은 두 시간 정도면 누구나 배울 수 있다. 기법은 무척 간단한데 손에 익을 때까지는 연습이 필요하다.

별 사람을 그리면서 자기도 모르게 웃는 사람들을 많이 봤다. 사람을 못 그려서 그림 자체를 못 그린다고 생각했던 사람이 자유자재로 사람을 그리게 되면서 무척 신나하고 기뻐한다. 혼자서 할 수도 있지만 친구들 몇 명과 모여서 같이 그리면 훨씬 더 재미있다. 아주 간단한 방법인데도 그리는 사람마다 그 모양새가 다 다르고 생각해 내는 자세들이 다 다르기 때문에, 서로의 그림을 따라 그려보기도 하면 더 다양한 자세를 마스터할 수 있다.

즐겁게 놀듯이 별 사람 그림 연습을 하자. 앞으로 그림 일기를 본격적으로 시작할 때까지 계속 연습한다.

4주: 자신의 감정을 관찰한다

보통 성인들은 감정을 표현하고 이야기하는 것을 무척 어려워한다. 우리는 인간이기에 누구나 감정을 느끼는데 왜 이렇게 낯선 일이 되었을까? 감정을 그리려면 먼저 감정을 살펴야 한다. 가능하다면 마음에서 시시각각 일렁이는 감정을 있는 그대로 관찰하면 좋은데, 현실에 잘 적응하고 살아온 대부분의 성인은 감정을 통제하는 연습을 오랫동안 해온 터라 감정을 있는 그대로 느끼지 못할 가능성이 크다.

그렇다면 감정이 투사되어 나타나는 모습을 찾아보자. 예를 들어 자신이 자주 쓰는 감정 언어가 무엇인지 살펴보자. 매일 만나는 동료나 가족한테 자신이 자주 쓰는 감정 표현이 무엇인지 물어보고, 앞으로 일주일 동안 관찰해 달라고 부탁을 하는 방법이 있다.

가계부를 쓰듯이 어떠한 감정이 느껴질 때마다 기록을 해놓는 것도 좋은 방법이다. 아침에 눈을 뜨면 어떤 감정이 드는지, 학교를 가거나 직장을 갈 때는 감정이 어떤지, 사람을 만나서 대화를 할 때는 어떤지 등등.

자기 감정의 변화를 잘 관찰하고 관찰한 것을 간단히 기록해 보자. 공책이나 핸드폰 메모장에 또는 자기에게 보내는 문자메시지 등 이미 가지고 있는 도구를 활용해 보자. 기록하기로 마음을 먹으면 관찰이 더 잘되는 효과가 있고, 실제로 점점 더 잘 보이게 될 것이다. 탐정이 사건의 단서를 푸는 것처럼, 고고학자가 유물을 캐는 것처럼, 무엇을 발견할지 궁금한 마음을 가지고 한 주 동안 자신의 감정을 탐구해 보자.

5주: 감정 사전을 그린다

지난주에 관찰한 자신의 감정들을 몇 개의 카테고리로 묶고 패턴을 찾아본다. 이 책 137쪽에 소개한 방법대로 감정을 그린다. 그 작업에 '사전'이라는 단어를 붙인 이유는 이것이 감정을 그림으로 표현할 때 필요한 감정 언어의 기초가 되기 때문이다. 낱말들을 모아 문장을 만들고 시도 쓰듯이, 감정 사전을 만들어 놓으면 앞으로 하게 될 감정 표현에 필요한 낱말들을 갖게 되는 셈이다.

감정 사전을 만들고 한 주 동안 감정을 살펴서 이러한 낱말들이 자신의 삶에서 어떤 역할을 하는지 잘 관찰해 보자.

6주: 감정 사람 그림을 그린다

"인간은 자신과 공간의 관계를 우뇌로 처리한다. 내가 직접 참여했던 신경 영상 연구에서도 트라우마의 흔적은 주로 우측 반구에 남는 것으로 나타났다. 배려, 거부, 무관심과 같은 감정은 모두 얼굴 표정과 목소리 톤, 신체의 움직임을 통해 전해진다. 최근 발표된 연구 결과에서는 사람과 사람의 의사소통은 최대 90퍼센트 정도 우반구가 담당하는 비언어적 방식을 통해 이루어진다고 했다."

— 베셀 반 데어 콜크, 《몸은 기억한다》, 472쪽

앞에서 소개한 방식대로 사람과 감정의 관계를 인식하고 이 둘을 함께 그리는 연습을 한다. 우리는 몸과 얼굴 표정을 통해서 타인의 감정뿐만 아니라 자신의 감정도 인식한다. 또한 감정은 몸의 경험이어서 몸에 감정의 자국이 남는다. 이렇게 감정과 몸의 관계를 그리고 이해하다 보면 우리는 자신의 감정이 막혀 있을 때 어떻게 하면 잘 흐르게 할 수 있는지 그 방법을 터득할 수 있다.

우울한 사람의 감정을 가장 빨리 바꾸는 방법은 좋은 생각을 하거나 좋아하는 일을 하는 것이 아니라 가슴을 쫙 펴고 손을 하늘로 활짝 쳐드는 것이다. 화가 났을 때 화를 푸는 가장 빠른 방법은 시야가 탁 트이는 곳에 가서 멀리 있는 새나 구름 등을 쳐다보는 것이다. 왜냐하면 우리는 화가 날 때 시야가 좁아지는데, 시야가 넓어지면 화의 감정이 그대로 유지되지 않기 때문이다.

희한하게도 그 제스처를 직접 하지 않고 그림으로만 그려도 효과가 있다. 우리의 뇌는 상상하는 것과 실제로 일어나는 것을 구분하지 못하기 때문이다.

이 작업을 통해서 자신의 몸의 경험을 이해하고 타인들의 몸의 경험을 읽을 수 있을 것이다. 이는 사람을 더 잘 읽거나 판단하기 위함이 아니라 더 많은 연민을 자신과 타인에게 주고자 함이다.

7주: 매일 아침, 아침 의식을 하고 그림 일기장을 연다

이번 연습은 조금 이상하게 들릴 수도 있다. 이 주에는 그림 일기장에 그림을 그리거나 글을 쓰지 말고, 그림 일기장을 열었다 닫는 행위만 반복한다. 그림 일기를 위해 필요한 모든 과정을 습관화하기 위한 것이다. 아침에 눈을 뜨자마자 아니면 간단히 운동을 하고 난 다음에 초를 켜거나 향을 피우는 등의 아침을 여는 의식을 하고, 그림 일기장을 연다. 잠시 머문 뒤 그림 일기장을 덮고, 초를 끄거나 하는 마무리 의식을 하고 하루를 시작한다.

아마 뭔가를 빨리 적거나 그려보고 싶어서 당장 시작하고 싶을 것이다. 하지만 이 작업을 지속할 의식ritual이나 삶의 흐름을 만들어내지 못하고 또한 그 흐름을 습관화하지 않는다면, 당신이 아무리 의지력이 높아도 작심삼일이 될 가능성이 아주 높다. 아니, 작심삼일이 될 것이다.

습관을 만드는 가장 좋은 방식은 최소한의 목표를 설정하는 것이다. 가장 작은 목표를 세우고 그것을 매일매일 할 수 있으면, 이런 작은 습관이 큰 습관을 끌어낸다. 습관의 틀을 먼저 만들고 그림 일기를 시작하자. 장기적으로 하기가 훨씬 쉬워질 것이다.

> "아무리 작은 행동이라도 일단 시작하면 마음이 그것을 현실로 인식하게 된다. 이것은 매우 중요하다. 행동을 취하기 전에는 그것이 정확히 어떤 일이 될지는 모르고 상상만 할 수 있을 뿐이다…… 언제나 첫 시작이 가장 어려운 이유는 실행과 약속이라는 어마어마한 무게가 거기에 실려 있기 때문이다. 어떤 일을 시작하고 나면 그것을 성공시키기 위해 어떻게든 본래의 목표를 달성해야만 한다는 생각을 하게 된다. 그래서 버겁게 느껴지는 일이라면 애초에 시작조차 하지 않으려 하는 것이다. 많은 사람들이 끝내지 못할 일은 시작도 하지 않으려 한다. 작은 습관이 그토록 쉬운 이유도 바로 그 때문이다. 목표 자체가 너무 작기 때문에 포기할 위험도 없다. 작게 시작해서 '어떤 일을 한다'는 현실에 일단 발부터 들여놓고 나면 그 첫걸음이 생각한 것만큼 어렵지 않다는

사실을 깨닫게 된다. 그러고 나면 그 다음 걸음을 내딛는 것도 그리 어렵지 않게 느껴진다."

—스티븐 기즈, 《습관의 재발견》, 106쪽

8주: 아침 의식 순서를 조정하고 조율한다

마지막 주간은 리허설 주간이다. 아침 의식을 하고 그림 일기를 시작한다. 도구가 손에 익는지, 그림 일기장은 적당한지, 아침에 눈을 뜨자마자 하는 게 좋은지, 운동이나 호흡 가다듬기를 조금 하거나 차를 한 잔 마시고 하는 게 좋은지, 그림 일기를 시작하기 전에 어떤 의식을 하는 게 편안한지, 마지막으로 점검하고 조율을 해본다.

도구가 편하지 않을 수도 있고, 아침에 바로 하는 게 편하지 않을 수도 있으며, 초를 켜는 것이 어색할 수도 있다. 그러면 다른 어떤 방법을 쓸지 조정하고 조율해 보자. 이번 한 주간은 이런저런 조정들을 해보면서 자기만의 방식, 자기만의 흐름을 만들어본다.

자, 이제 아침마다 의식을 하듯이 그림 일기장을 펼치고 그림과 글로 깊은 대화를 나누어보자. 자신의 현재 모습 그대로를 공감하며, 원하는 변화를 상상하고 믿어보자. 믿으면 행하게 되고, 행하면 이루어진다.

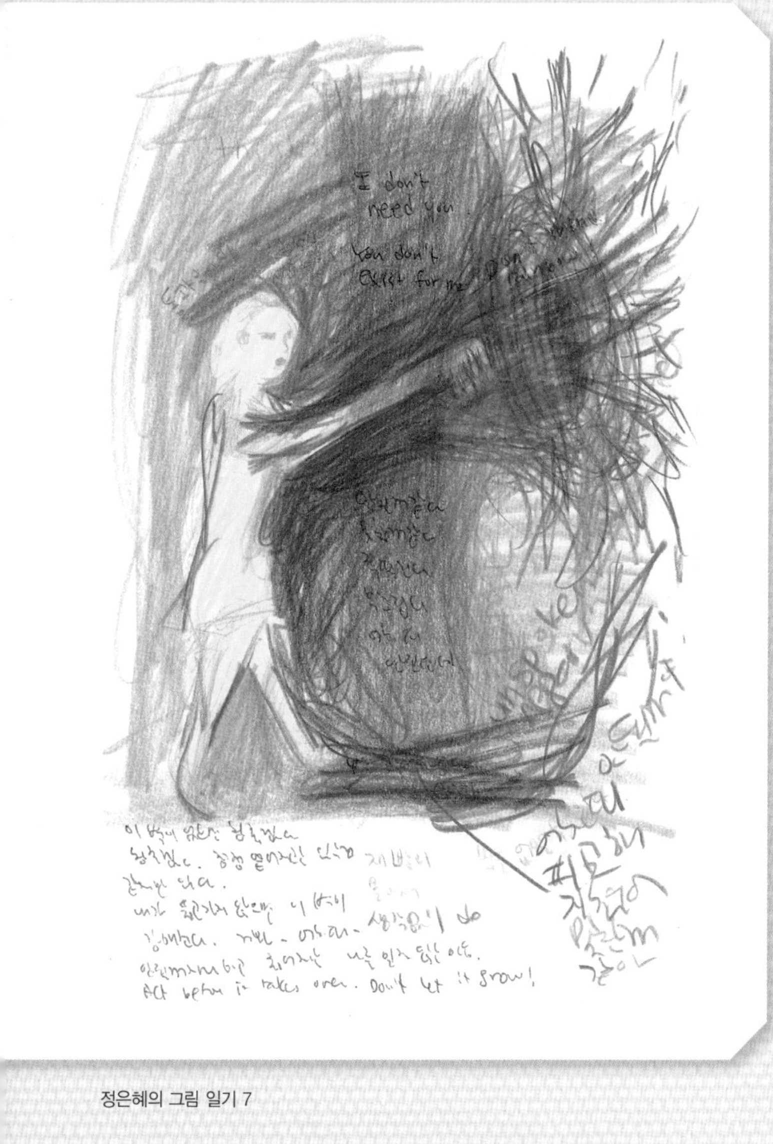
I don't need you
You don't exist for me
Act before it takes over. Don't let it grow!

정은혜의 그림 일기 7

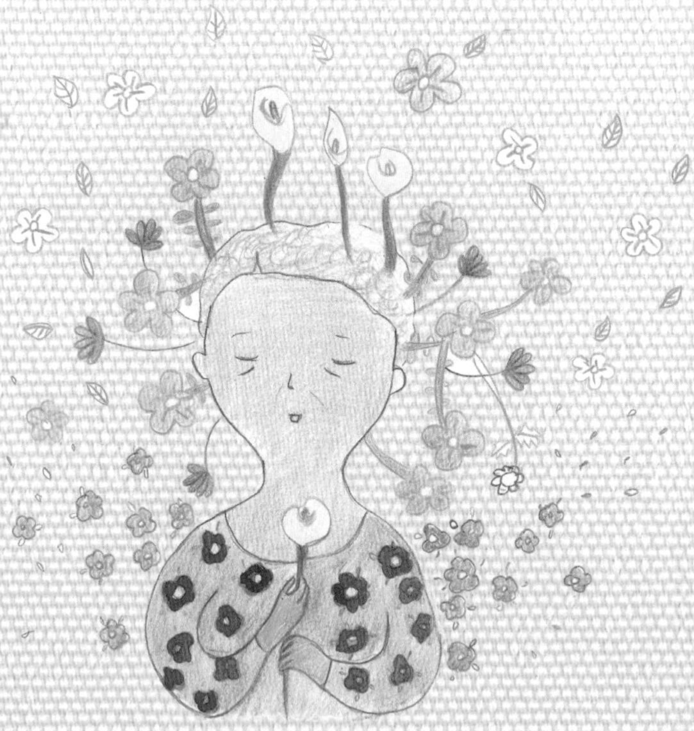

변화를 위한 몇 가지 다른 아이디어

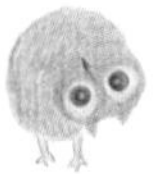

앞에서는 '변화를 위한 그림 일기' 방식을 다뤘다. 변화를 위해서 자신의 현재 삶에 공감하고, 공감한 그곳에서 시작하여 변화를 이뤄내는 방식의 그림 기법이다. 모든 창의적인 것이 다 그렇듯이 자신의 삶을 돌보는 방식은 한 가지만 있는 것이 아니고, 그림도 단지 그림 일기 방식만 있는 것이 아니다.

나는 미술 치료 기법을 개발할 때면 마치 매트릭스를 짜는 듯한 기분이 들고는 한다. 여기서 '매트릭스'란 영화 〈매트릭스〉에서처럼 가상 현실을 말하는 것이 아니라 가로축과 세로축이 상호 작용을 하고 있는 틀을 말한다. 교육 교본들을 들여다보면 교사가 이렇게 하면 학생이 똑같이 따라하고, 그러고 나면 교사가 다음 순서를 진행하는 식으로 많이 서술되어 있는데, 이 같은 선형적인 방식은 현실과 잘 맞지 않는다. 어떤 참여자를 만날지, 그 참여자가 그날 어떤 마음 상태일지, 그날 날씨나 기온은 어떨지, 다른 사람들과의 기운은 어떨지 등등에 따라 수업이 달라지기 때문이다.

선형적인 방식의 학습 교본, 혹은 교본처럼 짜놓은 미술 치료 계획안은 참여자가 교본이나 계획안에 짜인 대로 할 것이라는 가정을 전제하고 있다. 하지만 내 경험으로 보건대 수업에서 교사/치료사가 무엇을 할지는 알 수 있을지언정, 학생/참여자가 어떻게 행동할지는 알 수가 없다. 지시대로 하지 않겠다며 버티는 사람, 아예 나가버리는 사람, 할 듯 말 듯한 사람, 하는 척만 하는 사람 등등 아주 다양하기 때문이다. 그러한데 어떻게 계획을 다 짜놓고 시작을 할 수 있단 말인가?

학교나 기관, 재단 등과 일을 할 때면 먼저 프로그램의 계획서나 진행안을 제출하라고 한다. 나는 계획서를 끝까지 쓰지 않고 버틸 때도 있고, 마지못해 쓸 때도 있고, 그냥 아무거나 써서 낼 때도 있는데, 실제 미술 치료 '기법'은 선형적인 구조로는 기록이 잘 되지 않는다. 여러 가능성들이 내 머릿속에서 둥둥 떠다니다가 그 순간에 가장 적절한 방식을 선택하는 식이어서 직선적이고 선형적인 계획안의 형식으로는 어떻게 할지 잘 표현이 안 되는 것이다. 그러다 보니 마치 새 기법을 그 자리에서 창조하는 것 같아 보이는데, 실은 없는 것을 새롭게 창조하는 것이 아니라 그 순간 여러 가능성들의 재조합이 일어난다고 설명하는 것이 더 정확하다. 나는 미술 치료 기법이란 미리 짜인 것을 따라하는 것이 아니라 그 상황에서 즉흥적으로 재조합할 수밖에 없는 것이라고 생각하는데, 그 이유는 우리가 다루는 것이 복잡한 '사람'이기 때문이다.

얼마 전에 컴퓨터 엔지니어와 대화를 할 기회가 있었는데, 그는 좋은 컴퓨터 엔지니어는 복잡성을 다룰 수 있는 사람이고 복잡성을 다룰 수 없다면 좋은 엔지니어가 될 수 없다고 했다. 그러면서 복잡성이란 눈에 보이는 것만이 아니라, 눈에 보이는 결과를 얻기 위한 수많은 가능성과 에러의 경로까지 포함하는 것이라고 말했다.

사람의 마음을 다루는 미술 치료 작업에서 가장 큰 복잡성을 지니고 있는 것은 미술 치료 기법도 아니고 미술 치료사도 아니다. 바로 그 작업에 참여하는 당신이라는 '사람'이다. 할지 말지, 한다면 얼마만큼 할지, 어떤 것을 하고 어떤 것을 하지 않을지 등등 수많은 선택권을 당신이 쥐고 있다. 게다가 당신이 그 작업에 참여할 때의 날씨나, 혈관 속의 당이나 카페인 농도, 아침에 있었던 가족과의 말다툼, 오랜만에 만난 친구와의 깊은 교감 또는 그 무엇과의 조합이 그 순간의 당신을 형성하는 복잡한 변수로 작용하고 있다.

이렇게 길고 복잡하게 말하는 이유는, 그림을 통해 자신의 삶을 창조적이고 치유적으로 가꾸는 일을 포기하지 말라는 말을 하고 싶어서이다. 이 책에 소개한 그림 일기 방식에 대해서 당신은 다양한 반응을 보일 수 있다. 어쩌면 하고 싶기도 하고, 하고 싶지 않기도 할 것이다. 그냥 하기 싫을 수도 있고, 어떤 부분에 유독 거부 반응이 일 수도 있다. 또는 자신이 없을 수도 있고, 갈 길이 멀어서 시작할 엄두를 못 낼 수도 있다. 그림 일기 방식의 어떤 면은 마음에 들지만 어떤 면은 마음에 잘 와 닿지 않을 수도 있다. 심지어는 이 책에서 소개한 어떤 것도 수용하지 않을 수 있다.

그러나 당신이 자신의 삶을 창조적으로 들여다보고 창조적으로 상상하기 시작하면 삶이 변화한다는 것만은 틀림이 없다. 삶 자체가 창조이고, 우리의 생명력 자체가 창조이기 때문이다. 사람들은 행복하고 싶다고 말하지만, 사실 사람들이 원하는 것은 행복한 기분이 아니라 살아있다는, 그 가슴 뜨거워지는 경험인 경우가 많다. 살아있으려면 창조해야 한다. 창조는 '살아있음의 기운'이 움직이는 방식이기 때문이다.

돈과 권력만이 성공의 지표가 된 너무도 각박한 사회에서 창조적인 삶을 살라는 말은 아주 멀게 들릴 수 있다. 그러나 창조적인 삶을 살 수 있는 방법들은 아주 많다. 이 책에서는 그 한 가지 방법으로 그림 일기 방법을 소개했는데 이 외에도 많은 방법이 있다.

그림 일기가 아니면 다른 방법을 찾아보자. 당신이라는 복잡성을 한번 만나보자. 너무 심각하게 말고, 즐겁게, 가볍게. 우리는 치유의 과정을 너무 무겁게 생각하고는 하는데, 창조성과 만나는 치유의 과정은 눈물의 바다일 때도 있지만 웃음의 꽃밭일 때가 더 많다.

몇 년 전 제주도에서, '형식 없는 형식'의 언컨퍼런스에 참여한 적이 있는데, 그때 나모리 선생님의 드럼 서클에 참여할 기회가 있었다.(드럼 서클은 여러 명이 동그랗게 둘러앉아서 서로의 리듬에 맞추어 함께 즉흥 연주하는 공동체적 타악기 연주 방식을 말한다.) 그 전에 광화문에서 집회가 있을 때 선생님이 드럼 서클을 이끄는 모습을 멀리서나마 본 적이 있었는데, 직접 해볼 기회가 되니 설레고 떨렸다. 열 명 정도의 사람들이 젬베를 하나씩 앞에 두고 둘러앉아서 젬베의 기본 손동작, 소리 내기, 신호 등을 배웠다. 선생님의 젬베 소리는 가슴이 뻥 뚫릴 만큼 시원했는데, 우리는 그런 맑은 소리가 전혀 나질 않았다.

제대로 소리도 못 내봤는데 곧 합주를 시작한다며, 선생님은 시작을 나타내는 리듬과 마무리를 하는 리듬을 가르쳐주었다. 선생님은 환한 얼굴로 리듬을 타기 시작했다. 그러고는 시작

신호를 놓치지 않으려고 긴장하고 있는 우리를 보면서, "자, 여러 분 웃으세요, 어차피 잘 안 될 거예요!"라고 했다. 잘하려고 포즈를 잡고 있다가 피식 웃음이 나왔다. 어차피 잘 안 될 거라니! 그러니 웃으라고, 그러니 즐기라고, 이게 바로 정답이 아닌가?

나는 이 책에 미술을 통해 사람을 행복하게 하고, 치유하고, 온전하게 하는 노하우와 기법을 담았다. 내가 아는 최선의 방법을 펼쳐보였다. 물론 다른 길도 있다. 하지만 그것들을 모두 표현할 수도 없고 여기에 다 쓸 수도 없다.

중요한 건 당신은 당신 삶에 관한 한 최고의 전문가라는 점이다. 하지만 정답을 찾고 움직이려고 한다면 처음부터 시작하기도 힘들 것이다. 정답은 최종 목적지가 아니라 자신이 나아가는 한 발자국 한 발자국에 들어 있다. 그러니 완성이나 완벽을 목표로 두지 말고, 자신의 길을 향해 찾아나서는 것을 목표로 두었으면 좋겠다. 그렇게 한다면 이보다 기쁘고 재미있는 여정도 없을 것이다.

아래 소개하는 몇몇 방법은 그림 일기 외에 변화를 위해 활용해 볼 만한 몇 가지 아이디어들이다. 필요하다면 이런저런 시도들을 통해 당신만의 방식을 찾기를 바란다. 그리고 이 방법들 중 하나를 응용하거나 자신만의 방법을 만들더라도 이 책 227쪽에 나와 있는 의식을 만드는 방식은 여전히 유용하고 동일하게 적용될 수 있다.

질문하고 답하기

오랫동안 서로를 보고 함께해 온 가족이나 친구, 동료도 정작 서로에 대해서 잘 모르는 경우가 많이 있다. 치약을 앞에서부터 짜는지 뒤에서부터 짜는지 그런 시시콜콜한 것은 잘 알면서, 어떤 생각을 하고 어떤 고민이 있는지는 모르는 경우가 많은 것이다.

부모가 아이를 치료실로 데려와서는 도대체 이 아이 속을 모르겠다고, 그림 검사를 통해서 무슨 생각을 하고 있는지 좀 알아봐 달라고 의뢰하는 경우가 있는데, 이럴 때 내가 아이들에 대해 알게 되는 대부분의 정보들은 그냥 물어봐서 아는 것들이다. 물어보면 곧잘 이야기를 한다. 내 경험에 의하면 아이들만 그러는 것이 아니다. 어른들도 물으면 잘 말해준다. 심지어 말하기 시작하면 잘 멈추지도 않는다.

나는 직업이 치료사이기도 하지만, 어렸을 때부터 남의 말을 잘 듣는 성향이라 늘 사람들이 하는 말을 많이 들어주곤 했는데, 요즘 들어서 부쩍 사람들이 내게 길게 이야기하는 것을 느낀다.

우연히 지인을 만나 잠깐 인사 정도 나누려고 섰는데 정신을 차리고 보니 한 시간째 서서 그 사람의 이야기를 듣고 있다거나, 차 한 잔 마시러 만났는데 그 사람의 인생 전체 이야기를 저녁 시간 내내 듣고 있다거나, 일 끝나고 가볍게 맥주 한 잔 하는데 그 사람의 가족과 친구와 친구의 가족과 가족의 친구 문제까지 듣고 있다거나 하는 경우가 자주 있다.

그러고는 몇 시간 후에 자리에서 일어나면서 상대방이 하는 말, "우리 오늘 정말 즐거운 대화 나눴죠?" 내가 말을 하지 않았다는 사실을 정녕 모르는 것일까? 나는 그들의 이야기에 대하여 "그래서 어떻게 생각하는데요?" "그게 그래서 어떻게 되었는데요?" 등등의 진행 질문과, 화자의 이야기에 따옴표를 찍고, 물음표를 붙이고, 밑줄을 긋고, 중요한 문장을 되풀이해 주고, "그랬어요? 옳거니! 어떻게 그렇죠? 말도 안 돼? 정말요?" 하는 추임새를 붙이는 '듣기' 행위를 한 것뿐인데, 몇 시간 후에 "우리는 정말 잘 통하는 거 같아요"라고 하면 아, 정말이지 묵언 수행을 하고 싶어진다.

한번은 참 좋아하는 언니지만 그 언니의 길고 자세한 이야기를 듣는 게 피곤해져서 솔직히 내 속마음을 말해버렸다. "왜 언니는 늘 언니 말만 해요? 나도 내 이야기 하고 싶고, 나도 내

고민 털어놓고 싶고 그렇단 말이에요." 그랬더니 잠깐 멈칫하던 그 언니가 곧 차가운 냉수 같은 발언을 했다. "그건 네 탓이야. 네가 자꾸 물어보았잖아."

사랑과 질문에 대한 흥미로운 연구가 있다. 거의 20년 전에 아서 아론Arthur Aron이라는 심리학자가 주도한 '친밀도' 연구인데, 2015년에 《뉴욕 타임스》지에 기사가 나간 뒤 이 신문 저 신문, 이 블로그 저 블로그에서 인용되기 시작하면서 뒤늦게 그 내용이 바이러스처럼 널리 퍼져나갔다.(질문과 연구 논문 링크는 이 책 266 및 309쪽 참조) 이 연구에서는 서로 전혀 모르는 사람들이 36개의 질문을 주고받고, 마지막으로 말없이 4분 동안 서로의 눈을 바라보는 것만으로 서로 간에 사랑과 친밀도가 생겨난다고 밝히고 있다.

수많은 전문가, 비전문가 들이 정말 그런지 실험을 해보고 너도 나도 그 결과를 공개했다. 사랑에 빠졌다는 사람도 많았고, 로맨틱한 사랑까지는 아니더라도 인간애, 공감, 사람에 대한 깊은 이해가 생겼다는 이도 아주 많았다. 원래 실험은 낯선 이들을 대상으로 한 것이지만, 오래된 친구나 열정이 사라진 부부들이 이 질문들을 주고받으면서 다시 깊은 애정이 생겼다는 이야기도 많았다. 실제 연구에 참여한 상당수의 파트너들이 연애를 하고 결혼을 했다고 하는데, 그러다 보니 이 질문들은 '사랑 질문지'라는 애칭으로도 불린다.

그렇다면 이 질문들은 도대체 어떤 것들일까? 질문은 모두 36개로, 세 가지 세트로 구분되어 있으며, 각각의 세트는 서로의 삶을 점점 더 깊이 들여다보게 하는 질문들로 구성되어 있다. 이 질문들은, 친밀한 관계에 있는 사람들이 서로에게 사적인 생각이나 비밀을 고백하는 특성, 즉 서로의 연약함을 내보이는 특성이 있다는 전제 위에서 만들어졌다. 다음 페이지에 36개의 질문이 있는데, 질문 하나하나가 특별한 것은 아니다. 다만 질문들이 점차로 사람의 마음을 열어보이게 한다는 특징이 있다.

질문을 통해서 서로를 이해하고 사랑에 빠지게 된다는 것은 어쩌면 당연한 일 같기도 하다. 자신의 삶을 어떻게 바라볼지 모르겠다면, 이 질문지에서 착안해 자신에게 또는 서로에게 마음을 열게 해주는 질문을 던져보자. 아마 아무도 물어봐 주지 않아서 해보지도 않은 생각들, 있었는지도 모르는 마음의 이야기들이 나오기 시작할 것이다. 그리고 마음이 열릴 때 만나는 감정이 연민이고 사랑이라는 것을 알게 될 것이다. 바로 자신의 삶을 창조적이고 치유적으로 들여다보기 시작할 때 필요한 것들이다. 그러니 이 질문들로 시작을 해보는 것도 좋겠다.

세트 1

01 이 세상의 누구라도 초대할 수 있다면, 누구를 저녁 식사에 초대하고 싶은가요?

02 유명해지고 싶나요? 어떻게?

03 전화를 걸기 전에 무슨 말을 할지 리허설을 하는 편인가요? 그렇다면 왜요?

04 당신에게 '완벽한' 하루는 어떤 하루인가요?

05 마지막으로 자신 스스로에게 또는 누군가에게 노래를 불러준 적인 언제인가요?

06 만약 당신이 90살까지 살 수 있고, 30살부터 90살까지 30살의 몸이나 정신 중 하나만 갖고 살아가게 된다면 당신은 무엇을 선택하시겠습니까?

07 당신이 어떻게 죽을지 좀 예상이 되는 것이 있습니까?

08 당신 두 명이 함께 가지고 있어 보이는 공통점 세 가지를 쓰세요.

09 살면서 가장 감사한 것은 무엇입니까?

10 당신이 양육된 방식에 대하여 한 가지를 바꿀 수 있다면 그 한 가지가 무엇입니까?

11 4분 동안 서로에게 자신의 삶에 대하여 할 수 있는 만큼 자세히 말해주십시오.

12 만약 내일 아침, 한 가지 새로운 품성이나 능력을 가지고 일어날 수 있다면, 그것이 무엇이었으면 좋겠습니까?

세트 2

13 점성술사가 당신, 당신의 삶, 또는 당신의 미래에 대해서 무엇이든지 말해줄 수 있다고 한다면, 무엇을 알아보고 싶습니까?

14 혹시 오랫동안 꿈꿔왔던 일이 있습니까? 왜 그 일을 아직까지 하지 않았습니까?

15 당신이 살면서 이룬 가장 큰 업적은 무엇입니까?

16 친구 관계에서 가장 소중하게 생각하는 것은 무엇입니까?

17 가장 소중한 추억은 무엇입니까?

18 가장 나쁜 추억은 무엇입니까?

19 만약 당신에게 살 날이 1년밖에 남지 않았다는 사실을 알게 된다면, 당신 삶에서 무엇을 바꾸겠습니까? 그 이유는요?

20 당신에게 친구란 무엇입니까?

21 당신 삶에서 정과 사랑이 어떤 역할을 합니까?

22 파트너에게 자신이 갖고 있는 긍정적인 면에 대하여 말해주세요. 총 다섯 가지씩 말하세요.

23 당신의 가족은 얼마나 가깝고 얼마나 따뜻한가요? 당신의 어린 시절은 대부분 사람들의 어린 시절보다 행복했나요?

24 당신과 당신 어머니의 관계는 어떠한가요?

세트 3

25 "우리는"으로 시작하는 문장을 세 개 만들어보세요. 예를 들어 "이 방에 있는 우리 둘이 느끼기에… …"

26 다음 문장을 완성해 보세요. "나는 누군가와 ____________ 을 나눌 사람이 있으면 좋겠습니다."

27 만약 파트너와 가까운 친구가 된다면, 자신에 대한 어떤 중요한 점을 파트너가 알면 좋을까요?

28 파트너에게 마음에 드는 점을 말해주세요. 보통은 지금 막 만난 사람에게는 하지 않을 말이겠지만, 솔직하게 말해주세요.

29 창피했던 일을 서로에게 말해주세요.

30 언제 마지막으로 울었나요? 누구 앞에서 울었나요? 아니면 혼자서?

31 파트너에게 어떤 점이 벌써 마음에 들었는지 말해주세요.

32 절대 농담으로 말해서는 안 되는 것이 혹시 있나요?

33 만약 당신이 오늘 밤에 죽기 때문에 아무하고도 말을 할 기회가 없다면, 어떤 말을 누구에게 못한 것을 가장 후회할 것 같나요? 왜 아직 그 이야기를 그 사람에게 못했나요?

34 당신의 모든 것이 있는 집에 불이 났어요. 사랑하는 사람들과 반려 동물들을 구한 다음에 한 가지 물건을 가지러 마지막으로 한 번 더 갈 수 있어요. 무엇을 찾아올 것인가요? 왜지요?

35 당신의 가족 중에서 누구의 죽음이 가장 괴로울 것 같으세요? 그 이유는요?

36 개인적인 고민을 파트너에게 털어놓고 조언을 구해보세요. 그리고 그 문제에 대하여 자신이 어떻게 생각하고 있는 것 같다고 느끼는지 파트너에게 물어보세요.

도표 만들기

나는 사람들의 추상적인 말귀를 잘 알아듣지 못하는 편이다. 감정이 담겨 있지 않은 이야기가 잘 이해가 안 되는 것이다. 이것은 나의 낮은 지능지수IQ와 높은 감성지수EQ가 만든 조합의 결과일 텐데, 추상적인 것을 그림으로 그리면 이해가 아주 잘 된다. 친구랑 부딪침이 있거나 누군가와 갈등 상황이 될 때, 모두가 그러는 것처럼 머릿속에서 왜 그랬을까를 생각하며 복기도 해보고 상황을 꼭꼭 씹어도 본다. 하지만 결국 그림으로 표현해 보는 것이 내게는 가장 확실한 방법이다.

다음은 친구와 내가 서로 의사 결정 방식이 달라 종종 부딪침이 생기곤 했는데 이것을 도표로 그려본 것이다.

이 그림을 보면 전체가 움직이는 나의 패턴과, 신중하게 선별적으로 움직이는 친구의 패턴이 보인다. 나는 어떤 것이 좋다 하면 앞뒤를 잘 안 따지는 편이다. 그러다 보니 온 몸과 마음을 다해서 움직이다가 어떤 문제에 걸려서 첫 시작점으로 다시 돌아오는 경우가 있다. 반면 친구는 쉽게 시작을 하지 않는다. 다 따져보고 살펴보느라 시작이 빠르지 않다. 그 대신 다 확인하고 나서 시작하기 때문에 어떤 문제에 부딪쳐도 그만두는 일이 별로 없다. 이렇게 성격이 다른 두 사람이 부딪치는 지점이 어디인

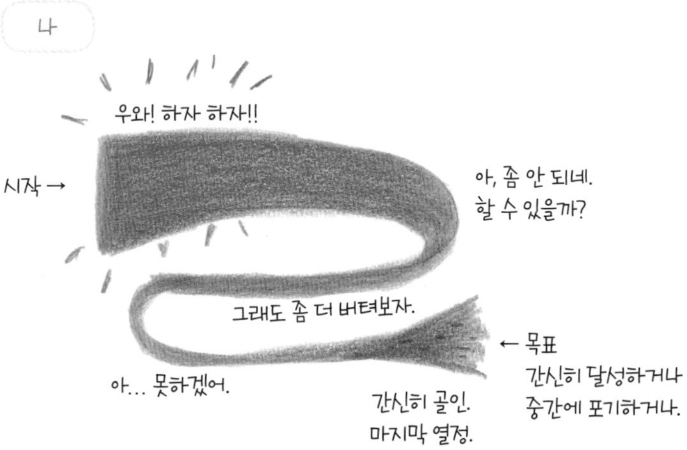
나
우와! 하자 하자!!
시작 →
아, 좀 안 되네.
할 수 있을까?
그래도 좀 더 버텨보자.
← 목표
간신히 달성하거나
중간에 포기하거나.
아… 못하겠어.
간신히 골인.
마지막 열정.

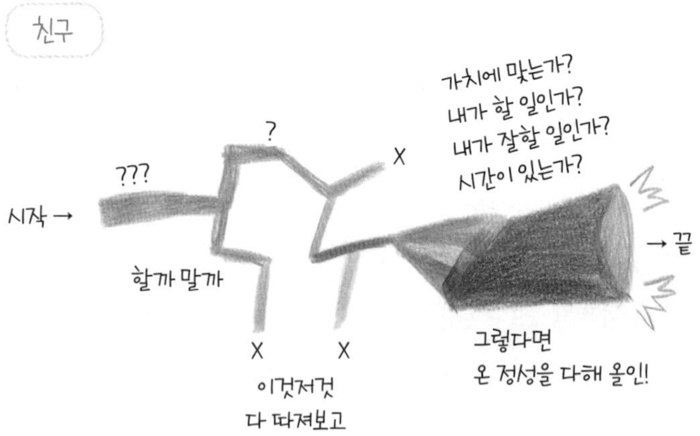
친구
가치에 맞는가?
내가 할 일인가?
내가 잘할 일인가?
시간이 있는가?
?
X
???
시작 →
→ 끝
할까 말까
X
X
그렇다면
온 정성을 다해 올인!
이것저것
다 따져보고

도식 그림 예

지 이 그림이 확실하게 보여준다.

나는 친구에게 무엇을 같이 하자고 할 때 나처럼 전체로 움직이지 않아서 섭섭했고, 친구는 기다려주지 않고 다그치는 내가 불편했다. 이 그림을 같이 보면서 우리는 서로를 이해하고 그간의 서운함이나 불편함을 풀 수 있었다. 그냥 우리가 막연히 다르겠거니 하다가 어느 지점에서 다른지 확실히 보니 서로를 이해할 수 있고, 서로의 예민한 점을 피하고 갈등을 빚지 않을 수 있어서 신이 났다.

도표를 그리는 데는 몇 가지 약속이 필요하다. 높아지거나 올라가는 것을 위로 향하게 그리고, 낮은 것이나 낮아지는 것을 아래로 향하게 그린다. 과거에 있는 것은 왼쪽에, 미래에 있는 것은 오른쪽에 그린다.(실제로 우리는 기억을 이렇게 왼쪽에서 오른쪽으로 필름이 지나가듯 저장하는 습관이 있다.) 선만으로도 우리의 삶을 표현할 수 있다. 예를 들어 다음과 같은 것을 도표로 그릴 수 있다.

먼저, 삶 그래프로, 자기 삶의 높낮이를 도표로 그린다.

다음은 관계 분포도로, 살면서 맺어온 관계의 변화를 점으로 찍어서 표현해 본다.

도표의 특징은 자신이 처한 주관적인 경험에서 나와 전체적·객관적인 시각으로 자신을 바라보도록 훈련시킨다는 데 있다. 우리의 시야는 사실 많이 좁아서 지금 기쁘면 늘 기뻤던 것

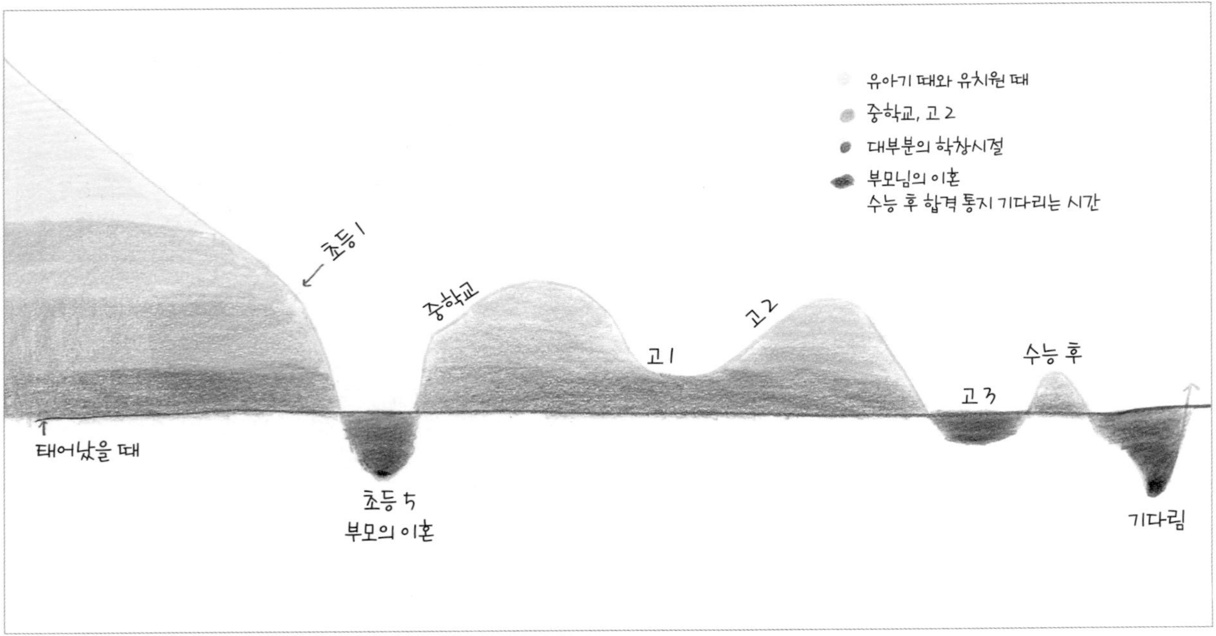
유아기 때와 유치원 때
중학교, 고 2
대부분의 학창시절
부모님의 이혼
수능 후 합격 통지 기다리는 시간
초등 1
중학교
고 2
고 1
수능 후
고 3
태어났을 때
초등 5
부모의 이혼
기다림

삶 그래프 예

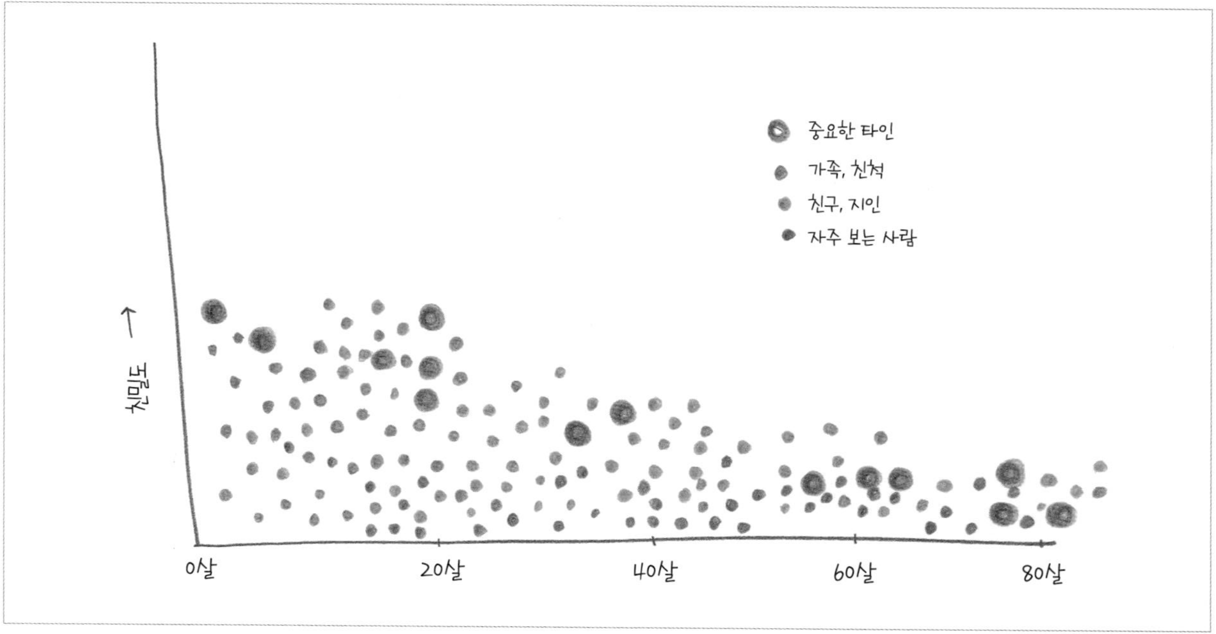

관계 분포도 예

같고, 지금 우울하면 늘 우울하기만 했던 것처럼 생각된다. 나쁜 일을 좋은 일의 아홉 배나 더 많이 기억한다고 하는데, 자신이 직면한 문제를 풀기 위해서는 이러한 자기 모습을 객관적으로 바라볼 필요가 있다. 그럴 때 도표가 힘을 발휘한다.

지금 경험하고 있는 일의 전후 관계를 그린다거나, 이전과 지금과 앞으로 나아가고 있는 방향선을 그린다거나, 자신이 경험하고 있는 압박감이나 스트레스를 이전과 비교해 그래프로 표시한다. 그렇게 하면 자신이 처해 있는 주관적인 경험을 존중하면서도 객관적인 전체의 입장을 동시에 갖는 연습을 할 수 있다.

만다라 그리기

얼마 전 초등학교에서 어린이들을 상대로 미술 치료를 하다가 내가 장난으로 실수한 시늉을 하자 한 아이가 나보고 만다라를 그리라고 했다. 의아하기도 하고 반갑기도 해서 만다라를 그릴 자세를 잡으니, 아이가 종이에 동그라미를 그리고 그 안에 대충 몇 가지 도형을 그려 넣더니 그 도형들을 점으로 채우란다. "아니 이게 무슨 만다라야?" 하니까, 그렇게 하다 보면 참을성이 생긴다면서 매일 아침 학교에서 그런 식으로 만다라를 그리라고 시킨다고 했다. 말 안 듣는 아이들을 위해서 만다라 그리기가 일종의 벌로 주어졌던 것이다.

만다라 그리기와 관련해 떠오르는 또 다른 장면도 있다. 선생님들을 대상으로 만다라 미술 치료 수업을 하려고 준비하고 있는데 선생님들이 하고 싶지 않다고들 했다. 왜 그러냐고 물으니 만다라 색칠하는 거 많이 해봤다는 것이다. 만다라 문양을 색칠할 수도 있고 점으로 찍어서 점묘화처럼 그릴 수도 있지만, 그것이 전부라고 생각하는 건 만다라의 힘을 무시해도 너무 무시하는 것이다. 게다가 만다라는 불교에서 하는 미술 치료라서 안 하겠다는 기독교인 집단도 있었고, 만다라에 대한 해석이 너무 얕아서 못하겠다고 하는 불교인 집단도 있었다. 단어와 문맥과 통용되는 관습에 묶여서 만다라 미술 치료의 내용이 빛을 보지 못하는 것 같아서 너무 안타깝다.

만다라는 원 형태의 그림을 말한다. 중심이 있고 가장자리에는 완벽한 원이 있으며, 중심과 원 사이에 수많은 가능성이 있다. 나는 만다라가 중심과 한계 사이에서 무궁무진하게 펼쳐내는 자유로운 그림이라고 생각한다. 또한 만다라는 중심의 점에서 시작해 밖으로 펼쳐지며 만개한 꽃이 되었다가 다시 중심으로 향하는, 움직이는 이미지이기도 하다. 만다라는 태어나 성장하고 중심으로 돌아와서 죽는 우리 삶을 상징하기도 하고,

자신의 중심과 중심으로부터 펼쳐나가는 가능성을 상징하기도 한다.

그리고 지극히 당연한 말일 수 있겠지만 '원'은 '네모'하고는 전혀 다른 세계관을 나타낸다. 그림을 그리라고 네모난 종이를 내미는 순간 우리는 위-아래, 왼쪽-오른쪽, 여기-저기 등 반대되는 두 지점을 만들어낸다. 네모가 주는 세계관은 비교의 관점이다. 여기와 저기, 이곳과 저곳 등으로 말이다. 하지만 원의 그림은 다르다. 위아래가 없다. 이곳에서 저곳으로(앞에서 뒤로) 펼쳐지는 원근법의 세상이 아니라 안에서 밖으로 밖에서 안으로 움직이는 역동적인 세상의 관점이다.

내가 이렇게 만다라를 겸허하게 생각하게 된 데에는 한국에 사는 40대 미국인 저스틴의 역할이 크다. 그는 만성적인 허리통증으로 침대에서 일어나지도 못하는 상태로 겨울을 맞고 있었다. 그는 허리병과 더불어 찾아온 우울증으로 몹시 힘든 시기를 보내다가 나에게 미술 치료를 받으러 왔다. 잘 움직이지도 못하는 상태여서 그와 뭘 하기가 참 어려웠다. 누워서 할 수 있는 게 뭐가 있을까? 그에게 도움이 될 만한 게 뭘까? 그러다가 만다라를 생각해 냈다. 더 정확하게는 원 그림이 떠올랐다.

처음 생리통을 경험했을 때, 통증을 덜어주는 약이 있는지도 모르고, 나뿐 아니라 많은 여성들이 생리통을 겪는다는 것도 모르고, 어른한테 말해도 되는 일이라는 것도 모른 채 나 혼자서 끙끙 앓았었다. 교실에서 너무도 고통스러워서 식은땀이 날 정도였는데 이를 악물고 연습장에 원을 그리기 시작했다. 왜 원을 그렸는지 모르지만 작은 원을 연습장에 빼곡하게 그리고 또 그리고…… 몇백 개는 그렸을 것이다. 그러는 와중에 통증이 사라졌다.

그때의 경험은 지금도 신기한 일로 기억되는데, 혹시 원을 그리는 게 저스틴에게도 도움이 될지 모르겠다 싶었다. 그래서 만다라 그림을 몇 개 보여주고 같이 그려도 보고 혼자서 그려보라고도 했다. 신기하게도 그는 만다라를 그리면서 허리 통증도 완화되었고 우울 증상도 호전되었다. 2년이 지난 지금도 그는 만다라를 즐겨 그린다. 자신을 돌보는 친구를 얻은 것이다.

기상 악화로 공항에 발이 묶여 신경이 예민해지고 허리 통증이 재발할까봐 두려웠을 때 그는 그 자리에 철퍼덕 주저앉아서 만다라 스케치북을 열고 만다라를 그렸다고 했다. 10분 뒤 아름다운 만다라가 완성되었고, 올라오던 불안과 초조감이 사라졌다고 한다. 그의 상태가 나아진 것은 만다라 때문만은 아니겠지만, 그에게 만다라를 그리는 것은 고통에 영향을 받지 않는 자신의 중심인 자기self(융은 의식의 중심을 에고ego라고 불렀고 전체 정신의 중심을 자기self라고 불렀다. 자기는 전체를 실현시킬 수 있는 잠재력을 지닌 원

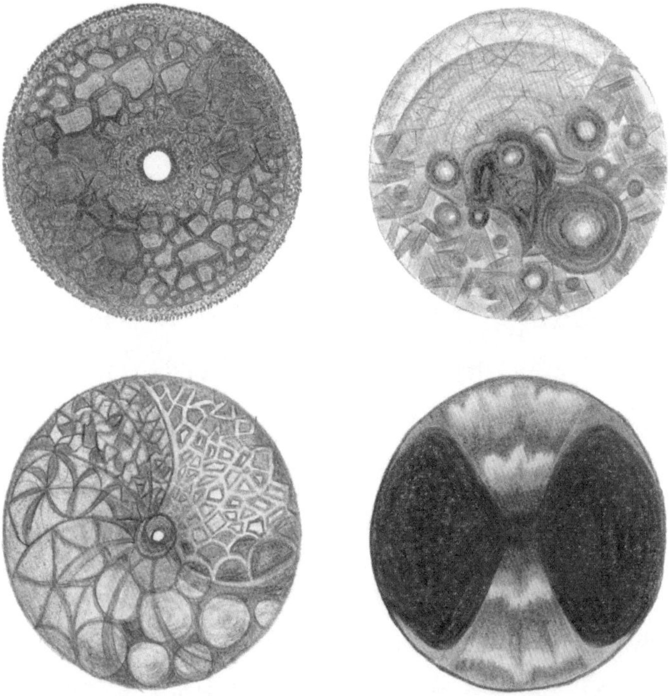

저스틴의 만다라

형으로, 만다라에서는 중심의 원에 해당한다)를 기억하고 축복하는 행위였으리라. 다음은 만다라에 대한 저스틴의 말이다.

"살다 보면 자신의 한계를 넘어서는 고통스러운 일들이 있다. 이럴 때 만다라는 자신을 압도하는 그런 고통조차도 받아들일 수 있는 힘을 준다. 또한 만다라를 그릴 때 실수라고 여겨지는 부분들, 즉 부서지고 부족하고 잘못된 것들이 결국에는 전체 디자인의 일부가 되는데, 이 점도 삶과 같다는 생각이 든다. 자신에게 주어진 어떤 것이 마음에 안 들더라도 그것들은 전체 삶의 디자인에 필요한 역할을 한다. 만다라에서도 삶에서도, 부족한 그것들은 전체의 일부분인 것이다."

만다라 중앙에는 원을 시작하는 점이 있고, 바깥 가장자리에는 완성을 상징하는 큰 원이 있다. 꽃이 만개하듯, 중심에서 바깥 큰 원을 향해서 펼쳐지고, 다 펼쳐지면 다시 중심으로 작아지는 원의 움직임이다. 만다라 그림이 안정감을 주는 것은 완벽한 원이 주는 상징성 때문이며, 그렇기에 중심의 점과 가장자리의 원은 지켜야 할 원칙이다. 하지만 그 사이에는 무수한 가능성이 존재하며, 자유롭게 문양을 만들거나 마음껏 색칠하면 된다.

보통 컬러링북 등을 통해 만나는 만다라 문양은 가능성이 활짝 피고 균형을 잡은 완벽한 형태의 만다라 그림들이다. 이와 달리 '만다라 12단계'(수잔 핀처, 《만다라 미술 치료 워크북》, 이음, 2011)에서 그리는 만다라 그림들은 대부분 불완전하고 삐뚤삐뚤하다. 만다라 12단계는 우리의 삶을 순환적으로 움직이는 만다라로 비유하고, 각각의 단계를 나타내는 만다라 그림을 그리는 작업이다.

씨앗으로 태어나고, 가능성이 피어나고, 미로를 만나고, 도전을 받고, 자신의 가치를 찾기 위해 싸우고, 그 자리에서 자신의 능력을 발휘하고, 열매를 맺고, 그리고 다 내려놓는 순환적인 과정에서 완벽한 도형으로 그리는 만다라는 한 번밖에 없다. 우리의 모든 가능성이 다 펼쳐졌을 때 그리는 만다라는 만개한 꽃의 모양과도 같다. 그리고 그 후에는 그것을 내려놓고, 다시 시작점으로 돌아가는 것이 우리의 삶이다. 만개한 완벽한 모습으로 지속하는 것은 꽃의 생이 아니다. 태어나고 자라고 열매를 맺고 내려놓는 이 모든 과정이 삶이고 만다라이고 꽃이다. 만다라 그림이 주는 치유의 힘은 완벽함에서가 아니라, 불완전함에도 불구하고 그 자체로 온전하다는 가르침에서 나온다.

물건 그리기

3년 전 1월 1일, 한 해를 어떻게 시작할까 생각하면서 버츄 카드virtue card를 뽑았다.(버츄 카드란 전 세계 문화권에서 찾아지는 보편적

미덕인 감사, 배려, 사랑, 신뢰, 창의성, 등 총 52가지 미덕과 미덕에 대한 설명을 써넣은 카드 세트이다.) 심지어 진짜 카드를 뽑은 것도 아니고 인터넷 사이트에서 랜덤으로 뽑아주는 버츄 카드를 받았다. 평화, 자애, 이런 멋진 말들을 제치고 나에게 찾아온 카드는 하필이면 '청결'이었다. 청결이라니! 처음에는 웃기다고 생각했는데, 마음속에서 '예스' 하고 화답하는 소리가 들렸다. 그로부터 3년째 매년 연초가 되면, 하루 여섯 시간 이상 정리를 하는 데 쓰는 것이 이제 연례행사처럼 되었다.

물건 하나하나를 살펴서 누구에게 주거나 버리거나 기부를 하고, 추억해야 할 것들은 나름의 방식으로 저장하는데, 이 일은 시간을 더 많이 들이고 마음을 더 많이 쓰는 일이다. 그러나 동시에 이것은 나의 삶을 되돌아보는 시간이 되었다. 그중에서 가장 많은 시간과 마음을 쓴 것이 옷이다. 나는 계절별로 옷을 딱 다섯 벌만 가지고 있는 게 소원이다. 그런데 옷 추리는 작업을 3년째 하고 있으니 아직도 멀었다.

첫해에는 안 입는 옷들을 손에 잡히는 대로 갖다가 버리거나 기부하거나 더 적당한 주인을 찾아주었다. 한 달이 꼬박 걸렸다. 다음해에는 중복되는 옷 아이템을 없앴다. 체계적으로 3분의 1을 정리하겠다고 결심하고 엑셀 프로그램으로 옷 리스트를 만들었다. 그래서 나는 정확하게 내게 옷이 몇 벌 있는지 알게 되었다. 내가 얼마의 돈을 가지고 있는지도 모르고 내가 몇 살인지도 깜빡깜빡하는 판에, 내 옷이 정확하게 몇 벌인지를 알게 된 것은 재미난 경험이었다. 그리고 이것의 3분의 1을 항목별로 없앴다. 이렇게 정리하는 데 또 한 달이 걸렸다. 그리고 3년째 1월이 되어, 더 줄여야겠는데 뭘 더 어떻게 줄여야 할지 난감했다. 더 이상 버리거나 줄일 것이 없어 보였다. 그래서 이번에는 남은 나의 모든 옷을 그림으로 그렸다.

이렇게 그림을 그려놓으니 내 옷들이 한 눈에 들어왔고, 종이 인형 옷이라도 그리듯 그림 그리는 과정이 너무 재미있었다. 그 옷들의 종이 인형이 나라는 사실도 참 웃겼다. 그림을 그려놓고 보니 왜 입을 것이 없는데 버릴 것도 없는지 알 수 있었다.

열일곱 살에 가족과 함께 캐나다로 이민을 간 이후로 나는 참 많이 돌아다니면서 살았다. 집도 바뀌고 환경도 바뀌고 친구도 바뀌었다. 아무도 모르는 도시에서 새로 시작하는 일이 여러 번 있었다. 그렇게 환경과 관계가 바뀔 때마다 함께 움직인 옷들이 남은 것이다. 시카고에서 산 원피스, 호주에서 산 재킷, 캐나다 친구가 선물로 준 스웨터…… 그것들은 옷이 아니라 추억이고, 내가 실제로 그곳에 살았음을 증명해 주는, 중간중간 끊긴 나의 삶을 인정해 주고 기억해 주는 것들이었다. 그러니 내가 그 옷들을 버리지 못하는 것을 이해할 수 있었다. 그리고 그렇게 알아주니 추억을 남기고 보내도 되겠다 싶은 옷들이 생겼다.

또 다른 큰 발견도 있었다. 내가 어떤 모습을 숨기고 어떤 모습을 선택하여 보여주는지 알게 된 것이다. 나는 주로 소박한 무채색의 옷을 즐겨 입는데, 내게는 입지도 않으면서 알록달록 화려한 색상의 옷이 많았다. 나는 지금도 차마 입지는 못하면서 화려한 색과 문양의 옷을 보면 가슴이 막 벌렁벌렁해지고는 한다. 인정하고 싶지 않았나 본데 옷 그림들을 보니 인정이 되었다. '화려한 거 좋아하는구나. 내 안에는 나를 보여주고 싶은 욕구가 있구나.'

나는 왜 만날 이런 알록달록함을 숨기고 무난하기 짝이 없는 검정색 티셔츠만 입을까? 깊게 탐구해 볼 문제라고 느꼈다.

내가 가진 옷들을 정리하고, 그림으로 그리면서, 나의 삶에 대해 많은 걸 알 수 있었다. 내가 어떤 선택을 하면서 살았는지, 어떤 모습을 숨기고 어떤 모습을 내보이는지 알 수 있었다. 그리고 내 안에 어떤 옷을 입고 싶어 하는 아이가 있는지, 나는 어떤 추억을 잡고 있는지, 또 내 단절된 과거의 경험이 나에게 어떤 의미인지 알 수 있는 깊은 작업이었다.

자신의 물건들을 그려보자. 무엇을 그릴지 막연해하는 사람들을 위해 몇 가지 아이디어를 소개한다.

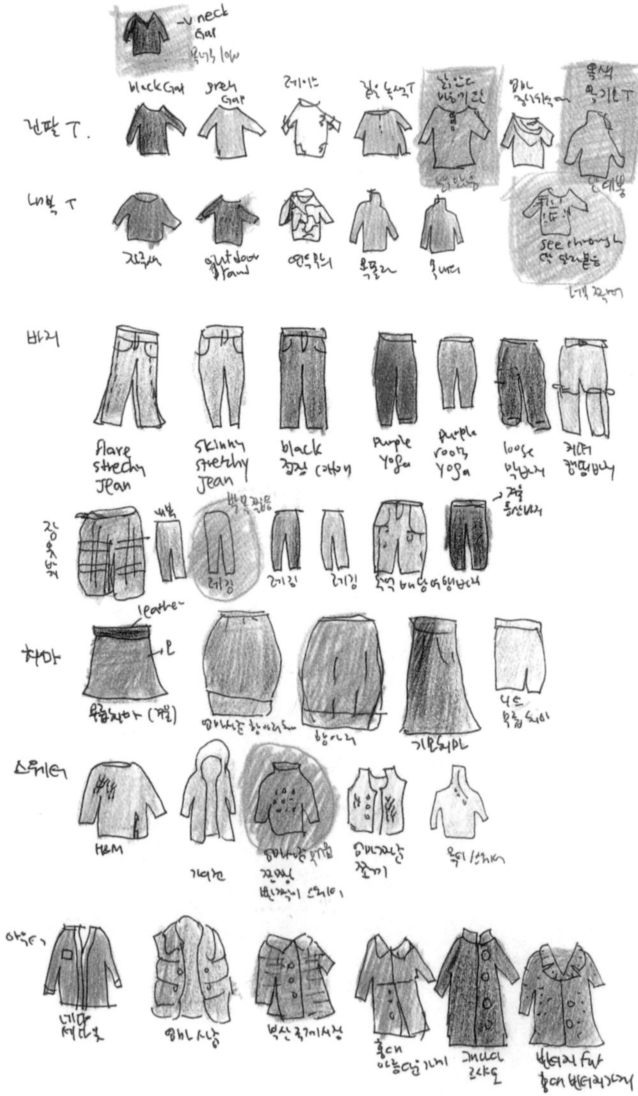

v neck
Gap
flare
stretchy
Jean
Skinny
stretchy
Jean
black
purple
yoga
loose
leather
H&M
see through

내 옷 그림 1 (by 정은혜)

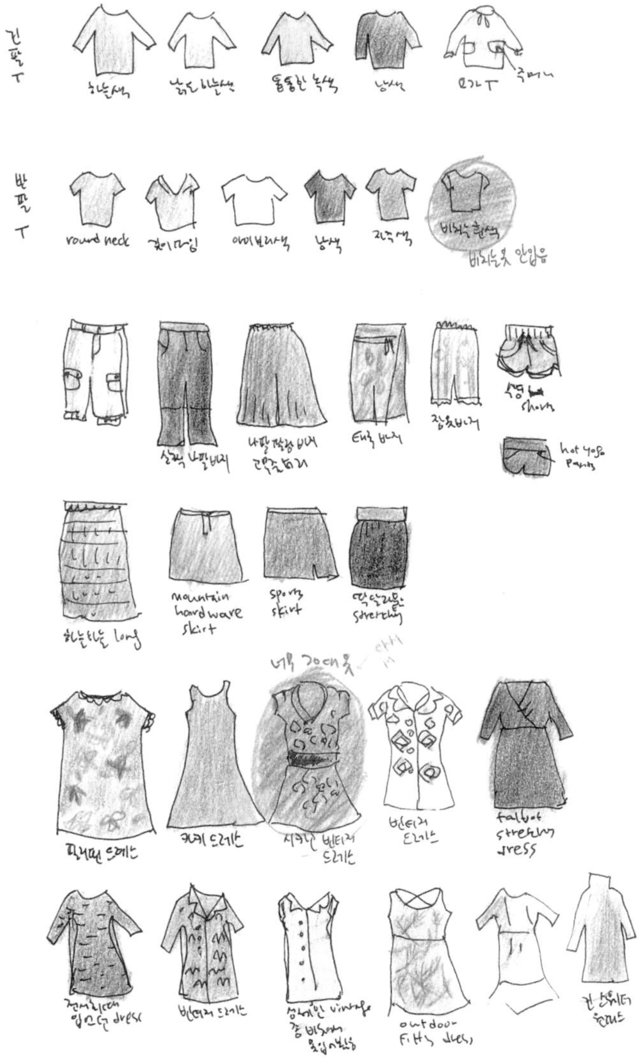
긴팔 T
반팔 T
round neck
hot yoga pants
mountain hardware skirt
sports skirt

내 옷 그림 2 (by 정은혜)

- 자기가 제일 좋아하는 옷 다섯 벌을 그려보자. 이 옷들은 자신의 어떤 점을 표현하는가?
- 입지도 않으면서 오랫동안 간직해 온 옷 다섯 벌을 그려보자. 이 옷들은 자신의 어떤 점을 표현하는가?
- 선물받은 물건 중에서 가장 기억에 남는 것을 그려보자.
- 지금은 주지 못하지만 언젠가 꼭 누군가에게 주고 싶은 선물을 그려보자. 왜 이 선물을 주고 싶은가?
- 집 전체에서 가장 중심적인 가구 또는 인테리어용품은 무엇인가? 그것을 그려보고 왜 그 물건이 중요한 위치를 차지하게 되었는지 생각해 보자.

인물의 관계도 그리기

어렸을 때 즐겨 보던 장편 만화책들에는 제일 앞부분에 등장 인물들의 관계도가 나온다. 장편일수록, 등장 인물이 많을수록, 누가 누군지 헷갈려 늘 관계도를 먼저 살펴보고는 했다.

당신 삶에 영향을 미치거나 갈등 관계에 있는 사람들과의 관계도를 그려보자. 이 그림의 특징은 시공간의 제약을 둘 필요가 없다는 점이다. 내 삶에서 중요한 역할을 했던 과거의 인물들과 현재의 인물들이 함께 한 페이지에 등장할 수 있다.

당연히 자기 자신의 그림이 가장 많이 등장할 것이다. 우리 내면에는 여러 모습의 '나'가 있으니 그 모습들 사이의 관계도도 그려볼 수 있겠다. 예를 들어 밖에서 활동할 때 열정적인 나와 집에 혼자 있을 때 소극적인 나, 원原 가족 관계에서 까불거리는 나, 배우자와의 관계에서는 주도권을 두고 실랑이를 하고 있는 나 등등 나와 나 사이의 관계도를 그려볼 수 있다. 이 작업 역시 많은 감정을 불러일으킬 수 있으므로 치료사나 믿고 지지하는 그룹 안에서 함께 해보기를 권한다.

다음 그림은 단기 미술 치료에서 작업한 20대 남자의 관계도이다. 자기 내면의 여러 모습과 그 모습들을 불러낸 주변 사람들과의 관계를 그렸다. 그는 이 관계도를 그리고 나서 자신의 여러 모습(나약한 모습, 용감한 무사, 욱하는 사람)이 인생에서 만난 사람들에 대한 자신의 반응임을 깨달았다. 그 말은 결국 자신의 이러한 모습은 자신을 지킬 필요에 의해서 발현된 것일 뿐 자신의 본래 모습은 아니라는 것이다. 자신의 모습 중 본성에 가장 가까운 모습, 자기의 이야기를 찾아가는 흥미로운 작업이었다.

미술 치료를 종결하는 날, 이 과정을 통해 찾은 그의 모습을 그와 내가 각각 하나씩 그렸다. 무엇을 그릴지 의논하고 그린 것도 아닌데, 내가 그린 '그'의 모습과 그가 그린 '그'의 모습이 똑

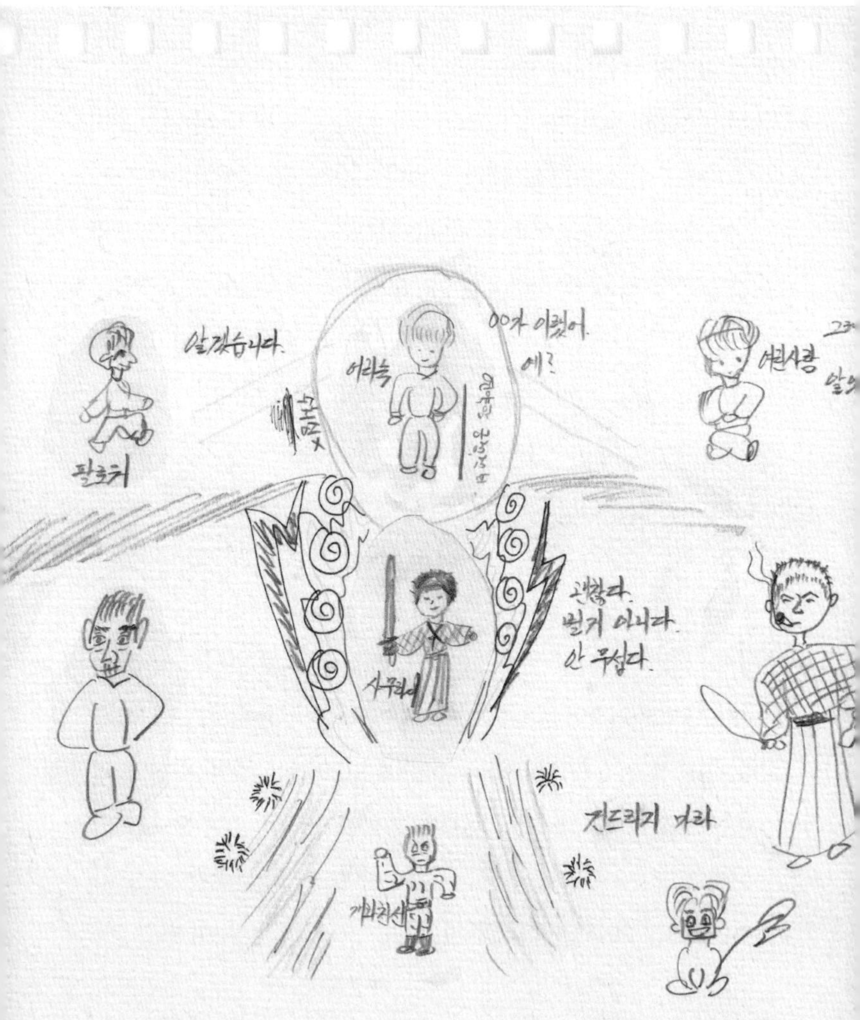

관계도 예 (by 이지용)

같이 어둠 속에서 횃불을 밝히는 사람의 모습이었다.

다음은 내가 그린 그 사람의 본성을 표현한 그림이다. 〈라이프 오브 파이〉라는 영화의 한 장면이 떠올라서, 횃불을 들고, 보트를 타고, 캄캄한 바다 위에 떠 있는 그 남자의 모습을 그렸다. 그리고 영화에서처럼, 표류 도중 계속 그 사람의 목숨을 위협했으나 결과적으로는 그로 인해 살고자 애쓰게 만들고 그래서 결국 그 사람을 살린, 호랑이를 배경에 등장시켰다.

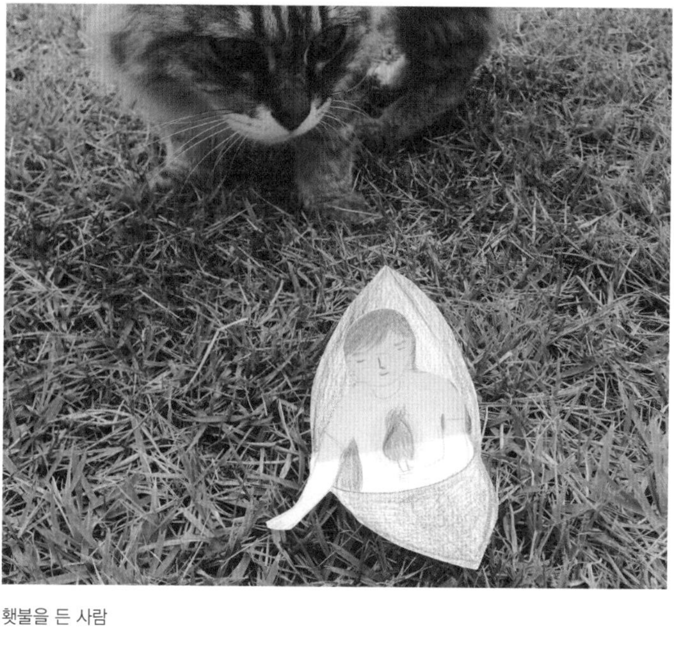

횃불을 든 사람

종이 인형 만들기

종이 인형을 만들면서 재미있어하지 않는 사람을 본 적이 없다. 자신의 여러 모습을 종이 인형으로 만들어서 서로 만나게 하는 작업을 자주 하는데, 자기 자신 안에 있는 생명들이 밖으로 나와서 서로 말을 할 때 마음이 많이 울린다. 내 안에는 외롭다고 징징거리는 내면 아이가 하나 살고 있다. '찡찡이'라고 부르는 이 아이를 불러내어 예쁜 옷도 만들어 입히고, 다과상도 차려주고, 친구도 만들어서 같이 놀게 하면 그 아이가 웃는다. 내면의 아이가 웃으면 나도 가슴 깊이 활짝 웃게 된다.

종이 인형에 특별한 형식이 있는 것은 아니다. 별 사람 그리기처럼 간단하게 사람 그림을 그려서 오린다. 그러면 팔다리가 움직일 수 있고, 옷을 갈아입힐 수 있고, 소품을 만들어서 하나의 세계를 만들 수 있다. 인생에서 중요한 일이 있었던 몇몇 시기의 자기 모습을 그려서 종이 인형을 만들어보자. 각각 다른 시기를 상징하는 '나'들이 서로 대화를 나눠보는 것이다. 이 작업을 하면서 사람들이 참 많이 운다. 자기가 정말 듣고 싶은 말을 자신에게 해주는 것만으로 아주 큰 위로를 받는다.

"얘야, 너무 외로워하지 마. 내가 너한테 말도 걸어주고 손도 잡아줄게. 이제 아무도 널 왕따시킬 수가 없어. 내가 너를 지켜

줄 거거든." 왕따를 당한 아이는 아주 오래전의 자기 모습이기도 하지만, 어른이 된 지금도 자기 안에 있는 살고 있는 '내면 아이'로, 누군가 자신을 무시한다고 생각하면 불쑥불쑥 튀어나오는 존재이기도 했다. 그런데 종이 인형을 만들면서 내면에서 살고 있는 이 아이에게 말을 걸어주고 쓰다듬어 주고 보살펴주겠다고 하니, 마음속 쥐고 있던 주먹의 힘이 스르르 풀리는 것이 느껴졌다고 했다.

교회와 가족에게 헌신하는 삶을 사는 한 중년 여성이 어린 시절의 자신을 상징하는 종이 인형을 만들었다. 차가운 성격의 어머니에게 외롭다거나 아프다고 말해보지도 못한 아이는 어른이 된 지금도 그때 못 받았던 엄마의 사랑이 그리웠다. 그래서 성인이 된 자신의 모습을 상징하는 종이 인형을 만들었고, 이 어른이 된 자기가 어린 자기를 안아주었다. 원망하는 마음이 녹으면서 원망의 눈물이 연민과 사랑의 눈물로 바뀌는 순간이었다.(다음 페이지 그림)

마지막 작업으로 엄마가 아이를 따뜻하게 안아주는 장면을 찰흙으로 표현했는데, 그러면서 그분은 비로소 눈물이 멈추고 환한 얼굴이 되었다. 이러한 상징적인 작업을 통해서 자기가 자신의 어머니가 되고 그 어머니에게 안긴 경험을 하게 되면서, 평생 갖고 있던 결핍과 아쉬움에서 스르르 풀려나기 시작했다. 건

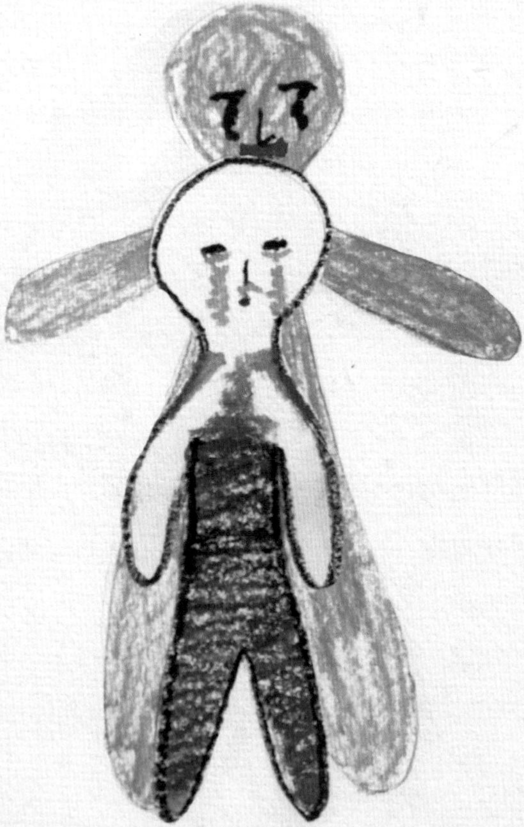

종이 인형: 성인이 된 자기가 어린 자기를 안아주는 모습 (by 시너지)

강이 악화되어 요양 병원에 계시는 아픈 어머니를 외면하고 있다는 죄책감에 시달리고 있었는데, 그분은 이 작업을 마치고 이제 가벼운 마음으로 아픈 어머니를 찾아뵐 수 있겠다고 환한 얼굴로 말했다.

위의 예들은 치료사와 함께 하고 지지하는 집단 안에서 진행이 되었던 것이다. 만약 이 작업을 혼자서 한다면 무조건 내면 아이의 말을 들어주고, 쓰다듬어 주고, 보호해 주고, 사랑해 주자. 문제를 해결하려고 하거나 어떤 조치를 취하려 하지 말고, 그냥 아이의 어리광을 들어주고, 원하는 음식도 해주고, 원하는 옷도 입혀주자. 무조건 사랑해 주고 이해해 주고 용서해 주자. 아이가 원하는 것을 해주다 보면 자기 내면이 밝아지는 것을 느낄 수 있을 것이다.

후기

"나는 어디서든 꽃밭을 만들었어"

나는 캐나다에서 전교생이 2천 명 정도 되는 작은 규모의 대학을 다녔다. 호숫가에 있고 오래된 건물들이 많은 아름다운 학교였다. 미대 역시 고풍스러운 석조 건물이었는데, 건물 안으로 들어가면 천장과 벽과 바닥과 가구들에 알록달록한 물감이 정신없게 묻어 있었다. 공간을 점령하고 있는, 만들다 만 작품들은 무언가 되려다가 멈춘 상태에서 묘한 긴장감을 내뿜었다.

입학 첫날, 스테인드글라스를 통해 아름다운 색깔의 빛이 가득 들어오는 홀에서 오리엔테이션을 했다. 진행자는 다음과 같은 질문으로 우리의 대학 생활 첫날을 열었다. "여기 계신 신입생 중에서 자기가 이 학교를 졸업하고 어떻게 살지 확실히 알겠다는 사람은 손을 들어보실래요?" 올라간 손은 고작 열 명 남짓, 그리고 그 손 중의 하나는 내 손이었다.

그러나 진행자는 "봐라. 아무리 스스로 전공을 선택했다지만 졸업 후 어떻게 살아갈지 알겠다는 사람은 극소수이다. 그러니 학교를 다니는 동안 전공 공부만 하지 말고 최대한 다양한 경험을 쌓아라"고 당부를 했다.

나는 흥, 하고 콧방귀를 꼈다. '나는 내가 어떻게 살아갈지 알아' 하는 자신만만한 눈으로 함께 손을 든 다른 친구들을 눈으로 찾았다. 같은 날 오후, 미대 오리엔테이션에서 그들을 만났다. 전체 2천 명 중 스무 명도 안 되는 미대 신입생 중 여덟 명 정도가 자신 있게 손을 든 동지들이었다.

현실은 달랐다. 대부분의 미대 졸업생들이 그랬듯이, 예술의 열정을 불살랐던 우리는 졸업 후 뿔뿔이 흩어졌다. 전문 작가의 길로 나서는 소수의 사람들 빼고는, 대부분 다른 길을 찾아 나섰다. 비누 만드는 사람도 있고, 결혼을 하고 애를 키우는 사람도 있고, 다시 학교에 들어간 사람도 있고, 평범한 직장을 가진 사람도 있다.

나도 졸업 후 어떻게 살지 모르는 삶을 시작했다. 그림을 포기하고 다시 시작하고, 포기하고 다시 시작하기를 반복했다. 하지만 인생이 나에게 창조적인 삶을 선택하겠는지 물을 때마다 나는 손을 번쩍번쩍 들었다.

"여기요" "나요" "할게요" "Yes!"

나는 지금 이 책을 미국과 캐나다에서 마무리하는 중이다. 그러니까 내 인생의 지도를 한 바퀴 돌아보고 있는 셈이다. 내 삶의 역사는 한국, 캐나다, 미국, 다시 한국으로 조각조각이 나 있어서 인생 전체가 하나의 흐름으로 잘 기억나지 않는다. 미국을 떠나서는 미국의 이야기를 할 친구가 없고, 한국을 떠나서는 한국의 이야기를 할 친구가 없다 보니 내 역사의 증인이 없고, 혼자서 그 역사를 기억하고 있기는 쉽지가 않다.

며칠 전에는 미술 치료사 동지이자 친구인 케이트를 8년 만에 뉴욕에서 만났다. 케이트는 내 전작《행복하기를 두려워 말아요》에도 등장했던 친구로, 내 시카고 삶의 증인이다.

“그때 기억나? 우리 아토믹이라는 카페에서 그림 그리며 이야기했던 거?”

케이트가 물으니, 완전히 까먹고 있었던 아토믹 카페가 눈에 보이는 듯했다. 벽 한쪽에 우주인이 그려져 있고, 그 옆에 “미래에 로봇이 당신의 잔을 치워주게 될 때까지는 마신 잔을 직접 치워주시오”라는 문구가 적혀 있던 카페였다.

“아, 맞아. 그랬었지?”

“리사 기억나?”

“리사? 아~ 리사! 맞아 완전 까먹고 있었어.”

“리사하고 양말로 원숭이 인형 만드는 파티 했었잖아.”

"아, 맞아! 리사랑 그런 거 했었지!"

"네가 친구들 초대해서 만두 파티 했던 거 기억나?"

"만두 파티? 아! 맞다! 그때 엄청 재밌었는데."

"요가하고 침놓던 친구 기억나? 네가 소개해 준 친구잖아. 네가 시카고 떠나고 나서도 우리 계속 친구로 지냈어."

"진짜? 내가 소개해 줬어?"

이렇게 이어지는 대화에서 케이트는 시카고에서의 나의 삶을 상기시켜 주었다.

미술 치료 공부하고 실습을 하면서 무척 지치고 힘든 기억만 있었는데, 케이트의 기억에 각인된 나의 삶은 다양한 인종의 친구들을 집에 초대해 한 번도 해보지 않은(심지어 나 스스로도 해보지 않은) 만두를 빚고, 묵찌빠 게임을 하고, 헌 양말로 인형 만들기를 하고, 서로의 능력을 교환하는 모임을 하고, 친구들을 서로 맺어주고, 모이자 하고, 창조하자 하고, 만들자 하고, 교환하자 했던 나의 모습이었다.

"아 맞다. 내가 그랬지?"

이 모습은 한국에 돌아와서 사는 나의 모습이기도 하다. 서울에서는 '건창모'(건강하고 창조적인 모임)를 만들어 배우고 싶은 것을 서로 가르쳐주는 직장인 모임을 하고, 제주도에서는 '만들라'('쓸데없는 것을 만들라'의 준말)라는 모임을 함께 꾸려 세상의 기준으로는 쓸데없고 헛짓거리같이 보이지만 기쁘게 할 수 있는 창조적인 활동만 골라서 했다. 그리고 친구들을 와인 마시자고 불러서는 와인 잔을 젖은 손가락으로 문질러 공명을 일으키는 연주를 하고, 수다 떨다가 시를 한 구절씩 쓰라고 해 그걸로 돌림노래를 만들고, 차를 마시다가 시조로 대화하자고 하고, 깜깜한 밤중에 숲에 들어가 보이지도 않는 그림을 그리자 하고……

아 맞다, 내가 늘 그렇게 살아왔다.

가끔 사람들이 내게 부모님이 혹시 예술을 했느냐고 묻고는 한다. 힘들고 가난한 시대를 산 부모님은 예술을 전문적으로 할 형편이 못 되었지만, 노래를 하다가 서로를 만나셨고, 결혼 후에도 늘 노래를 하고, 또 늘 뭔가를 만드셨다. 내가 어렸을 때 부모님에 대한 불만 중 하나는 왜 남들처럼 사주지 않고 만들어주느냐는 것이었다.

어떤 것이 필요하다고 하면 바느질로 만들 수 있는 것이면 엄마가 만들어주시려 했고, 목공이 필요한 것이면 아빠가 만들어주시려 했다. 예쁜 공주님 침대가 갖고 싶었는데, 나무로 뚝딱뚝딱 삐긋삐긋한 침대를 만들어주셔서 불만이 많았다.

부모님이 만들어주시는 것들은 투박하고 세련되지가 않아서 제발 남들처럼 사줬으면 하고 바랐다. 고등학생 때는 네모난 바이올린 케이스가 갖고 싶다고 하자 아빠가 만들어준다고 해서 울상이 되었던 적도 있다. 진짜 만들어주실 것 같아서 나는 결국 패스트푸드점에서 여름 내내 아르바이트를 해 그 돈으로 바이올린 케이스를 샀다.

한참 시간이 흐르고 70대 노인이 된 부모님이 제주도 시골 돌집에 사는 나를 찾아와서는 또 뚝딱뚝딱 이것저것 만드셨다. 하루는 뒤뜰의 대나무를 같은 길이로 자르더니, 부모님 두 분이서 하루 종일 긴 대나무들을 철사로 엮으셨다. 나갔다가 저녁때 들어오자 하루 종일 만든 작품을 내게 자랑스럽게 보여주시는데, 대나무 발이었다.

사면 얼마 되지도 않을 것을 두 분이 하루 종일 힘들게 만드신 것을 보니 기가 막혔는데, 엄마 아빠는 깔깔거리며 "이쁘다 이쁘다" 하셨다.

또 어느 날은 엄마가 욕실에 있는 선반을 포장용 테이프로 감고 계셨다. 테이프를 서로 살짝 겹치게 감으니 방수가 될 뿐만 아니라 나무 무늬가 생겼다고 감탄하셨다.

바깥을 자유롭게 돌아다니는 고양이가 방 안에 들어와 자는 것이 큰 불만이었던 엄마는 아빠에게 고양이 집을 주문하셨다. 다음날 아침부터 며칠 동안 아빠는 고양이집 도면을 그리고 고치고 그리고 고치고 하셨다. 그러고선 세모난 지붕을 한 빨간

개집 모양의 고양이집을 만드셨다.

언젠가 엄마 아빠의 가난했던 시절 이야기를 들은 적이 있다. 내가 태어나기 전의 일인데, 보증을 잘못 서서 살던 집을 내놓고 무허가 천막촌에 들어가 살았던 적이 있다고 했다. 가난한 시절의 이야기를 물을 때면 가난이 뭐가 자랑이냐며 말하기를 싫어하셨다. 그럼에도 불구하고 새어나온 이야기가 그 집을 예쁘게 꾸며놓고 사셨다는 것이다. 자세히 말해달라고 했다. 엄마는 그때 이야기는 하기 싫다고 하시면서도, 내가 종이를 내밀며 그때 집 그림을 그려달라고 조르니 그림을 그려주며 몇 마디 설명을 해주셨다.

"원래 집 천장이 이렇게 낮고 창문도 없는 집인데, 흙벽돌을 구해 와서는 이렇게 벽을 높였어. 여기에 창도 내고 문도 만들었어. 그리고 쓰다 버린 페인트를 모아서 페인트칠도 하고 종이를 구해와서 도배를 하기도 했지."

"그래서 얼마나 예뻤는데?"

"그게 이쁘면 얼마나 이뻤겠어? 여기저기 주워와서 한 것이었는데?"

"그래도 엄마가 예쁘게 꾸몄다고 했잖아. 얼마나 예뻤는지 말해줘, 엄마."

마지못해 엄마가 한 마디를 덧붙이셨다.

"문을 열면 작은 뒤뜰이 있었는데, 거기에 꽃을 심었어.
나는 어디서든 꽃밭을 만들었어."

감사의 말

이 책을 쓰는 과정에서 도와주신 분들이 너무나 많다. 2015년 말, 샨티출판사의 독자들을 대상으로 한 '지난 달력 워크숍' 후에 박정은 대표가 이 책의 씨앗이 되는 아이디어를 주셨다. 씨앗은 떡잎부터 자기 나름대로의 노선을 찾아갔지만, 그 시작과 변화하는 과정과 뭐가 나올지 모르는 결과를 믿어주셨고, 그 덕분에 이 책이 나왔다.

이 책에 나오는 자기 삶의 이야기를 나눠주신 모든 분들에게 정말로 감사드린다. 내담자들과 학생들, '만들라' 친구들, 워크숍 참석자들로부터 배운 것이 정말 많다. 그분들이 마음을 열어 보여주지 않았다면, 이 책은 만들어지지 못했을 것이다. 사람들은 각각의 섬에 떨어져 사는 것 같지만, 우리는 떨어져 있는 섬이 아니라, 연결되어 있는 바다의 물가에 산다는 생각을 하고는 한다. 마음을 열어 대화하는 기적이 일어날 때면, 우리 사이에 흐르는 연결된 바다에 손이 닿는다. 늘 닿아 있고 싶은, 참 맑고 청량한 촉감이다.

내가 사람들과 창조적인 삶을 나누고 싶고 삶의 아름다움에 대한 경외심을 전달하고 싶어진 데에는 이러한 삶이 얼마나 풍부하고 짜릿하고 놀라운지를 가르쳐준 훌륭한 선생님들이 있었기 때문이다.

내가 바이올린을 잘 켜지도 못하면서 전공을 하고 싶다고 했을 때, 선생님 중의 한 분은 아침에 떠오르는 해를 보며 기도하는 마음으로 신실하게 소리를 내라고 했다. 기적이 필요하다 싶어서 그러셨는지 모르겠지만, 소리를 내는 것은 기도라는 것을 내 마음속에 심어주셨다. 내가 존경하던 모스 선생님은 나와 애증 관계에 있던 피아노를, 특히 바흐의 음악을 깊게 사랑하게 해주셨다. 캐나다에서 예술 학교나 사립 학교가 아닌 이민자들이 많은 평범한 고등학교를 다녔는데, 그곳에서 만난 미술 선생님은 너는 이미 예술가이니 가르칠 것이 없다며 정규 미술 수업 커리큘럼에서 빼주시고(그래서 아무것도 안 가르쳐주시고), 그 대신 미술실 한 켠에 작업실을 만들어주셨다. 나와 내 미술이 관계를 맺을 수 있도록 자리를 비켜주신 것이다. 내가 받은 최고의 미술 교육이었다.

자연 보호를 위해서 옷을 안 산다며 매일 똑같은 옷을 입고 다니는 고등학교 영문학 선생님은 인간은 세 가지 앞에서 숨이 멈춘다고 하셨다. 위대한 자연 앞에서, 위대한 예술 앞에서, 위대한 사랑 앞에서 우리는 숨을 멈추며 "아~" 하는 감탄사를 내뱉고, 심지어 기꺼이 죽을 수도 있다고 하셨다. 그것이 경외심awe이라고 하셨고, 그 경험을 알고 싶어지게끔 하셨다.

대학원 때 건축사 교수님은 몇백 년 된 뉴턴의 물리학 책 고서古書를 보여주시며, 구약 성서에 나오는 솔로몬 신전의 도면이 왜 물리학 책 속에 들어가 있는지 연구하라고 하셨다. 뉴턴의 도면에 나오는 잘못된 계산의 의미, 어쩌면 완벽하지 않은 숫자 계산을 통해 표현하고자 했던, 뉴턴의 신에 대한 경외심을 고민하는 데 한 학기를 보냈다. 내 인생 최고의 수업이었다.

나의 첫 미술 치료 선생님이자 이제는 친구인 오종은 교수님은 미술 치료로 가는 나의 첫발을 잘 안내해 주었고, 제주도로 가는 첫발 또한 잘 안내해 주었다. 내 인생에서 안내 푯말 같은 역할을 해준 고마운 사람이다. 미국에서 미술 치료를 공부할 때 만난 랜디 빅 교수님은 내가 살면서 만난 가장 웃긴 사람이었다. 심각할 거라 생각했던 공부가 웃길 수 있다는 것을 가르쳐 주셨다. 캐서린 문은 우리는 치료사 이전에 예술가라는 점을 강조해 주셨다.

그리고 최고의 선생님은, 내 말을 경청해 주고, 내 생각의 허점을 따끔하게 지적해 주고, 나와 싸워주고 씨름해 주고, 쓰잘데기 없는 일을 하는 즐거움을 알려주고, 나와 울어주고, 내 에고의 뾰쪽함을 보게 하고, 나의 부족한 면을 들추어 보여주고, 내가 이곳저곳 헤매며 살 때 내가 어떤 사람인지를 반영해 주고 기억해 주고 지켜준 친구들, 흩어져 있는 내 삶의 증인이 되어준 친구들이다. 중학교 친구 환희, 토론토 에머리 고등학교의 주희와 효선이, 토론토 왕립음악원의 미정 언니, 퀸스 대학교의 한이, 퀸스 대학원의 크리스틴, 시카고미술대학의 미술 치료 동기들, 특히 그림으로 대화를 했던 케이트와 마들렌, 뉴욕의 별, 서울의 하영 언니와 정미 언니, 제주도의 유로 언니, 세운, 형석, 문숙, 그리고 오롯 친구 순희와 혜영이, 이 모든 삶의 은인들에게 내 마음 가장 깊은 곳에서부터 정말 고맙다는 말을 전한다.

참고할 만한 요가 사이트

www.yogatoday.com 에너지를 움직이는 쿤달리니 요가를 기초로 하는 수업들이다. 이 온라인 수업의 가장 큰 특징은 아름다운 자연 풍경에서 요가를 하는 것이다. 미국 콜로라도 주의 산맥에 둘러싸여 있는 풍경이 참 좋다. 14일 무료 체험을 시작으로 한 달에 15달러 정도이다.

www.gaia.com/yoga 요가 비디오를 만드는 Gaia 회사에서 만든 온라인 수업이다. 세계적으로 유명한 요가 선생님들의 강의를 들을 수 있는데, 전문적으로 찍은 화려한 영상과 음악이 독보적이다. 요가 수업 외에 강의 등의 방대한 자료가 있다. 첫 달은 99센트로 체험하고, 그 다음에는 한 달에 10달러 정도이다.

www.yogaglo.com 이 온라인 수업은 진짜 학원을 옮겨놓은 모습이다. 다른 온라인 수업에서는 선생님 혼자 요가를 하는데, 여기 수업은 선생님이 진짜 한 반의 학생들을 가르친다. 좀 지루한 면이 있는데 요가 수업의 질은 정말 좋다. 15일 무료 체험 이후에 한 달에 18달러 정도이다.

https://www.youtube.com/user/yogawithadriene 무료이고 아주 많은 요가 수업이 있어서 매일매일 다른 수업을 할 수 있다. 30일 동안 다른 수업을 하는 프로그램도 있어서 초보자가 따라하기 좋다. 부드럽고 초보자에게 아주 친절하다. 선생님이 웃겨서 참 마음에 든다.

https://www.youtube.com/user/BrettLarkinYoga 역시 무료 수업이며 아주 다양한 수업들이 있다. 에너지가 넘치는 요가 수업이다.

https://www.youtube.com/user/lesleyfightmaster 역시 무료 유튜브 요가 수업이다. 선생님의 따뜻한 목소리가 듣기에 참 좋다.

참고한 책 및 사이트

Elizabeth Gilbert, *Big Magic: Creative Living Beyond Fear* (Riverhead Books: New York, 2015).

Brene Bown, *Daring Greatly How the Courage to Be Vulnerable Transforms the Way We Live, Love, Parent, and Lead* (Avery, 2015).

게이버 메이트, 《몸이 아니라고 말할 때: 당신의 감정은 어떻게 병이 되는가》 (김영사, 2015).

너새니얼 브랜든, 《자존감의 여섯 기둥: 어떻게 나를 사랑할 것인가》 (교양인, 2015).

돈 미겔 루이스, 《내가 말을 배우기 전 세상은 아름다웠다: 톨텍 인디언이 들려주는 지혜의 목소리》 (더북컴퍼니, 2004).

베셀 반 데어 콜크, 《몸은 기억한다》 (을유문화사, 2016).

브레네 브라운, 《나는 왜 내 편이 아닌가: 나를 괴롭히는 완벽주의 신화로부터 자유로워지는 법》 (북하이브, 2013).

수잔 핀처, 《만다라 미술치료 워크북》 (이음, 2011).

스티븐 기즈, 《습관의 재발견: 기적 같은 변화를 불러오는 작은 습관의 힘》 (비즈니스북스, 2014).

알랭 드 보통, http://www.thebookoflife.org/how-we-end-up-marrying-the-wrong-people/ (한글판: www.csrdaily.co.kr/알랭-드-보통-에세이-잘못된-사람과-결혼하는-것에-대하여/)

엘렌 디사나야케, 《미학적 인간: 호모 에스테티쿠스》 (예담, 2009).
에릭 메이슬, 《마르지 않는 창의성: 예술적 재능과 성공을 위한 창의성 훈련 코칭》 (도솔, 2009).
조 디스펜자, 《당신이 플라시보다》 (샨티, 2016).
줄리아 카메론, 《아티스트 웨이: 나를 위한 12주간의 창조성 워크숍》 (경당, 2003).
텐진 빠모, 《마음공부》 (열림원, 2004).
프랑크 베르츠바흐, 《무엇이 삶을 예술로 만드는가: 일상을 창조적 순간들로 경험하는 기술》 (불광, 2016).
사랑 질문지에 대한 연구 논문, http://journals.sagepub.com/doi/pdf/10.1177/0146167297234003.
사랑 질문지에 대한 2015년 《뉴욕타임스》 기사, http://www.nytimes.com/2015/01/11/fashion/modern-love-to-fall-in-love-with-anyone-do-this.html?mtrref=www.nytimes.com&gwh=A1172BB2396ABEC9105092A24E28C616&gwt=pay

샨티의 뿌리회원이 되어
'몸과 마음과 영혼의 평화를 위한 책'을 만들고 나누는 데
함께해 주신 분들께 깊이 감사드립니다.

개인

이슬, 이원태, 최은숙, 노을이, 김인식, 은비, 여랑, 윤석희, 하성주, 김명중, 산나무, 일부, 박은미, 정진용, 최미희, 최종규, 박태웅, 송숙희, 황안나, 최경실, 유재원, 홍윤경, 서화범, 이주영, 오수익, 문경보, 여희숙, 조성환, 김영란, 풀꽃, 백수영, 황지숙, 박재신, 염진섭, 이현주, 이재길, 이춘복, 장완, 한명숙, 이세훈, 이종기, 현재연, 문소영, 유귀자, 윤홍용, 김종휘, 보리, 문수경, 전장호, 이진, 최애영, 김진회, 백예인, 이강선, 박진규, 이욱현, 최훈동, 이상운, 김진선, 심재한, 안필현, 육성철, 신용우, 곽지희, 전수영, 기숙희, 김명철, 장미경, 정정희, 변승식, 주중식, 이삼기, 홍성관, 이동현, 김혜영, 김진이, 추경희, 해다운, 서곤, 강서진, 이조완, 조영희, 이다겸, 이미경, 김우, 조금자, 김승한, 주승동, 김옥남, 다사, 이영희, 이기주, 오선희, 김아름, 명혜진, 장애리, 신우정, 제갈윤혜, 최정순, 문선희

단체/기업

주/김정문알로에 KIM JEONG MOON ALOE CO., LTD.
한경재단
design Vita
PN풍년
사단법인 한국가족상담협회·한국가족상담센터
생각과느낌 소아청소년 성인 몸 마음 클리닉
경일신경과 | 내과의원
순수피부과 SoonSoo Skin Clinic
월간 풍경소리
FUERZA

이메일로 이름과 전화번호, 주소를 보내주시면 샨티의 신간과 각종 행사 안내를 이메일로 받아보실 수 있습니다.

전화 : 02-3143-6360 팩스 : 02-6455-6367
이메일 : shantibooks@naver.com

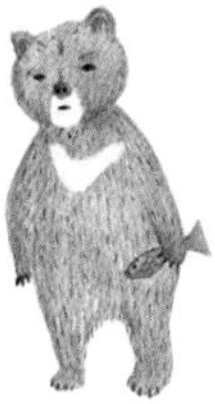